ERICH FOLLATH

Alle meine Mörder

Gedruckt mit freundlicher Unterstützung von Stadt Wien Kultur.

Druckprodukt mit finanziellem
Klimabeitrag
ClimatePartner.com/17357-2512-1005

MIX
Papier | Fördert gute Waldnutzung
FSC® C106954

Friedrich-Schmidt-Platz 4/7, 1080 Wien
info@picus.at

Grafische Gestaltung: Buntspecht, Wien
Umschlagabbildung: © wildpixel / iStockphoto
Druck und Verarbeitung:
Florjančič Tisk d.o.o., Maribor
ISBN 978-3-7117-2169-3

Informationen über das aktuelle Programm
des Picus Verlags und Veranstaltungen unter
www.picus.at

ERICH FOLLATH

Alle meine Mörder

Erlebnisse mit einigen der schlimmsten Tyrannen unserer Zeit

Redaktionelle Mitarbeit:
Marieanne Wolny-Follath

PICUS VERLAG WIEN

INHALT

Die alte Welt liegt im Sterben. Die neue ist noch nicht geboren. Es ist die Zeit der Monster.

Antonio Gramsci

Wer von Monstern nicht lernt, den fressen sie.

Philipp Bovermann

VORWORT

Wie ich einmal zum Tode verurteilt wurde – und dreizehn Jahre nach der Befreiung mit dem dafür verantwortlichen Tyrannen ein Interview führen konnte

Täter: Mobutu Sese Seko.
Tatorte: Lubumbashi und Kinshasa, Kongo

LUBUMBASHI, REPUBLIK ZAIRE, IM APRIL 1977, STAATSGEFÄNGNIS FÜR SPIONE

Der Geheimdienstchef holt langsam seine Pistole aus der Schublade, lädt durch und sagt: »Wenn die Front näher kommt, und es sieht ganz so aus, dann werden alle Gefangenen hier erschossen. Und Sie zuerst. Also, es wäre besser, Sie gestehen Ihre Spionage, dann könnten wir Sie vielleicht noch retten.« Dann spielt er an seiner Waffe herum, tut so, als wollte er sie säubern. Immer ist der Lauf auf mich gerichtet, Psychoterror. Bei der gestrigen Vernehmung hat der Geheimdienstchef, auf dessen adrett gebügelter Uniform der Name »General Mwenza« steht, lange nur geschwiegen, dann zwei Kakerlaken vom Fußboden aufgehoben und sie genüsslich unter seinem Daumen zerquetscht. »So machen wir das auch mit unseren Feinden. Warum wollen Sie unser Feind sein?«

Will ich nicht. Aber ich habe auch nichts zu gestehen. Kopfschüttelnd lässt der Mann mich ein Stockwerk tiefer bringen, zurück zu meinem Freund und französischen Fotografen-Kollegen Régis Bossu und den gut ein Dutzend afrikanischen Mithäftlingen. Noch ist es Vormittag und die schlimmsten Stunden liegen vor uns. Am unerträglichsten ist, was sich immer nach Sonnenuntergang abspielt, jenseits der Gitterstäbe, auf dem Gefängnishof, gut sichtbar, nicht überhörbar.

Joseph mit dem Kinderlächeln, den wir anfangs für den sanftmütigsten unserer Bewacher gehalten haben, Joseph, der einzige Katholik hier, Ausbund an Höflichkeit, der mit seiner Samtstimme immer säuselt, wenn im Verhörzimmer das Telefon klingelt, »A qui ai-je l'honneur?«, gibt sich die Ehre als Lustfolterer. Die auf den Hof geführten Häftlinge müssen niederknien, er presst ihre Finger in einen Schraubstock, bis die Schmerzensschreie zur Ohnmacht führen – alle fünfzehn Afrikaner werden so gequält, wir zwei Weißen bis auf Weiteres nicht. Man wartet in unserem Fall offensichtlich auf Anweisungen von ganz oben, vom »Big Man«, dem berüchtigten Präsidenten Mobutu Sese Seko, unumstrittener Herrscher des kongolesischen Riesenreichs, das er in »Zaire« umgetauft hat.

Es ist Krieg in der Mitte Afrikas in jenem Frühjahr 1977, Stellvertreterkrieg, in dessen Hintergrund die Weltmächte agieren. USA-Freund Mobutu, auch von Frankreich und der Bundesrepublik unterstützt, kämpft gegen die von Moskau bewaffneten und von DDR-Geheimdiensten beratenen Angolaner. Besonders erbittert und blutig sind die Kämpfe hier in der rohstoffreichen Südprovinz Shaba mit ihrer Hauptstadt Lubumbashi. Diktator Mobutu hat sich ausländische Beobachter ausdrücklich verbeten, Hilfsorganisationen wurden des Landes verwiesen, Journalisten erhielten keine Aufenthaltserlaubnis.

Der *Stern*, für den ich damals als Reporter arbeitete, wollte sich diesen Maulkorb nicht aufzwingen lassen, ermutigte meine Recherchen. Wir hielten es für wichtig, dass ein solcher Krieg, auch und gerade wenn er sich etwas außerhalb des zentralen Interesses der Weltöffentlichkeit abspielte, von unabhängigen Zeugen beobachtet wurde.

Ich begann damit in Belgien, der früheren Kolonialmacht Zaires, und lernte schwarzafrikanische Oppositionelle kennen, die gute Kontakte in die Provinz Shaba behalten hatten. Auf besondere Empfehlung eines kongolesischen Anwalts in Brüssel flogen mein Fotografen-Freund Régis und ich ins afrikanische Nachbarland Sambia und trafen den dortigen zairischen Botschafter. Der Diplomat betonte in unseren Gesprächen seine Skepsis gegenüber Mobutu und dessen brachiale Kriegspolitik – er deutete sogar an, seinen Posten aufzugeben und sich der Opposition anzuschließen. Auf jeden Fall hielt er eine »neutrale Abschätzung des aktuellen Geschehens« für notwendig – und händigte uns ein Visum für Zaire aus. Mit dem offiziellen Einreisestempel fühlten wir uns einigermaßen sicher und konnten dann auch problemlos die Grenze passieren. Wir bestiegen wie ein Dutzend andere Pendler auch einen Minibus, die Adresse von Gewährsleuten in der Stadt hatten wir uns eingeprägt. Doch kurz vor Lubumbashi wurden wir aus dem Wagen gezerrt, festgenommen und ins Gefängnis verschleppt. Offensichtlich hatte der zairische Geheimdienst einen Tipp bekommen, alles deutete auf eine Falle hin, die man uns gestellt hatte.

Nur wofür? Zur Erpressung von Geld, zum Austausch mit wem und wo? Und wie weit würde der Gewaltherrscher gehen, wenn er denn überhaupt präzis über unseren »Fall« Bescheid wusste und sich in den Kriegswirren um unser Schicksal kümmern würde?

Unsere Haftbedingungen sind, vor allem als Régis und ich in eine etwa fünfzehn Quadratmeter große Einzelzelle verlegt werden, einigermaßen erträglich. Man hat uns Gürtel und Armbanduhr sowie alle Toilettenartikel abgenommen, wir schlafen auf Pritschen, Stuhl oder Tisch sind in dem weiß gekalkten Raum nicht vorhanden. Zum Plumpsklo im Hof und zu einem Wasserhahn werden wir einmal am Tag geführt, verbunden ist das mit einem fünfminütigen Hofgang zur körperlichen Ertüchtigung. Den wässrigen Maisbrei, den uns Wärter zweimal täglich in die Zelle bringen, würgen wir tapfer hinunter. Hoffen, dass dieses Essen wie das gereichte Wasser nicht kontaminiert ist und wir keine Gesundheitsprobleme bekommen.

Die Tage vergehen, alles wird schreckliche Routine, auch die Folter, auch die Verhöre. »Wie nennt man es, wenn man in ein fremdes Land eindringt und die Menschen dort auskundschaften will?«, fragt mich der Vernehmungsoffizier und spielt wieder einmal mit seiner Pistole herum. Nein, das Wort »Spionage« darf nicht fallen, aus einem solchen »Geständnis« würden sie uns bestimmt einen Strick drehen. Also weise ich höflich darauf hin, dass ich mit einem gültigen Visum nach Zaire eingereist bin, nicht zum »Auskundschaften«, sondern nur zum »Beobachten«. Es ist offensichtlich das, was der Mann hören will. Immer wieder überlege ich in solchen Situationen, wie ich wohl reagieren würde, wenn sie mich auch foltern würden wie die afrikanischen Mithäftlinge, ob das wohl die nächste logische, unvermeidliche Stufe unserer Gefangenschaft sein müsste. Und dann das Urteil die ultimative Bestrafung.

Régis und ich schwören uns, nur gemeinsam zur Exekution zu gehen, wenn es denn so weit sein sollte – und ahnen, dass wir wahrscheinlich gegen den Willen unserer Richter nicht einmal dieses Versprechen einhalten können. Wir zählen die Tage und fragen uns, ab wann man in der Hamburger Redaktion nach uns suchen wird. Leider haben wir am Abfahrtstag in Sambia den Kollegen übermittelt, sie müssten wegen der Umstände etwa eine Woche auf einen Kontakt warten. Die Zeit ist nun bald herum. Aber was wird die Chefredaktion unternehmen, um unseren Aufenthaltsort herauszufinden? Und wie werden sie um unsere Freilassung kämpfen können?

Wir versuchen, über einen Häftling, der überraschend entlassen wird und den wir auf dem Hof kurz treffen können, in einer Streichholzschachtel Botschaften nach draußen zu schmuggeln. Wir haben mit einem Bleistiftstummel eine kurze Notiz mit unseren Namen abgesetzt: »Bitte informieren Sie westliche Diplomaten!« Am nächsten Tag werde ich im Verhör mit der Streichholzschachtel konfrontiert – offensichtlich war der Mithäftling ein Zuträger des Geheimdienstes und hat uns verraten. Ein Rückschlag, ein Stimmungstief für unsere Gemütslage.

Wir sind stundenlang so verzweifelt, dass wir mit dem Gedanken spielen, einen Ausbruchsversuch zu wagen. Suchen mit den Augen die gut drei Meter hohe, um das Gebäude gezogene Mauer auf mögliche Bruchstellen ab, beobachten die Wachen mit ihren Kalaschnikows und ihre gelangweilten Rundgänge. Aber selbst wenn wir eine ideale Minute erwischen würden – es wäre Wahnsinn. Wir entscheiden uns abzuwarten, in Ermangelung irgendwelcher Alternativen. Wir basteln aus herumliegenden Kartons ein Mühlespiel, diskutieren unsere liebsten Urlaubsreiseziele und die bevorzugten Restaurants in der Heimat nebst Lieblingsspeisen. Ansonsten versuchen wir, die Zelle sauber und frei von Kakerlaken zu halten. Eine nächtlich aus einem offenen Rohr auftauchende Ratte verscheuchen wir mit vereinten Kräften. Wir haben sie nach unserem Peiniger »General Mwenza« getauft.

Es wird immer deutlicher, dass die lokalen Größen hier in Lubumbashi nicht so recht wissen, wie sie mit uns Ausländern umgehen sollen. Dass sie nichts falsch machen wollen, auf ein Zeichen des großen Bosses in der Hauptstadt warten. Zwischen Verhör und Folterstunde ist genug Zeit, sich mit den für uns entscheidenden Fragen zu beschäftigen: Hätten wir voraussehen müssen, wie hoch unser Risiko war, als wir unsere

Reportagereise antraten? Und vor allem: Was wissen wir über den Diktator Mobutu Sese Seko, über seine Herkunft, seine Prägung, seine Einstellung gegenüber dem Westen – und damit über unsere Überlebenschancen?

Ich gehe in Gedanken immer wieder das Archivmaterial über Mobutu durch, das mir die Redaktion zusammengestellt hat und das ich sicherheitshalber in Deutschland zurückließ; versuche, mir in Erinnerung zu rufen, was meine kongolesischen Informanten mir über den Gewaltherrscher erzählt hatten.

Eine Kindheit in Armut und voller Demütigungen unter den brutalen belgischen Kolonialherren. Der Aufstieg als Feldwebel in der Besatzungsarmee, sein Flirt als Journalist mit linksgerichteten Untergrundkämpfern. Seine taktische Kehrtwende, als er sieht, dass die USA mithilfe ihrer CIA-Agenten vor Ort nach der Unabhängigkeitserklärung des Kongo zu einem Putsch rechtsgerichteter, amerikafreundlicher Soldaten bereit sind, seine infame Rolle bei der Ermordung des populären Linksdemokraten Patrice Lumumba 1961, seine finale Machtübernahme 1965. Und wie er dann geschickt mit Angst und Anreizen spielte. Wie er als Führer einer Einheitspartei zum Superstar und Übervater seiner Landsleute wurde, überall und immer mit Leopardenmütze und geschnitztem Gehstock erkennbar, seine Männlichkeit auch mit einem selbst gewählten Beinamen demonstrierend: Mobutu Sese Seko Ngbendu Wazubanga, »der ausdauernde Krieger, der eine Eroberung an die andere reiht«, oder volkstümlicher übersetzt: »der Hahn, der keine Henne unbestiegen lässt«. Einundzwanzig Kinder soll er nach offiziellen Statistiken gezeugt haben, die wahre Zahl könnte weit höher liegen.

Doch eine Witzfigur ist er ganz und gar nicht. Washington mag ihn nach seinem von der CIA mitinszenierten Putsch als leicht steuerbaren Übergangspräsidenten gesehen haben, abhängig wie eine Marionette von Hilfsgeldern und Waffen, doch in Wirklichkeit begann Mobutu die Amerikaner zu manipulieren. Immer wieder drohte er damit, das kongolesische »Bollwerk gegen den Kommunismus« neu zu orientieren und sich dem Ostblock anzunähern – bis wieder Milliarden aus den USA flossen, die er weitgehend in die eigene Tasche steckte. In seinem Heimatort Gbadolite baute er sich einen rosafarbenen Palast samt computergesteuerten Wasserspielen, eine Art Urwald-Versailles mit eigenem Flughafen und verlängerten Start- und Landepisten. Seine Verschwendungssucht teilt er mit dem Familienclan. Besonders profitiert seine Lieblingsgattin, für die er öfter Einkaufsflüge nach Paris organisierte – in einer extra dafür angemieteten Concorde.

Die Stämme seines Landes hält der König aller Kleptokraten mit eiserner Hand zusammen. Seine Minister wechselt er in kurzen Abständen aus, keiner soll so viel Renommee oder Rückhalt erhalten, dass er ihm gefährlich werden könnte. Manche verschwinden in der Versenkung, andere dürfen in der Wirtschaft Karriere machen, wenige holt er nach einer Zwischenzeit in anderer Funktion wieder ins Kabinett zurück. »Politiker der Drehtür« nennt er das. Aufständische werden hingerichtet. Bei aller Brutalität wirkt er aber doch – nach allem, was wir wissen – wie ein zwar rücksichtsloser, aber rationaler Autokrat, nicht wie ein Lustkiller. Was verspricht er sich bloß von unserer Verhaftung, von einer möglichen Hinrichtung zweier Westeuropäer, die aus ihm politisch nahestehenden Staaten stammen?

KINSHASA, HAUPTSTADT ZAIRES, GERICHTSVERHANDLUNG IM MAI 1977

Der Tag fünfzehn bringt die dramatische Wende. Régis und ich werden aus der Zelle geholt, »es geht zum Prozess in die Hauptstadt«, sagt mit ernster Stimme der Vernehmungsoffizier

Mwenza und händigt uns als einziges unserer Besitztümer die Pässe aus. Ein kurzer, bedrückender Abschied von den zurückbleibenden, wohl dem Tode geweihten schwarzafrikanischen Gefangenen. »Vergesst uns nicht!«, ruft einer, und dann einige zusammen: »Bonne chance!« Wir werden in vergitterten Polizeiwagen zum Flughafen gefahren. Dort wartet eine riesige Militärmaschine – und eine Überraschung. Neben uns besteigen noch fünf andere westliche Gefangene den Transporter. Wir tauschen uns schnell aus: Vier stammen aus Spanien und gehören zu einem Fernsehteam, ein Kollege ist aus Großbritannien, von der Londoner *Times*. Sie wurden auch in der Provinz Shaba aufgegriffen und verhaftet, nahe der Stadt Kolwezi.

Es ist ein unruhiger Dreistundenflug nach Kinshasa, draußen toben Tropengewitter. Ein letzter Blick auf die Stadt Lubumbashi, die wir nie kennengelernt haben, auf das Rostbraun der riesigen Kupferminen in der Region, um die da unten nach wie vor ein erbitterter Krieg geführt wird. Wolkenungetüme. Und dann reißt der Himmel wieder auf und wir sehen eine eindrucksvolle Dschungellandschaft, ein grünes Meer, so weit das Auge reicht.

Wir müssen keine Handschellen tragen, unsere Bewacher wirken uninteressiert und haben offensichtlich nichts gegen unseren Gedankenaustausch. Régis und ich haben die längste Haftzeit hinter uns, die Spanier und der Brite litten wohl in überfüllten Gemeinschaftszellen unter härteren Haftbedingungen. Unsere Kollegen sind optimistisch, träumen schon von einer Dusche und einem Bier in Freiheit. Ich bin da nicht so sicher, habe noch die Drohung unseres Vernehmungsoffiziers vom »Prozess« im Ohr. Aber ich mag die aufkommende Euphorie nicht dämpfen. Es tut gut, zu wissen, dass wir, was immer jetzt noch kommen mag, in einem größeren Kreis erleben werden. Die Ankunft in Kinshasa ist ernüchternd. Auf dem Rollfeld wartet ein vergitterter Polizeiwagen auf uns. Die Fahrt geht ins zentrale Gefängnis. Eine weitere Nacht in Haft.

Am Morgen werden wir zu einem großen Bürogebäude gefahren, wo uns Fernsehteams beim Eintritt filmen. Es folgt ein live im Staatsfernsehen übertragener, ebenso bizarrer wie kurzer Schauprozess – unter Anwesenheit der deutschen, französischen und spanischen Botschafter, die sich durch einen Zuruf zu erkennen geben. Man habe uns der Feindpropaganda überführt, sagt ein grimmig dreinblickender General namens Likulia Bolongo, der sich auf dem Podest in unsere Mitte gesetzt hat und das Urteil vom Blatt abliest. Wir seien ohne Visa und mit der Absicht der Spionage eingereist, sagt der Mann – und einen Augenblick zuckt es mich in den Fingern: Ich habe den Pass mit dem gültigen Einreisestempel, den ich in Lubumbashi zurückbekommen habe, in der hinteren Hosentasche. Aber dann verzichte ich auf eine heldenhafte Erwiderung, zu viel steht auf dem Spiel. Wir hätten die Todesstrafe verdient, verkündet der General weiter, sie würde aber nicht vollstreckt. Dank der unermesslichen Gnade des Präsidenten Mobutu Sese Seko würden wir »nur« des Landes verwiesen, aus Zaire abgeschoben. Mit sofortiger Wirkung.

Die Empörung über diesen Spruch, über diese ganze unwürdige Farce von einem Prozess, weicht schnell einer riesengroßen Erleichterung, dem Gefühl, ein neues, zweites Leben geschenkt bekommen zu haben. Im Militärjeep auf dem Weg zum Flughafen und in die Freiheit ist die Stimmung euphorisch. Übermütig tauft uns einer der Spanier »The Magnificent Seven«. Und Colin stimmt sogleich die von ihm selbst ernannte »Hymne der Glorreichen Sieben« an. Es ist ein Lied, das er auf Deutsch kann. »Vor der Laterne, vor dem großen Tor …«, tönt es auf den Straßen von Kinshasa, laut und angstfrei, was sollen uns die Wachsoldaten mit ihren Kalaschnikows jetzt noch anhaben. Und dann grölen wir Ex-Häftlinge alle zusammen den Refrain: »… wie einst Lili Marleen!«

Am Flughafen umarmen wir einander noch einmal, dann trennen sich unsere Wege. Madrid, London, Brüssel. Für uns hat die Redaktion zwei First-Class-Plätze in der Sabena-Maschine gebucht, die gleich Richtung Belgien abhebt. Régis und ich schaffen gerade noch einen Schluck Champagner, dann haben uns die bequemen Sitze überwältigt. Und wir schlafen so gut und so tief und so albtraumfrei wie lange nicht mehr.

KINSHASA, JANUAR 1990, INTERVIEW MIT PRÄSIDENT MOBUTU IN SEINER RESIDENZ ÜBER DEM FLUSS

Nach unserer Rückkehr nach Hamburg haben wir erfahren, wer sich alles für uns eingesetzt und eine angeblich geplante Hinrichtung im Fußballstadion der kongolesischen Hauptstadt verhindert hat: Bundeskanzler Helmut Schmidt, Außenminister Hans-Dietrich Genscher, das Rote Kreuz, der Internationale Journalistenverband, sogar der Vatikan. Und wohl am wichtigsten: Mobutus Jagdfreund Franz Josef Strauß, nicht gerade ein Freund des »linken« *Stern*. Wir richteten ein persönliches Dankschreiben an den CSU-Chef, versuchten im Auswärtigen Amt zu ergründen, ob Lösegeld für unsere Freilassung bezahlt wurde, ob irgendwelche zusätzlichen millionenschweren Hilfsprojekte an Kinshasa (und damit in Mobutus Taschen) geflossen sind. Oder Waffen für den Krieg, der sich innerhalb der nächsten Wochen mehr und mehr zu einem Triumph für Mobutu entwickelte. Wir stießen auf eine Mauer des Schweigens. Das, fand ich, war ein sehr unbefriedigender Schluss meiner Mobutu-Beziehung.

Ich kontaktierte die Botschaft Zaires in Bonn mit der Bitte um ein Interview mit dem Präsidenten. Keine Antwort. Ich versuchte es genau ein Jahr später; diesmal eine freundlich formulierte Absage. Das Prozedere wurde zum Ritual: Alle zwölf Monate eine neue Interview-Anfrage, und immer wieder Nicht-Reaktion oder Absage. Ein Dutzend Mal, ein bisschen wie beim berühmten Sketch vom »Dinner for one«: *Same procedure as every year.*

Dann kam 1990, dreizehn Jahre nach meiner Verhaftung und dem Scheinprozess, plötzlich das Schreiben des neu akkreditierten Botschafters. Er würde ein solches Interview befürworten, ich solle mich bereithalten. Wenige Tage später kam das Okay aus Bonn, ein Visum für Zaire werde unverzüglich ausgestellt, die Gesprächszusage des Präsidenten liege vor. Und so flog ich, gespannt, aber durchaus mit gemischten Gefühlen, nach Kinshasa. Einziger Wermutstropfen: Régis war irgendwo am anderen Ende der Welt unterwegs, kein Nostalgietrip für ihn. Mit Bob Lebeck stellte mir die Redaktion aber einen der besten Fotografen der Welt an die Seite, bekannt für seine überaus gewinnende und ruhige Art auch in schwierigsten Situationen.

Wir steigen im Intercontinental ab, so luxuriös und beeindruckend, wie es nur geht. Wartezeit in einem der französischen Restaurants, am Swimmingpool. Der Präsident werde sich melden, hatte man uns bei der Ankunft gesagt. Wann genau, das wusste keiner, Mobutu ist immer noch Herr über alles, auch über die Zeit. Als die Tage so dahinschleichen, werde ich nervös: Will mich der Diktator ein zweites Mal vorführen? Bob besänftigt, zieht Stunde über Stunde seine entspannenden Bahnen im Schwimmbecken. Weil wir nicht wissen, wann der Anruf aus dem Präsidentenpalais kommt, verzichten wir auf eine Stadterkundung.

Und dann, am Tag Nummer fünf, ist es so weit. Wir werden kurzfristig informiert und dann mit einer Limousine abgeholt, Motorradeskorte bis zur Präsidentenvilla etwas außerhalb der Innenstadt, auf einem Hügel über dem großen Kongo-Fluss. Der Präsident wartet schon im Wohnzimmer, führt uns zur Veranda, wo Getränke gedeckt sind. Er stützt sich auf seinen geschnitzten Häuptlingsstock, trägt die charakteristische Leopardenmütze. »Schießen Sie los«, sagt er, nachdem ich mich auf einen der Korbstühle gesetzt habe, ein spöttisches Lächeln auf den Lippen.

Aber bevor ich die erste Frage stellen kann, muss Mobutu noch schnell ein Selbstlob loswerden. Er preist sich dafür, dass er aus seinem Land »ein Bollwerk gegen den Kommunismus« gemacht hat, dafür, dass er seinem Riesenreich der verschiedenen Stämme »Frieden, Ruhe und Ordnung« gebracht habe. »Wie viel größer, glauben Sie, ist mein Zaire als Ihre Bundesrepublik? Ich sag's Ihnen: zwölfmal so groß, und alle Menschen hier sind zufrieden.«

Herr Präsident, im Westen sieht man Ihr Land ganz anders. Sie gelten als brutaler Gewaltherrscher. Würden Sie denn bestreiten, dass Sie Zaire diktatorisch regieren?

Die Frage gefällt ihm nicht. »Alles Verleumdungen!«, ruft er in erregtem Ton. »Kommen Sie mir jetzt nicht mit Ihren Vorstellungen von einer idealen Regierungsform. In Afrika bedarf es der harten Hand, westliche Demokratie passt nicht hierher. Sie ist der Totengräber des Kontinents.«

Sie gelten als einer der reichsten Männer der Welt, man nennt Sie auch König der Kleptokraten. Sie sollen sich laut Schätzung der unabhängigen Organisation Transparency International durch Griff in die Staatskassen ein Privatvermögen in der Höhe von etwa fünf Milliarden Dollar erworben haben …

»… ach was, ich bin der Garant gegen das Böse in der Weltpolitik. Meine Besitzungen in Europa und hierzulande sind weniger als fünfzig Millionen Dollar wert. Und das soll mir nach all diesen Jahren im Dienste meines Landes nicht zustehen?«

Bob fotografiert, mit stoisch ruhiger Hand. Doch bei dieser Antwort blickt auch er voller Erstaunen auf. Der Präsidentenberater – vielleicht ist es auch der Geheimdienstchef –, der sich zu uns gesellt hat und aufmerksam zuhört, rutscht etwas unruhig auf

Mobutu im Gespräch mit dem Autor,
Februar 1990, Kinshasa

seinem Stuhl herum. Ich werfe einen kurzen Blick auf mein Tonband auf dem Tisch: Gott sei Dank, läuft. Wird alles festgehalten.

Doch Mobutu möchte das alles jetzt nicht weiter ausführen. Er hat keine Lust mehr auf kritische Fragen. Schlägt einen Spaziergang durch seinen Park vor. Ein Bediensteter trägt auf einem Silbertablett Champagner und Baguette neben uns her. Der Präsident nimmt ein Glas, bietet mir, ganz zuvorkommender Gastgeber, das andere an. Wir trinken einen Schluck, keine Ahnung, wie das weitergehen soll. Aber nach einer kurzen Pause greift der Präsident nach dem Brot, bricht ein Stück ab und wirft es in einen Zierteich, der nach der Biegung des Weges in unser Blickfeld geraten ist. Ein fetter Fisch drängt die kleineren beiseite und schnappt sich den großen Brocken. »Gut so, die Starken müssen gewinnen«, sagt der Machthaber zufrieden, blickt mich triumphierend und forschend gleichzeitig an, als wollte er sagen: Begriffen, meine Parabel der Macht?

Zum Schluss noch meine Frage aller Fragen: Warum hat er uns damals in Lubumbashi so lange eingesperrt, warum dieser absurde Schauprozess? Und hat ihn wirklich erst sein Jagdfreund Franz Josef Strauß von einer öffentlichen Hinrichtung abgebracht?

»Ich habe entschieden, ganz souverän wie immer«, sagt Mobutu. »Und natürlich waren Sie schuldig. Sie wollten über den Krieg berichten, was ich ausdrücklich verboten hatte – Journalisten, die so etwas tun, sind Spione.« Das Glas in der einen Hand, den Häuptlingsstab mit dem eingeschnitzten Fetisch in der anderen, fügt der Präsident nach einer Pause hinzu: »Je länger ich überlege, alle Journalisten sind Spione.«

Wir verabschieden uns. Ein Händedruck, der erstaunlich schlapp ist. Überhaupt wirkt Mobutu Sese Seko lange nicht mehr so vital, so viril, wie wir ihn von früheren Auftritten im Fernsehen und auf öffentlichen Plätzen kennen. Auf dem Zenit seiner Macht, unangreifbar, so will er sich bei unserem Interview in seinem Palast Anfang 1990 darstellen. Aber ist er es noch, dreizehn Jahre nach seinem Sieg im blutigen, für mich persönlich so prägenden Sieg in der Provinz Shaba?

Wir nehmen uns noch drei Tage Zeit in Kinshasa. Und tatsächlich, in den Bars und an den Straßenecken des Armenviertels Matonge, da flüstern sie schon: Der große Häuptling hat seine beste Zeit hinter sich, seine Magie ist verflogen, seine Herrschaft endlich. »Nach ihm wird alles besser werden«, sagen die Menschen, machen sich Mut. »Weil es einfach nicht mehr schlechter werden kann, die Korruption, die galoppierenden Preise, die Gewalt auf den Straßen.« Auch die internationale Lage hat sich gewandelt: Mobutu war einer der Hauptprofiteure des Kalten Krieges, konnte Ost und West gegeneinander ausspielen, an der Heimatfront die einzelnen Stämme mit dem Entzug von Geldern disziplinieren und ihre Führer kleinhalten. Das gelingt ihm nun längst nicht mehr perfekt: Seine großen Förderer in Washington gehen auf Distanz, die Sowjetunion bricht zusammen, der Ostblock löst sich auf. Die Oppositionellen im Land sind so selbstbewusst geworden, dass sie Mobutu zum »multipartisme« zwingen können, zur Zulassung neuer Parteien. Und doch sollte es nach unserem Interview noch gut sieben Jahre dauern, bis er seine Macht verliert. Von seinen westlichen Partnern weitgehend im Stich gelassen, von politischen Gegenspielern zunehmend in die Enge getrieben und von einer Krebserkrankung geschwächt, gibt er auf und flieht ins marokkanische Exil. Dort stirbt Mobutu Sese Seko, vereinsamt und verbittert, am 7. September 1997.

DER »NEUE« KONGO – UND DIE SPUR MEINER PEINIGER AUS MOBUTU-ZEITEN

Auch nach dem Tod Mobutus kommt Zaire, das jetzt »Demokratische Republik Kongo« heißt, nicht zur Ruhe, der Mobutismus, die Ausbeutung des Landes, geht auch ohne den Mann mit der Leopardenmütze weiter. Eine Aufarbeitung der Gewaltherrschaft findet nicht statt, auch personell bleibt vieles beim Alten – oder sogar in der Familie. Nzanga Mobutu, einer der Söhne des Diktators, wird sogar Landwirtschaftsminister im »neuen« Kongo.

Offizieller Nachfolger des Tyrannen wird Laurent Kabila. Der neue Präsident verliert aber schnell die Macht im Nordosten des Landes an Rebellen aus den Nachbarstaaten Ruanda und Uganda. Er stirbt 2001 durch die Kugel eines Leibwächters. Nach dem Attentat auf seinen Vater übernimmt Kabilas Sohn Joseph die Regierung. Für einen dauerhaften Frieden reicht auch sein Einfluss nicht. Vorübergehend kontrollieren die Vereinten Nationen, auch mit dem Einsatz aus Deutschland ausgesandter Blauhelme, das Land so schlecht und recht. Seit 2019 herrscht Félix Tshisekedi als Staatspräsident; internationale Beobachter halten seine Wahlergebnisse aber für grobe Fälschungen. Die Stammesfehden haben sich unter seiner Regentschaft eher noch einmal verschärft. Und aus dem Nachbarland Ruanda dringen immer wieder die von der dortigen Führung finanzierten Rebellen der »M23« in den Nordosten ein, haben 2025 nicht nur ganze Landstriche, sondern sogar die Millionenstadt Goma in ihre Gewalt gebracht und die Zivilbevölkerung terrorisiert. Oft steht hinter dem Hass ein kaltes Kalkül: die Gier nach Gold und Diamanten. Der Rohstoffreichtum erweist sich für den Kongo zunehmend als Fluch. Einer extrem reichen winzigen Oberschicht steht eine breite Mehrheit völlig verarmter Schichten entgegen – das Prokopfeinkommen ist eines der geringsten der Welt.

Was Mobutus Milliardenvermögen und seine rechtmäßige Überführung an das kongolesische Volk angeht: auch das ein Trauerspiel. Der Diktator hat beste Beziehungen in die Schweiz gepflegt, flog in seiner Regierungszeit mehrfach nach Zürich, um sich bei den dortigen Ärzten durchchecken zu lassen – und um seine gestohlenen Gelder auf Nummernkonten zu verstecken. Gleich nach dem Tod des Diktators im Exil erhob der Familienclan Anspruch auf die Herausgabe der Vermögenswerte. Die Schweizer Behörden versuchten, das auf jeden Fall zu verhindern, und forderten die neuen Politikverantwortlichen in Kinshasa zu einem postumen Verfahren gegen den Kleptokraten auf. Doch dazu kam es nie. So sahen sich die Schweizer Behörden, nachdem sie nach eigenen Worten alle rechtlichen Mittel zur Blockierung der Gelder ausgeschöpft hatten, dazu gezwungen, die von Mobutu selbst offiziell bei Banken eingezahlten Beträge an dessen Erben zu überweisen. Es war freilich nur ein Bruchteil der auch von Berner Offiziellen auf Milliarden geschätzten Schwarzgelder.

Bis heute bleibt die Demokratische Republik Kongo ein Problemstaat. Auszug aus einer Reisewarnung des Auswärtigen Amtes in Berlin für den Kongo 2025, höchste Stufe 5: »Vor Reisen in die Ostprovinzen, in die Grenzregionen zur Zentralafrikanischen Republik und Südsudan, auch in die Hauptstadt Kinshasa wird gewarnt. Meiden Sie die Nationalparks Virunga und Kahuzi-Biega. Verzichten Sie grundsätzlich auf teuren Schmuck oder extravagante Kleidung, verhalten Sie sich unauffällig. Gehen sie nie alleine, sondern nur in kleinen Gruppen mit lokaler Begleitung aus.«

Der amerikanische Präsident Donald Trump versprach dann Anfang Dezember 2025 bei der Unterzeichnung eines Abkommens in Washington vollmundig einen »dauerhaften Frieden« in der Region. Die Menschen der Demokratischen Republik Kongo und Ruandas hätten »viel Zeit damit verbracht, sich gegenseitig zu töten, und jetzt werden sie viel Zeit damit verbringen, sich zu umarmen und an den Händen zu halten«. Zugleich kündigte Trump an, dass die Vereinigten Staaten mit beiden zentralafrikanischen Ländern bilaterale Verträge über den Abbau Seltener Erden schließen würden. Die USA seien bereit, einige ihrer bedeutendsten Unternehmen zu entsenden: »Wir alle werden viel Geld verdienen!« Die bei der Zeremonie anwesenden Präsidenten Tshisekedi (Kongo) und Kagame (Ruanda) äußerten sich viel zurückhaltender – und warfen sich, kaum in die Heimat zurückgekehrt, gegenseitig vor, die Waffenruhe gebrochen zu haben. Tatsächlich flammten dann Ende Dezember 2025 im Ost-Kongo die kriegerischen Auseinandersetzungen wieder in voller Schärfe aus.

Und was ist aus unserer Folterstadt geworden?

Lubumbashi heute: Das ist eine Vier-Millionen-Metropole mit riesigen Slums und Glitzerwolkenkratzern. Unser kleines Geheimdienstgefängnis ist nach Auskunft eines lokalen Reporters längst abgerissen, zugunsten hässlicher Wohnblocks. Und ganz in der Nähe ist ein Luxushotel entstanden. Das Grand Karavia, in der Route du Golf. Da trafen sich vor einigen Monaten die Geheimdienstbosse mit Militärs und besonders einflussreichen Geschäftsleuten aus den USA, Frankreich, Russland und China. Und wieder ging es um Bodenschätze, weniger um Kupfer und Kobalt wie früher, auch nicht so sehr um Gold und Diamanten; im Fokus standen Coltan und Uran, was man so für Handys, Laptops und Hightech-Waffen braucht. Alles im Überfluss vorhanden in diesem zum Anbeten schönen und zum Verzweifeln verkommenen Land.

Schwer zu recherchieren, wie es den Männern ergangen ist, die uns in Lubumbashi so brutal gequält haben. Die Spuren des sadistischen Folterers Joseph, des alerten Geheimdienst-Inquisitors Mwenza verlieren sich. Nur General Bolongo, der Verkünder unseres Todesurteils in Kinshasa, ist noch aufzufinden. Er hat Karriere gemacht, ist noch unter Mobutu kurzzeitig Premier geworden, bevor er dann mit ihm fliehen musste. 1999 aber kehrte der begnadete Opportunist aus dem französischen Exil nach Kinshasa zurück, diente sich dem neuen Herrscher an, der Mobutu entthront hatte – und wurde unter ihm Minister für Staatsunternehmen. Bolongo, ein Militär, ein Politiker, ein Jurist, offenbar Kongos Mann für alle Fälle, hat ein Buch über das Strafrecht in seinem Land geschrieben (»Le droit criminel zairois«), das ich mir gerne von ihm persönlich hätte signieren lassen. Es kam leider nicht dazu. Ich erfuhr zu spät, dass Bolongo Gast in Berlin gewesen ist – 1998 eingeladen von der Deutschen Industrie- und Handelskammer.

Gleich nach meiner Befreiung damals aus dem Gefängnis in Lubumbashi hat mich eine besorgte Chefredaktion gefragt, ob ich denn nicht andere als die »harten« politischen Themen machen wolle. Ich bin dann immer mal gern ausgewichen, in die Welt des Sports etwa, wo ich vor den Olympischen Spielen von Seoul Interviews mit der schnellsten Frau und dem schnellsten Mann der Welt führen durfte (leider stellte sich später heraus, dass Florence Griffith-Joyner und Ben Johnson ihre Fabelzeiten über hundert Meter wohl weitgehend dem Doping verdankten); ich konnte auch meiner Lieblingsfreizeitbeschäftigung journalistisch etwas abgewinnen, durch ein langes Gespräch und eine Partie mit dem norwegischen Schachweltmeister Magnus Carlsen.

Besonders gerne denke ich auch an meine Ausflüge in die Welt der Kultur zurück, an faszinierende Begegnungen mit John le Carré, dem Meister der Spionageromane, und an Salman Rushdie, dem genialen Fabulierer, gegen den das iranische Regime wegen der angeblich gotteslästerlichen »Satanischen Verse« ein Todesurteil ausgesprochen hat; und an Begegnungen mit Schriftstellerinnen wie Elfriede Jelinek, die spätere Literaturnobelpreisträgerin, und Jhumpa Lahiri, die gleich für ihren ersten Band von Kurzgeschichten mit dem Pulitzer-Preis ausgezeichnet wurde. Aber überwiegend bin ich doch der politischen Reportage treu geblieben.

Ich habe von 1975 bis 1995 für den *Stern* gearbeitet, dann schrieb ich zweiundzwanzig Jahre für den *Spiegel*, im Jahr 2017 bin ich zur *Zeit* gestoßen. Fünf Jahrzehnte, in denen ich immer wieder auch mit besonders schwierigen Politikern zu tun hatte (oder sie mir unbewusst als Gegenstand der Beobachtung und Beschreibung aussuchte). Die Interviews waren manchmal erhellend, oft erschütternd, gelegentlich auch frustrierend bis hin zum Scheitern. Verblüfft hat mich bei meinen Gesprächen die Selbstgerechtigkeit der Diktatoren, ihre oft triumphierend zur Schau gestellte Überzeugung, das Richtige zu tun, nicht nur für sich, sondern für »die Menschen«. So ist – bei Reisen in den Nahen und Mittleren Osten, nach Haiti, Nordkorea und auf die Philippinen, aber auch nach Serbien – eine Galerie von Gewalttätern entstanden, die einiges trennt, aber auch vieles verbindet: Alle meine Mörder.

I
DER DIKTATOREN-CLAN

Täter: Ferdinand, Imelda und »Bongbong« Marcos
Tatorte: Manila, Philippinen und Honolulu, USA

Imelda Marcos hat nach dem Ende unseres Interviews im Herbst 1986 eine Überraschung parat. Sie greift in eine Schublade, holt ein Mikrofon mit einem goldenen Mundstück heraus, stellt Hintergrundmusik an. »Meine Zugabe«, sagt sie. Dann legt sie los, singt mit heller Stimme und der Gestik einer großen Diva »Sentimental Journey« und dann noch den anderen emotionalen Klassiker: »Feelings, oh, oh, feelings«. Während ich nach der Darbietung zögerlich klatsche – sie hat dann doch nicht alle Töne getroffen –, ruft es aus dem Hintergrund: »Bravo, bravo, da capo!« Es ist ihr Gatte, der sie da so bejubelt, der Mann, der beim Gespräch gerade erst den »drohenden Weltkrieg« beschworen hat, den er, nur er, verhindern könne. Zwei, die sich von ihrer sanften, menschenfreundlichen Seite zeigen wollen.

Dabei sind sie ein Diktatorenpaar wie aus dem Lehrbuch: Präsident Ferdinand Marcos war von Mitte der sechziger bis Mitte der achtziger Jahre auf den Philippinen zuständig für das Grobe, für die brutale Unterdrückung der Opposition, für Todesurteile und Folterbefehle; Manila-Gouverneurin und Ministerin für besondere Aufgaben Imelda Marcos kümmerte sich um das eher Feingeistige, um Filmfestspiele und internationale Tanzaufführungen, aber auch um das internationale Antichambrieren bei Präsident Nixon in Washington und beim Tête-à-tête mit dem Vorsitzenden Mao Zedong in Peking.

Ferdinand Marcos im Gespräch mit dem Autor,
September 1986, Honolulu

Ferdinand, der äußerlich so Unscheinbare, verbreitete Grauen, Imelda, die strahlend Glamouröse, verbreitete Glanz. Und niemand war dem Herrscherpaar näher als die Schutzmacht USA, Washington gewährte dem fernöstlichen Inselreich Kredite in Milliardenhöhe und sicherte sich im Gegenzug mit Subic Bay und der Clark Air Base zwei seiner weltweit wichtigsten Militärstützpunkte.

Ferdinand Marcos kam schon in jungen Jahren mit der Justiz in Berührung: Er war angeklagt, einen Rivalen seines in der Lokalpolitik engagierten Vaters ermordet zu haben. Der Wortgewaltige, der sein Jurastudium in Manila als Jahrgangsbester abgeschlossen hatte, verteidigte sich selbst und konnte nicht überführt werden. Zielstrebig verfolgte er dann auch seine politische Karriere, wurde Abgeordneter und Senator. 1954 heiratete er Imelda Romuáldez, eine ebenso ehrgeizige wie blitzgescheite und skrupellose Frau, die ihm als Schönheitskönigin aufgefallen war.

1962 zog das Powerpaar nach gewonnener Wahl in den Präsidentenpalast. Doch bald mochten sich die beiden nicht mehr an demokratische Spielregeln halten, fühlten sich an nichts mehr gebunden und suchten die totale Macht. 1972 verhängte Marcos nach einem selbst inszenierten Putsch das Kriegsrecht. Der Westen nahm das eher uninteressiert zur Kenntnis, die Medien stürzten sich dafür gerne auf den »Thrilla in Manila«, den Boxkampf zwischen Muhammad Ali und Joe Frazier 1975, und sie bewunderten all die Berühmtheiten, die sich bei den von Imelda Marcos ausgerichteten Jetset-Partys trafen.

Ich habe erstmals 1980 auf den Philippinen recherchiert, zu Beginn meiner Zeit als Fernostkorrespondent. Ich traf verzweifelte Menschen, Bürgerrechtler, die mir ihre Foltermale zeigten, Journalisten, die unter Todesangst im Untergrund arbeiteten. Präsident Marcos scharte ein Dutzend bedingungslos loyale Militärs und korrupte Geschäftsleute um sich, die er mit Millionengeschenken aus der Staatskasse versorgte, im Volk nannte man sie die »Rolex-12-Gruppe«.

Die First Lady, zum Kabinettsmitglied ernannt, feierte immer ausschweifendere Feste, »mein Volk will zu mir aufschauen, es braucht mich als Vorbild«, pflegte Imelda Marcos zu sagen. Ihre Sammlung von Designerkleidern und besonders ihr Hang zu kostbaren Schuhen – sie besaß 2700 Paar – machten die First Lady zur weltrekordverdächtigen Verschwenderin. Aber der »Eiserne Schmetterling« mischte eben auch in der internationalen Politik mit, man sah sie oft an der Seite ihres Mannes in den Welthauptstädten, gelegentlich schickte er sie zur Charmeoffensive auch alleine los. Oberst Muammar al-Gaddafi habe sie in Libyen dazu überredet, seine Unterstützung für die aufständischen Muslime im Süden der Philippinen aufzugeben, »der einzige Vertrag, an den sich Gaddafi je gehalten hat«, prahlte sie im Interview mit mir. »Dass ich beim

Imelda Marcos im Gespräch mit dem Autor,
September 1986, Honolulu

Besuch in Kuba auch besonders gut mit Fidel Castro auskam und er mich höchstpersönlich durch die Straßen von Havanna kutschierte, ist wahr. Dass da mehr war als Sympathie, wie manche Journalisten uns andichteten, ist allerdings nur ein Gerücht.« Ein Gerücht, dessen Verbreitung sie offensichtlich genoss.

Der politische Wendepunkt auf den Philippinen kam am 21. August 1983, als der prominenteste Marcos-Kritiker Benigno Aquino am Flughafen von Manila erschossen wurde. Niemand glaubte an die schnell vom Regime proklamierte Geschichte vom »Einzeltäter«. Unter Führung der Witwe des Ermordeten und unter der Symbolfarbe Gelb schlossen sich immer mehr Menschen Demonstrationen an. Der Widerstand der People's Power wurde so stark, dass die Amerikaner ihren Schützling fallen ließen und ihn ins »ehrenvolle« Exil nach Hawaii abschoben. In seiner Abwesenheit wurde die Witwe Corazon Aquino im Februar 1986 zur Staatspräsidentin gewählt.

Es war dann wenige Monate später im hawaiianischen Exil, dass ich Ferdinand und Imelda Marcos zum Gespräch und gemeinsamen Gottesdienst traf und sie mir ein Ständchen brachte. Nicht nur deshalb eine bizarre Situation: Er war davon überzeugt, dass die amerikanische Regierung ihn zwar »verraten« hatte, aber wegen der »drohenden kommunistischen Gefahr, einem Weltkriegs-Szenario« bald wieder an die Macht bringen werde. »Das Weiße Haus hat mir einen Verbindungsoffizier an die Hand gegeben, der mir 24 Stunden am Tag zur Verfügung steht«, erzählte er, sein Comeback stehe bevor. Seine Frau beklagte sich derweil bitter über die ihrer Meinung nach »unzumutbaren« Asylbedingungen.

Aber kostete der Bungalow, in dem sie wohnten, den amerikanischen Steuerzahler nicht viertausendfünfhundert Dollar Monatsmiete?

»Jeder Volksschullehrer hier hat ein besseres Haus«, meinte sie. »Washington wird noch einmal der Zeit nachtrauern, als wir die Philippinen regierten. Und zwar sehr bald. Jetzt aber wissen wir manchmal nicht, woher wir am nächsten Tag die Milch nehmen sollen.«

Wenn die Marcos-Familie zu dieser Zeit wirklich so mittellos war, wohin waren dann all die Goldbarren, das Bargeld, die Kunstschätze verschwunden, die sie in der ganzen Welt zusammengerafft hatten? »Kunst haben wir immer nur fürs Volk gekauft, wer behauptet, wir hätten unser Land ausgeplündert, der lügt«, sagte sie.

Experten werden später schätzen, dass das Diktatorenpaar mehr als vier Milliarden Dollar aus der Staatskasse in die eigenen Taschen umgeleitet hat. Im New Yorker Privatappartement der Marcosens finden die Ermittlungsbehörden später an den Wänden Gemälde von Michelangelo, van Gogh und Picasso. Zum Schluss des denkwürdigen Treffens mit den

Asylanten erster Klasse auf Hawaii wollte Imelda Marcos dann unbedingt noch einen Witz loswerden. »Wussten Sie schon, dass aus dem Malacañang-Palast von Manila inzwischen die Hälfte meiner schönen Schuhe verschwunden sind?« Nein, war mir neu. »Präsidentin Corazon Aquino hat festgestellt, dass sie dieselbe Schuhgröße hat wie ich.«

Die eklatanten Menschenrechtsverletzungen in Manila haben die Amerikaner nie gestört, aber ein politisches Comeback der beiden haben sie verhindert – sie kamen auch mit der Nachfolgeregierung gut zurecht. Am 28. September 1989 starb Ferdinand Marcos auf Hawaii – und selbst in den Stunden der Trauer dachte seine Frau vor allem taktisch. Sie lud Journalisten, unter anderem auch mich, dazu ein, sie und den Verblichenen im Flugzeug nach Manila zu begleiten. Als die Fotografen ein Bild der Leiche haben wollten, öffnete sie bereitwillig den Sarg, baute sich tränenreich neben ihm auf.

Und das alles war noch keineswegs das Ende der Familiensaga. Imelda hatte mit den heranwachsenden Kindern, dem Sohn Ferdinand und der Tochter Imee, noch Großes vor. Und die machtbewusste Manipulatorin wusste, dass sie, um eine Chance für die Fortsetzung der Dynastie zu erhalten, die Deutungshoheit über die jüngere philippinische Geschichte an sich reißen musste. Sie beschloss, mit dem Leichnam ihres Gatten zu pokern. Imelda Marcos verlangte ein Staatsbegräbnis in Manila, einen Platz auf dem Heldenfriedhof für ihren Gatten. Das konnte und wollte Frau Aquino nicht gestatten.

Wieder einmal bewies Imelda Marcos ihren politischen Instinkt und ihre Begabung für Theatralik. Ferdinand Marcos wurde zunächst in einen gläsernen Sarg gelegt, dann in einem mit Trockeneis versehenen Mausoleum auf dem Familiengrundstück seiner Heimatstadt Batac im Norden des Landes zur Schau gestellt – ein Wallfahrtsort für seine Anhänger. Zwischenzeitlich testete sie ihre Popularität als Präsidentschaftskandidatin, erfolglos. Immerhin schaffte sie es, für ihre Heimatprovinz Ilocos Norte in den Senat gewählt zu werden. Auch beide Sprösslinge wurden Abgeordnete im Oberhaus. Und Imelda Marcos antichambrierte weiter bei den Mächtigen, auf den 7107 Inseln des Fernostreichs hielten sich auch noch ein Jahrhundert nach dem formalen Ende der Kolonialzeit feudale Strukturen, es zählten immer nur zwei Handvoll Familien, die Industrie und Landwirtschaft kontrollierten. Sie wartete geduldig, bis sich die Geschicke der Philippinen immer mehr in ihre Richtung drehten.

Corazon Aquino hatte eine glücklose Amtszeit; sie galt als gutwillig, aber inkompetent, und wagte sich – selbst Angehörige eines der alles beherrschenden Oligarchenclans – nicht an eine dringend benötigte Landreform. Auf sie folgten im höchsten Amt unter anderem ein blasser General, ein korrupter, vorzeitig abgesetzter Schauspieler, dann Frau Aquinos hilfloser Sohn und zuletzt mit Rodrigo Duterte ein Polizeiausbilder, der sich seiner Nähe zu Todesschwadronen rühmte und der, auf offener Straße und öffentlich eingestanden, auch kleine Fische unter den Drogendealern ermorden ließ. Duterte war ein Mann nach Imelda Marcos' Geschmack. Ihn konnte sie tatsächlich dazu überreden, Ferdinand Marcos auf dem Heldenfriedhof beizusetzen. Die Rehabilitation des Familienclans war nun fast vollzogen.

Blieb zur Vollendung noch der politische Aufstieg von Ferdinand junior, im ganzen Land nur »Bongbong« genannt, ein Spitzname nach der Bezeichnung für eine im Land hergestellte Rakete. Es gab da einige schwarze Flecken in seiner Laufbahn. Er hatte nachweislich gelogen, als er behauptete, an der britischen Oxford-Universität einen Abschluss in Politik- und Wirtschaftswissenschaften gemacht zu haben. Ein Gericht verurteilte ihn 1995 wegen Steuervergehen zu sieben Jahren Gefängnis (das Urteil wurde später revidiert, aber die Vorstrafe blieb in den Gerichtsakten). Als Politiker im Senat blieb er blass. Dass irgendwelche nennenswerten Initiativen von ihm ausgingen, kann man jedenfalls nicht behaupten. Dennoch trat Ferdinand Bongbong Marcos im Frühjahr 2022 voller Selbstvertrauen zum Kampf ums Präsidentenamt an.

Gecoacht von seiner Mama, rüstig trotz ihrer inzwischen über neunzig Jahre, gesponsert von Industrieunternehmen und PR-Agenturen, führte er einen brillanten Wahlkampf. Als Vizekandidatin präsentierte er die Duterte-Tochter Sara, 44, und sicherte sich so die Anhängerschaft des bisherigen Amtsinhabers. Seine Wahlversprechen blieben vage, er erwähnte den dringend verbesserungswürdigen Schutz vor Naturkatastrophen, er versprach den Unterprivilegierten Hilfen aller Art. Die Amtszeit seines Vaters glorifizierte er als politisch stabile und wirtschaftlich goldene Zeit: »Es gibt keinen Grund, sich für irgendetwas von damals zu entschuldigen.« Die Botschaft sollte lauten: Ich bin wie er, ich werde das Land mit harter Hand führen, zum Besten der einhundertzehn Millionen Filipinos. Und außerdem: Wir vom Marcos-Clan sind die göttlich auserwählte Familie.

Das kam vor allem bei den Jungen gut an, die er zudem mit cleveren TikTok- und Instagram-Botschaften umgarnte. Die Mehrheit der Wähler, mehr als die Hälfte unter vierzig Jahre alt, konnte keine Erinnerung an die grausamen diktatorischen Zeiten haben. In den philippinischen Schulbüchern wurden die dunklen Jahre kaum erwähnt, in Film und Fernsehen kaum aufgearbeitet. Bongbong gewann den Urnengang mit großem Vorsprung, die Einsprüche internationaler Wahlbeobachter wegen zahlreicher Irregularitäten bei der Stimmabgabe gingen unter. Am 30. Juni 2022 hat nun wieder ein Marcos den

Präsidenteneid geschworen und ist in den Malacañang-Palast eingezogen – 36 Jahre nach dem Sturz des letzten.

Was genau die Amtszeit des Neuen bringen wird, ist noch schwer abzuschätzen. Als sicher kann gelten, dass Ferdinand Marcos junior die noch existierenden demokratischen Institutionen des Landes weiter untergraben wird, dass Parlament wie Justiz um ihre verbliebene Unabhängigkeit bangen müssen. Aus seiner Verachtung für die letzten Reste verbleibender freier Presse im Land hat er nie ein Hehl gemacht. Der Präsident wird außerdem seinen Vorgänger davor schützen, wegen Übergriffen vor einem internationalen Gericht aussagen zu müssen. Und er dürfte definitiv verhindern, dass seine Mutter weiter Ärger mit der Justiz hat. Imelda Marcos wurde ja noch 2018 zu elf Jahren Haft verurteilt, weil sie nach Ansicht des Gerichts Millionen von Dollar über illegale private Stiftungen versteckt hat. Sie hinterlegte eine Kaution und legte Widerspruch ein. Das Verfahren ist beim Obersten Gericht der Philippinen anhängig.

Die Allianz der Marcos- und Duterte-Familien führe in die Richtung eines »Dynastie-Kartells«, sagte mir 2023 Aries Arugay, Politikprofessor an der Diliman-Universität von Manila. »Unser Land bewegt sich mehr und mehr in die Richtung einer durch Wahlen kaschierten Autokratie, ein System, das einen nächsten Marcos oder Duterte in den kommenden Jahrzehnten hervorbringen könnte. Der Präsident hat vier Kinder, die Vizepräsidentin ebenfalls.«

Doch es kommt anders, ganz anders. Falls zwischen den Clans an eine harmonische Aufteilung der Macht gedacht gewesen sein sollte, zeigt sich schon Anfang 2025, wie gründlich das danebengeht. Der frühere Präsident Rodrigo Duterte fühlt sich von Ferdinand Marcos verfolgt, weil der nun plötzlich dessen Amtszeit und die ungesetzlichen Verhaftungen anprangert –

und schlägt in unflätigster Weise zurück: »Ich sage euch allen, Bongbong Marcos war schon früher high. Jetzt, wo er Präsident ist, ist er immer noch high. Alle müssen es wissen: Wir haben einen drogensüchtigen Präsidenten! Dieser Hurensohn!«

Marcos schlägt zurück, nicht minder unter der Gürtellinie (»Er nimmt schwerste Schmerzmittel, die in hohem Maße süchtig machen«) – und lässt seinen Ärger an der Duterte-Tochter aus, seiner Stellvertreterin, die er ihres Amtes enthebt, wegen angeblicher Veruntreuung öffentlicher Gelder und eines angeblichen Mordkomplotts gegen den Präsidenten. Ausgang: Open End. Aber zumindest einen wichtigen Teilerfolg hat Ferdinand Marcos junior dann im März 2025 doch schon erreicht: Es gelang ihm, seinen Vorgänger im Präsidentenamt am Flughafen von Manila verhaften und außer Landes bringen zu lassen: nach Den Haag, wo beim Internationalen Strafgerichtshof gegen Duterte ein Haftbefehl wegen Verbrechen gegen die Menschlichkeit vorliegt.

Auf den Philippinen herrscht wieder einmal Chaos. Um die wirklichen Probleme des Landes – die hohe Arbeitslosigkeit, die galoppierende Inflation, die empörende Verarmung großer Teile der Bevölkerung und die Ausbreitung der Slums – kümmert sich keiner. Die einzige Hoffnung auf Fortschritt liegt in der lebendigen Zivilgesellschaft des Landes, in den vielen privaten Hilfsorganisationen, in den Zusammenschlüssen der unabhängig denkenden Juristen und Professoren, in der unbeirrten, tapferen Arbeit der Journalisten wie etwa der mit dem Friedensnobelpreis ausgezeichneten Maria Ressa.

Und wer immer auch denkt, es könnte in der Familensaga keine Wendung mehr geben, keine neue dramatische Entwicklung, wird eines Besseren belehrt. Im November 2025 ist es Imee, Tochter des Diktatoren-Ehepaars Ferdinand und Imelda, die für Aufsehen sorgt. Als Senatorin im Parlament hat sie bis dahin eine eher unauffällige Rolle gespielt. Jetzt aber schlägt sie zur allgemeinen Überraschung bei einer Kundgebung in Manila ganz andere Töne an: Sie beschuldigt ihren Bruder, den Staatschef, hinter dem größten Korruptionsskandal der philippinischen Geschichte zu stehen. »Seine Regierung ist bestechlich, hilflos und ohne jedes politische Konzept«, ruft sie in die Menge. »Es ist schlimm für mich, mitanzusehen, wie mein Bruder unsere Familie verrät!« Sie liefert auch gleich die Erklärung dazu, wie es so weit kommen konnte. »Er hat seit seiner Jugend Kokain genommen.« Imee Marcos, 68, legt – wie schon zuvor der Ex-Präsident Duterte – keine Beweise für diese Behauptung vor, versichert aber in einem Interview einige Tage später, eine Haarprobe Bongbongs würde diesen Beleg definitiv liefern. Der Präsident sah sich gezwungen, auf die Beschuldigungen seiner Schwester zu antworten. »Wir sprechen ansonsten aus Prinzip nicht über Familienangelegenheiten, wir waschen schmutzige Wäsche nicht in der Öffentlichkeit«, gab er zu Protokoll. »Aber wir sind besorgt über den Zustand meiner Schwester.«

Politische Kommentatoren sehen in Imee Marcos' Vorpreschen in die Öffentlichkeit keinen unkalkulierten Ausbruch, sondern einen gezielten Plan, bei den nächsten Wahlen selbst an die Macht zu kommen. »Sie hat erkannt, dass sie jetzt handeln muss, weil sie sonst für immer nur ein wenig bedeutendes Familienmitglied bleibt, die Tochter, die Schwester aus der zweiten Reihe«, sagt die Soziologin Athena Charanne Presto. Es könnte 2028 also doch wieder zu einer Duterte-Marcos-Regierung kommen. Diesmal wären aber die Frauen beziehungsweise die Töchter dran: Sara Duterte als Staatschefin und Imee Marcos als Vizepräsidentin.

II
DER HOLOCAUSTLEUGNER

Täter: Mahmud Ahmadinedschad
Tatort: Teheran, Iran

Die meisten meiner iranischen Interviewpartner erfüllten auf Anhieb sämtliche Vorstellungen von Politikern im Gottesstaat Iran. Da war Said Dschalili, der grimmige Hardliner-Chef des Atomprogramms und frühere Büroleiter des Obersten Religionsführers; da war Ali Akbar Salehi, der aalglatte Außenminister, an dem alle Fragen abprallten (früher ebenfalls Leiter des Atomprogramms, der Posten ist offensichtlich gut für die Karriere). Sie ließen spüren, wie sehr sie es hassten, befragt zu werden, wie sehr sie die Beschäftigung mit europäischen oder amerikanischen Medien für Zeitverschwendung hielten. Wie sehr sie uns verachteten.

Mahmud Ahmadinedschad versuchte einiges, um sich da positiv abzuheben – erstaunlich, wenn man bedenkt, dass ihm in Oppositionskreisen der Ruf vorausging, so etwas wie der Schlächter des iranischen Volkes zu sein, mitverantwortlich für Dutzende Todesurteile gegen Regimekritiker – und ein besonders radikal antiwestlicher Scharfmacher. Der Präsident der Islamischen Republik lud meinen *Spiegel*-Kollegen Dieter Bednarz und mich während seines Wahlkampfs im Jahr 2009 sogar ein, in seiner Präsidentenmaschine von Teheran zu einer Kundgebung nach Isfahan mitzufliegen.

Wir steigen in eine altersschwache Boeing 707, die Sitze sind zerschlissen, die Sicherheitsgurte lassen sich schwer öffnen und schließen. Der Präsident trägt wie immer eine unscheinbare Jacke, Billigangebot aus einem Kaufhaus. Alles scheint zu dem Image zu passen, das sich Ahmadinedschad geben wollte und das da hieß: Seht her, ich bin ein bescheidener Diener meines Volkes. Auch jetzt, nach vier Jahren im Amt, da ich mich unter euch mische und um meine Wiederwahl kämpfe.

Es ist sein Festtag, Irans offizieller »Tag des Atoms«. Auf dem Rollfeld in Isfahan stehen die Mächtigsten und Wichtigsten der Provinzhauptstadt stramm, Mullahs, Militärs, Bürokraten. Langsam geht Ahmadinedschad vor einem etwa vierjährigen Mädchen in die Knie, dessen schwarzer Tschador nur das Gesicht freigibt. Einen Koranvers rezitierend, nimmt er einen Blumenstrauß entgegen. Dann steigt er in einen schwarzen japanischen Geländewagen, dessen Verdeck offen ist, damit er auf seinem Weg in die Stadt der Menschenmenge zuwinken kann. Der große Platz, auf den wir einbiegen, ist schwarz vor Menschen. Schwer zu sagen, wie viele freiwillig, aus Neugier oder Begeisterung hier sind, wie viele vom Land in Bussen hierhergekarrt wurden, zur Zwangshuldigung des Präsidenten.

Isfahan ist der Stolz aller Perser, ihre Perle, die schönere »Hälfte der Welt«, wie sie im Volksmund sagen. Ihren Mittelpunkt bildet der Platz, den einst Schah Abbas I. im 16. und 17. Jahrhundert geschaffen hat und der immer noch einer der größten und eindrucksvollsten der Erde ist: fünfhundert Meter lang, hundertfünfzig Meter breit, umrahmt von Arkaden, umfangreicher als der Rote Platz in Moskau, prächtiger als der Petersplatz in Rom. Naqsch-e Dschahan, »Entwurf der Welt«, taufte Abbas den Ort, gekrönt von seiner Residenz, dem Ali-Qapu-Palast, sowie der mächtigen Königsmoschee und der filigranen, in allen Schattierungen von Blau schillernden Lotfollāh-Moschee.

Der Platz sollte nach dem Willen ihres weltoffenen Grün-

Mahmoud Ahmadinedschad im Gespräch mit dem Autor (in der Mitte Spiegel-Redakteur Dieter Bednarz), April 2009, Teheran

ders, der Feldherr wie Kunstliebhaber war, Geistliches und Weltliches verbinden. Macht und Kultur, Religion und Handel sollten harmonieren. Er war Marktplatz, Ort der fröhlichen Feste und vollstreckten Gerichtsurteile, Paradefeld und Austragungsstätte des vom Schah so geliebten Polospiels. Tags boten hier Gewürzhändler und Apotheker, Goldschmiede und Buchbinder, Köche und Künstler ihre Waren feil; nachts übernahmen nahe der Springbrunnen die Märchenerzähler, Akrobaten und Kurtisanen die Szenerie. Der »Entwurf der Welt« sollte ein Spiegel der Gesellschaft und der Politik sein. Ein Schaubild seiner Größe und Überlegenheit, Persien Pars pro Toto und Persien par excellence.

Es muss ein farbenprächtiges Spektakel gewesen sein, damals, während der mittelalterlichen Glanzzeiten. In der Islamischen Republik ist der Platz ergraut. Alle Frauen tragen Schwarz, sie sind vom aufgebauten Gerüst an der Königsmoschee, auf dem wir Platz nehmen und von wo Ahmadinedschad gleich sprechen wird, kaum zu unterscheiden. Die Geschlechter sind freilich fein säuberlich getrennt, rechts die Frauen, die Präsidentenbilder hochhalten, links die Männer, die mit hochgereckter Faust skandieren: »Ahmadinedschad, Unabhängigkeit, Gerechtigkeit!« Der Platz der ehemaligen Vielfalt und Toleranz hat übrigens längst einen neuen Namen: In der Islamischen Republik wurde er zu Ehren des Gottesstaat-Gründers in Chomeini-Platz umgetauft.

Eine Zwanzig-Minuten-Wahlkampfrede, in der der Präsident sein Programm abspult: internationale Anerkennung, »Ehre« für den Iran, wirtschaftliche Fortschritte trotz der derzeitig »extrem schwierigen« Lage. Ausdrücklich preist er die Zukunftschancen Irans – dank der Nukleartechnologie, dieses »Glanzstücks unserer Wissenschaft«. Nachmittags folgt dann der interessantere Programmpunkt: ein Besuch der Urankonversionsanlage im Außenbezirk der Stadt. Isfahan ist nicht nur die kulturelle Metropole des Landes und eine wichtige Universitätsstadt, sondern gilt auch als Zentrum der iranischen Atomforschung. Es ist schon 2009 ein offenes Geheimnis, dass sich das Regime nicht mit der friedlichen Nutzung der Atomkraft begnügt, zur Energieversorgung ist sie in dem mit großen Mengen Erdöl und Erdgas gesegneten Land nicht nötig. Sondern dass sich die Herrscher des Gottesstaates alle Voraussetzungen zum Bau einer Kernwaffe beschaffen.

Wir werden in einem Kleinbus zur Atomanlage außerhalb von Isfahan gefahren, Ahmadinedschad kommt mit seiner Entourage hinterher. So können wir uns für einige Minuten auf dem Gelände umsehen, natürlich unter den strengen Augen des Wachpersonals. Buchstäblich in letzter Minute vor dem Präsidentenbesuch arbeiten noch Maurer an einer Absperrwand, gießen Gärtner nervös die Stiefmütterchen in den adretten Beeten vor der kleinen Moschee und dem Restaurant auf dem Gelände. Es ist ein riesiges Areal, mehrere Fußballfelder groß, eingebettet in eine Wüstenlandschaft, umgeben von Bergen. Die Fabrik selbst ist zweistöckig und verschlossen. Anders als in der Urananreicherungsanlage Natans, hundert Kilometer nördlich von hier, oder in Fordo bei Ghom liegt hier alles überirdisch, die Raketenstellungen auf den Spitzen der umliegenden Hügel, die wir bei der Herfahrt gesehen haben, dürften kaum in der Lage sein, einen massiven israelischen oder amerikanischen Angriff abzuwehren.

Ahmadinedschad wird, geschützt in gepanzerten Wagen und begleitet von über einem Dutzend Leibwächtern, unmittelbar vor das geheimnisvolle Herzstück der Anlage gefahren. Auch wir dürfen jetzt das zweistöckige Gebäude betreten, werden allerdings auf eine Balustrade im zweiten Stock verfrachtet. Der Präsident, inzwischen in einen weißen Kittel gekleidet, unterhält sich mit einer Gruppe von Atomwissenschaftlern. Unser Aufpasser, der gleichzeitig als Dolmetscher fungiert, informiert uns darüber, dass es bei der Neueinweihung dieses Fabrikteils um eine verbesserte Form der Urankonversion gehe, bei der das aus den Wüstenminen gewonnene »Yellowcake« in das gasförmige Uranhexafluorid umgewandelt wird – eine Vorstufe der Urananreicherung, bei der das Element veredelt wird. So, dass es auch als Brennstoff für Atomwaffen taugt.

Am Tag unseres Interviews mit dem Präsidenten geht zunächst alles schief. Der venezolanische Präsident Hugo Chavez ist in Teheran zu Gast und bleibt länger als erwartet. Unser Termin verschiebt sich. Zwölf Stunden warten, und dann noch einmal einen ganzen Vormittag, bis dann das grüne Licht kommt und wir von unserem Hotel abgeholt werden. Viel Zeit, sich noch einmal mit allem zu beschäftigen, was über den Präsidenten bekannt ist, um uns auf den Mann vorzubereiten, der uns da erwartet. Was wissen wir aus Gesprächen mit Exiliranern und offiziellen Quellen über ihn?

Mahmud Ahmadinedschads Familie gehört nicht zu den reichen und einflussreichen des Landes, er wurde als viertes von sieben Kindern 1956 in einem kleinen Dorf der nordiranischen Provinz Semnan geboren. Weil der Vater in der trostlosen Umgebung keine Zukunft für seinen kleinen Schlosserbetrieb sah, zog er mit seiner Familie in die Hauptstadt, wo er in einer Metallfabrik einen Job und eine bescheidene Wohnung fand. Der Vater sparte eisern, damit er seinen Sohn in eine gute Privatschule schicken konnte. Mahmud reißt intellektuell keine Bäume aus, ist aber gut genug, um die Zulassungsprüfungen für die Universität zu bestehen. Er studiert Bauingenieurswesen und betätigt sich bald auch aktiv in einer islamistischen Untergrundbewegung gegen Schah Reza Pahlavi, der mithilfe seines brutalen Geheimdiensts Iran ganz auf einen laizistischen und strikt westlichen Kurs getrimmt hat.

Als der Schah nach Massenprotesten stürzt, verlässt der iranische Großajatollah Ruhollah Chomeini sein Pariser Exil und zieht am 1. Februar 1979 im Triumphzug in Teheran ein. Ein Foto zeigt Ahmadinedschad, wie er, ganz dicht am Wagen Khomeinis, dem religiösen Volkstribun zujubelt. 1980 heiratet der Ingenieur eine Ingenieurin, bekommt mit ihr zwei Söhne und eine Tochter. Seine Opferbereitschaft für die Revolution zeigt er, als der irakische Diktator Saddam Hussein den Iran angreift: Er meldet sich freiwillig für die Truppe. Er selbst erzählt später von heroischen Kampfeinsätzen an der Front; die Exilopposition bezichtigt ihn der Verwicklung in Attentate und Folter. Doch ohne Zweifel verschafft ihm der Nimbus des Kriegsveteranen einen Bonus.

Ahmadinedschad startet seine politische Karriere von Grund auf, übernimmt in der Provinz kleinere Ämter, bevor er sich 2003 bei den Stadtratswahlen in der Hauptstadt bewirbt. Bei sehr geringer Wahlbeteiligung geht er überraschend als Sieger hervor.

Sehr geschickt hat sich der Unbekannte aus der Provinz bei den Stimmberechtigten als »Mostasaf« inszeniert, als einer der Millionen Entrechteten, ohne die es die Islamische Republik wohl nicht gäbe und die sich von einer zunehmend korrupten Oberschicht abgehängt fühlen. Als eine Art iranischer Robin Hood.

Auch als Bürgermeister behält Ahmadinedschad seinen anspruchslosen Lebensstil, bescheidene Dreizimmerwohnung, ein dreißig Jahre alter Peugeot als Dienstwagen. Ideologisch zeigt er sich immer deutlicher als Hardliner. Er lässt Fast-Food-Lokale schließen, verbietet Poster von Fußballern wie David Beckham und untersagt das öffentliche Abspielen westlicher Musik. 2005 bewirbt er sich als streng religiöser Anwalt der kleinen Leute und der Landbevölkerung um die Präsidentschaft – und siegt in der Stichwahl. Seine ersten vier Jahre im Amt sind wirtschaftlich eine Katastrophe, sein kompromissloser Kurs gegen die USA und Europa führte ihn außenpolitisch in die Isolation. Von Israel spricht er nur als »zionistisches Gebilde, das von der Landkarte verschwinden« müsse. Den Holocaust bezeichnet er als »Erfindung« und »Schwindel«. Im Dezember 2006 organisiert der iranische Präsident in Teheran eine offizielle Konferenz, zu der er siebenundsechzig Holocaustleugner aus dreißig Staaten einlädt, darunter einige, die in ihren Herkunftsstaaten wegen Hetze und Geschichtsfälschung gerichtlich verurteilt worden sind.

Ist dieser Mahmud Ahmadinedschad ein blindwütiger Ideologe und Islamist, der die nukleare Apokalypse riskiert? Versteckt sich hinter seiner aggressiven Rhetorik ein Pragmatiker? Kann er den Westen verstehen, will er von ihm überhaupt verstanden werden? Kann man ihm in einem Gespräch überhaupt näherkommen?

Dann werden *Spiegel*-Chefredakteur Georg Mascolo, Dieter Bednarz und ich endlich zum Interview abgeholt, es ist der 2. April 2009. Eine Fahrt durch den dichten Verkehr der

Fünfzehn-Millionen-Metropole zu einem schlichten Gebäudekomplex in der Pasteur-Straße. Scharfe Kontrollen, ein förmlicher Empfang durch den Bürochef des Präsidenten. Noch einmal warten im Vorzimmer der Macht. Was uns auffällt, sind die Fotos an der Wand. Sie zeigen Kinder im iranisch-irakischen Krieg, die glücklich in den Tod marschieren: minderjährige »Märtyrer«, die der Oberste Revolutionsführer Khomeini skrupellos über die Minenfelder schickte, »notwendige Opfer« als Vorhut für die offizielle Armee, wie uns der Vertraute Ahmadinedschads zu erklären versucht.

Ein großer Tisch, hinter dem der Präsident noch kleiner und schmächtiger wirkt als sonst. Ein joviales Lächeln, nachdem er den vollen schwarzen Bart zurechtgezupft hat. Offener Hemdkragen, graue Hose und der charakteristische Billig-Sweater, diesmal nicht die graue, sondern die beige Ausgabe. Im Hintergrund ein iranisches Fernsehteam, das alles mitdreht, nicht zur Veröffentlichung, wie wir annehmen, sondern für den »Hausgebrauch«.

Wir erleben dann zwei Stunden lang einen sehr konzentrierten, bemüht freundlichen, aber inhaltlich so gar nicht konzilianten Politiker. »Die Zeit ist vorbei, in der man anderen Völkern Weisungen erteilen konnte. Die amerikanische Regierung muss endlich Lehren aus der Vergangenheit ziehen«, doziert er. Iran sieht er ausschließlich als Leidtragenden der internationalen Politik und wischt alle Verantwortung für die aggressiven Handlungen der von Teheran finanzierten Terrororganisationen zurück: »Wir verüben keinen Terror, wir sind Opfer von Terror«, behauptet er wahrheitswidrig.

Dass die Internationale Atomenergiebehörde in Wien der Ahmadinedschad-Regierung immer wieder Tarnen, Tricksen und Täuschen bei der Überwachung des Nuklearprogramms vorwirft, bestreitet er, obwohl das doch vielfach dokumentiert ist. Auch die belegten Bedenken des UNO-Sicherheitsrats und die damit verbundenen Sanktionen wischt er einfach weg. »Wenn es gerecht zuginge auf der Welt, müsste auch Iran im Sicherheitsrat sitzen«, fabuliert Ahmadinedschad. »Die Zeit für Verhandlungen über unser Nuklearprogramm ist vorbei. Wenn eine Technik gut ist, sollten sie alle haben; wenn sie schlecht ist, keiner. Kann es sein, dass Amerika fünftausendvierhundert Atomsprengköpfe hat und Deutschland keine? Und dass uns nicht einmal die friedliche Nutzung der Nuklearenergie erlaubt sein soll?«

Immer wieder unterbricht Ahmadinedschad unsere Fragen, beantwortet sie mit Gegenfragen. Weicht aus. Schweift ab. Lächelt spöttisch. Erwähnt voller Verachtung den »unnatürlichen zionistischen Staat«, dessen Existenz für die gesamte Region ein gravierendes Problem sei. »Glauben Sie, dass das deutsche Volk auf der Seite des zionistischen Regimes steht? Glauben Sie, dass dazu eine Volksbefragung in Deutschland durchgeführt werden könnte? Falls Sie so ein Referendum zulassen, werden Sie feststellen, dass das deutsche Volk das zionistische Regime hasst.«

Das können wir so nicht stehen lassen und entgegnen, für das Gesprächsprotokoll, auch fürs iranische Fernsehen: »Wir sind sicher, dass das so nicht ist.«

Ahmadinedschad beharrt auf seinem Standpunkt, das ist sein Thema. Er fährt fort: »Lassen Sie es mich scherzhaft so formulieren: Warum haben die Deutschen damals so viel Unruhe gestiftet, dass es überhaupt zu diesen Problemen gekommen ist?«

Es ist schwer, die Form zu bewahren. Am liebsten würde ich aufspringen und das Interview beenden. Es entsteht eine kleine Pause. Der Dolmetscher blickt uns ängstlich an.

Bei allem Respekt, Herr Präsident: Das Ansehen Irans hat in Ihrer Amtszeit gewaltig gelitten …

»Wo? Bei wem? Bei den Regierenden oder den Völkern? In meiner jetzt gut dreieinhalbjährigen Amtszeit habe ich mehr als sechzig Länder besucht, man hat mich sehr warmherzig aufgenommen, sowohl die Menschen auf der Straße als auch die Verantwortungsträger. Hundertachtzehn Länder der Bewegung der Blockfreien stehen auf unserer Seite! Ich sehe ein, unser Ruf bei der amerikanischen Regierung und bei europäischen Regierungen ist nicht positiv, aber das ist doch deren Problem!«

Das ist der einzige Moment im Gespräch, in dem er die Fassung verliert, aus der Haut fährt, sich in Rage redet. Doch nach dem Ende des Interviews, beim Abschied mit Händedruck, ist er dann wieder ganz der Verbindliche, der sich nach unseren weiteren Reiseplänen erkundigt und uns alles Gute wünscht.

Wenige Wochen später, im Juni 2009, gewinnt Mahmud Ahmadinedschad die Präsidentschaftswahlen, laut amtlichem Endergebnis mit über 62 Prozent der Stimmen; sein Gegenkandidat, der als konservativ-gemäßigt geltende Mir Hossein Mussawi, der von großen Teilen des iranischen Reformlagers unterstützt wurde, kommt nicht einmal auf 34 Prozent. Alle Experten sind überrascht, sie hatten ein Kopf-an-Kopf-Rennen oder höchstens einen knappen Sieg des Amtsinhabers vorausgesagt. Wegen der offensichtlichen Wahlmanipulation brechen Proteste aus. Frauen werfen bei spontanen Demonstrationen das staatlich verordnete Kopftuch auf die Straße und verhöhnen die Sittenpolizei, Journalisten verlassen aus Protest ihre Posten bei den staatlich zensierten Medien. Nachts ertönt von Hausdächern der Ruf nach Freiheit. Das Regime schlägt mit Massenverhaftungen zurück; nirgendwo auf der Welt werden pro Kopf so viele Todesurteile verkündet und vollstreckt.

Ahmadinedschad sitzt fest im Sattel – und begeht einen verhängnisvollen politischen Fehler. Er entlässt ohne Rücksprache mit Religionsführer Ali Chamenei vier Minister, darunter den Geheimdienstchef. Er schlägt nationalistische Töne an, betont die Idee eines »iranischen Islam« und dessen Überlegenheit gegenüber dem Glauben der arabischen Welt. Das führt zu einem öffentlich ausgeführten Streit mit dem Obersten Religionsführer Ali Chamenei, der die klerikale Macht und seine eigene Stellung angegriffen fühlt.

Der sonst so clevere und bauernschlaue Ahmadinedschad hat seine Macht falsch eingeschätzt, gewaltig überschätzt – nur so lässt sich sein Vorstoß erklären. Als wäre ihm nicht bewusst, dass der Staatsgründer der Islamischen Republik, Großajatollah Ruhollah Chomeini, für sich (und für seinen Nachfolger Chamenei) ein Amt geschaffen hat, das über allen gewählten Organen steht und damit das republikanische Element der Verfassung neutralisiert: das Amt des »Obersten Revolutionsführers«. Der bestimmt doch alle Richtlinien der Politik, kontrolliert die Justiz, die Streitkräfte und den Geheimdienst.

Ahmadinedschad bleibt zwar bis 2013 im Amt, ist in den letzten beiden Regierungsjahren aber politisch weitgehend kaltgestellt. Er bewirbt sich 2017 noch einmal um die Präsidentschaft; seine Kandidatur wird aber von dem Chamenei-hörigen Wächterrat abgelehnt. 2021 und 2024 wiederholt sich das für Ahmadinedschad so demütigende Spiel. Er rächt sich auf seine eigene, bizarre Weise, wechselt völlig überraschend seine Ansichten, konterkariert die offizielle iranische Außenpolitik. Er verurteilt Moskau für den Überfall auf die Ukraine, wo doch Iran und Russland eine strategische Partnerschaft mit massiven gegenseitigen Waffenlieferungen verbindet. Er schreibt einen unterwürfigen Brief an den saudi-arabischen Thronfolger und verkündet der *New York Times* seine neue, herzliche Gesprächsbereitschaft mit den USA. All das isoliert ihn in seiner Heimat noch weiter, macht den einst so

Mächtigen zur iranischen Nicht-Person. Interviews darf der Neunundsechzigjährige nicht mehr geben. Er verschwindet aus der Öffentlichkeit, wird wieder zu dem Außenseiter, der er früher war.

Ich bin in den folgenden Jahren noch ein halbes Dutzend Mal in den Iran gereist. Ich habe selten eine so herzliche Gastfreundschaft erlebt wie in Shiraz oder Isfahan, in Maschad oder Teheran. Die Menschen, ganz besonders die jungen, zeigten sich weltoffen und gesprächsbereit, sympathischer und aufgeschlossener gegenüber dem Westen als jede andere Bevölkerung im Nahen und Mittleren Osten (von Israel einmal abgesehen). Ich kann allerdings nicht sagen, dass das auch für die iranischen Politiker gilt, denen ich begegnete. Sie waren misstrauisch, verschlossen, verbohrt – so wie etwa der iranische Botschafter bei der Internationalen Atomenergiebehörde in Wien, der kategorisch alles abstritt, was in Richtung iranischer Atombombe deutete, auch wenn Dokumente das Gegenteil belegten. Der Mann machte übrigens eine bezeichnende Karriere: Nach seiner Diplomatentätigkeit übernahm er in Teheran das Amt des Menschenrechtsbeauftragten – ein Job, dem der Oberste Revolutionsführer, wie es heißt, mindestens einen Ministerrang zubilligt.

Es gab in der jüngeren iranischen Geschichte sicher auch Politiker, die sich um Ausgleich mit dem Westen bemühten und für ihr Volk das Beste zu erreichen versuchten – die Ahmadinedschad-Konkurrenten Hossein Mussawi und Mehdi Karroubi, beide inzwischen unter Hausarrest, gehören dazu; wohl auch die vorsichtig reformorientierten und inzwischen auch schon längst kaltgestellten Präsidenten Mohammad Chatami und Hassan Rohani, auf die man in Washington, London und Berlin vielleicht nicht genug zugegangen ist und damit Chancen der Annäherung verpasst hat. Aber Ahmadinedschad verkörpert für mich den Prototyp des iranischen Politikers: Mischung aus Kleinkariertheit und Größenwahn, Minderwertigkeitskomplex und Überlegenheitsgefühl, verfolgter Unschuld und geleugneter Täterschaft. Immer ein Opfer, das sich nie genügend geachtet fühlt.

* * *

Das Jahr 2025 war für Irans politische Führung ein annus horribilis: Israelische und amerikanische Bombenangriffe auf Rüstungsbetriebe und Nuklearfabriken schwächten das Militär erheblich, verschärfte internationale Sanktionen sorgten für eine Wirtschaftskrise und Hyperinflation, Umweltkatastrophen und Missmanagement führten zu einer dramatischen Wassernot. Und doch schien das Chamenei-Regime fest im Sattel zu bleiben, wirkte der »Gottesstaat« von außen betrachtet wie unerschütterlich. Aber das ist eine oberflächliche, eine trügerische Wahrnehmung, denn die Macht der Mullahs erodiert. Während die politische Freiheit tatsächlich – vorläufig noch – ein Traum bleibt und Oppositionelle weiterhin mit aller Brutalität verfolgt werden, nehmen sich die Menschen zunehmend die sozialen Freiheiten, nach denen sie sich gesehnt haben.

Szenen aus Teheran Ende 2025: Tausende junge Frauen, mit Jeans und knappen Tops bekleidet, tanzen ohne die offiziell vorgeschriebene Kopfbedeckung mit wehenden Haaren bei einem Popkonzert. In einem anderen Teil der Stadt strömen die Menschen zu einer Veranstaltung der »Design-Woche«, wo zu Klängen einer Rockband Mode und Kunst präsentiert wird. Und die Veränderungen sind nicht auf die Hauptstadt begrenzt. In Shiras gehören Hip-Hop-Tänzer inzwischen zum Stadtbild, in den Parks der Stadt praktizieren junge Damen gemeinsam mit ihren Altersgenossen Yoga. In Yazd, das noch vor Kurzem als besonders religiös und konservativ galt, singen Hunderte bei einer Veranstaltung die offiziell verbotenen vorrevolutionären Lieder. In Kish treten fünftausend Menschen, Männer und Frauen gemischt, zu einem Marathon an. Videos auf Youtube zeigen, wie sportlich knapp bekleidete Teilnehmerinnen sich frühmorgens versammeln, während ein Sänger mit Trommel und Rastalocken den Queen-Song »We Will Rock You« spielt. Nach dem Marathon steigt die nächste Party – alles ungestört von den früher so allgegenwärtigen Polizisten und Sittenwächtern. »Ist das noch die Islamische Republik oder eine Las-Vegas-Republik?«, fragt in den Sozialen Medien ein entsetzter Regime-Anhänger.

Ausgerechnet Mahmoud Ahmadinedschads engster Freund und politischer Vertrauter zieht das beste Fazit. »Die Generation Z kümmert sich nicht mehr um offizielle Machtstrukturen, sie hat ein kollektives Stadium der Respektlosigkeit gegenüber der Politik erreicht«, schreibt Abdolreza Davari im öffentlichen Internet. »Junge Iraner tolerieren nicht mehr, dass ihnen in ihrem täglichen Leben Verhaltensvorschriften gemacht werden. Von diesem Punkt an wird sich die Zukunft Irans ändern.« Und in den ersten Tagen des Jahres 2026 geraten dann auch die politischen Verhältnisse ins Wanken. Bei spontanen Demonstrationen in mehreren großen iranischen Städten werden nicht nur die skandalösen wirtschaftlichen Verhältnisse angeprangert, es ertönt auch der Ruf nach grundsätzlichen Veränderungen. »Tod dem Diktator Chamenei«, rufen ganz Mutige. Tausende, Zehntausende schließen sich unter höchster Lebensgefahr dem Aufstand an.

III
DER BESESSENE DER WÜSTE

Täter: Muammar al-Gaddafi
Tatort: Tripolis, Libyen

Panik in den Augen, Panik in den Bewegungen, Panik in der Wortwahl: Als ich Omar al-Meheischi 1976 in einem geheimen *safe house* außerhalb von Kairo treffe, vergewissert er sich ständig, dass keiner uns beobachten kann, und ruft alle paar Minuten die Leibwächter zu sich, die ihm die ägyptische Regierung gestellt hat. »Ich fürchte um mein Leben«, sagt er. »Entweder kriege ich ihn zuerst, oder er bringt mich um.«

Meheischi war da gerade ein paar Wochen zuvor aus Libyen geflohen, wo er vor dem Zerwürfnis dem Staatschef Muammar al-Gaddafi als langjähriger Planungsminister gedient hatte; sein Staatsstreich gegen Gaddafi war missglückt. Einige Monate nach diesem Treffen erhielt ich ein Schreiben von einer obskuren »Libyschen Widerstandsbewegung zur Befreiung von dem Tyrannen Gaddafi«, an deren Spitze sich Meheischi gesetzt hatte. Danach war jahrelang Funkstille. Im Jahr 1984 wurde schließlich bekannt, dass der Oppositionelle vom marokkanischen Geheimdienst im Auftrag Gaddafis zuerst nach Rabat, dann weiter nach Tripolis verschleppt worden war. »Dort wurde er in einem Gefängnis von den Schergen des Regimes zu Tode gefoltert, während Gaddafi selbst im Nebenraum den Schreien zuhörte«, schrieb die amerikanische Professorin und Libyen-Expertin Lillian Craig Harris nach ihren Recherchen in der Sache.

Und dann im Jahr 1990 mein Interview in der Höhle des Löwen, mit Muammar al-Gaddafi in Tripolis, bei dem ich ihn auch auf das Schicksal Meheischis ansprechen will. Ein Acht-Tage-Visum hat mir der libysche Botschafter in Deutschland in den Reisepass gestempelt. Und den Herrscher solle ich doch bitte mit »Exzellenz Revolutionsführer« ansprechen.

Sieben Tage tut sich nichts im Hotel Al-Kabir, außer den allmorgendlichen und allabendlichen Kontrollanrufen des Präsidentenbüros, ob ich bereitstünde. Keine Chance, gründlich die Stadt oder gar die weitere Umgebung zu erkunden. Aber eine mediale Dauerlektion: »Das Volk und Muammar al-Gaddafi sind eins! Merkt euch: ER IST LIBYEN!«, hämmert den Bürgern eine riesige grüne Schautafel ein, die ich von meinem Zimmerfenster sehen kann. Und im Fernsehen läuft in Dauerschleife Diktatoren-Verherrlichung. Jede Nachrichtensendung mit dem gleichen Anfangsspot: Gaddafis schriftstellerisches Hauptwerk, »Das Grüne Buch«, sendet vom Himmel wie eine Sonne Strahlen aus, die auf einer Weltkarte erst Libyen grün färben, dann die gesamte arabische Region. Bevor die Nationalhymne einsetzt, schwappt das Grün über Afrika, über Lateinamerika und Asien, dann über den »Rest«, Europa, die Sowjetunion, die USA; die Welt als grüner Planet, als Planet des Muammar al-Gaddafi.

Beobachtungen im Hotel, das trotz seiner First-Class-Preise mit dem abfallenden Putz an den Wänden und den schmierigen Teppichen weit von einem First-Class-Luxus entfernt ist: Da treffen sich alle möglichen Menschen, die nicht so recht sagen wollen, was sie eigentlich in dieses Land gezogen hat. Beispielsweise der ältere Herr mit dem stets bereiten Musterkoffer am gegenüberliegenden Frühstückstisch. Er stamme aus dem »Westfälischen« und mache hier »Geschäfte«, sagt er vage. Er vertrete einen Arzneimittelkonzern. Nun brauchen natür-

Muammar al-Gaddafi im Gespräch mit dem Autor, 1990, Tripolis

lich auch die Libyer Medikamente, haben dazu, wie Oberst Gaddafi immer wieder betont, eine Fabrik in Rabita errichtet. Doch die Amerikaner behaupten von eben dieser Fabrik – und Satellitenaufnahmen wie Berichte von Exil-Libyern scheinen das zu bestätigen –, sie diene zur Herstellung chemischer Kampfstoffe.

Meine Favoritin im Hotel ist eine blonde Engländerin, die mit ihrem Mann, einem angeblichen Archäologen, »Ausgrabungsprojekte« in der Wüste betreuen will. Sie dürfte bald die größte Gaddafi-Poster-Sammlung der Welt besitzen. In den Hotelshops sah ich sie kaufen: Gaddafi betend, Gaddafi hoch zu Ross, Gaddafi mit ordensgeschmückter Brust, Gaddafi vor dem Wüstenzelt, Gaddafi beim Staatsempfang. Langweilt sich die Dame? Schmeichelt sie sich bei den offensichtlich zahlreichen, durch den Empfang und die Gänge entlangflanierenden Geheimdienstbeamten im Hotel ein? Spioniert sie selbst, für wen auch immer?

Bis zum Abend vor meiner geplanten Abreise und meinem Visum-Verfall tut sich nichts. Ein solches Wartenlassen gehört zu den Machtdemonstrationen des Diktators, manche Journalisten hat Gaddafi in der Vergangenheit trotz Terminzusage einfach unverrichteter Dinge nach Hause geschickt. Aber ich habe Glück: Kurz nach Mitternacht klingelt das Telefon. Schwer bewaffnete Sicherheitsoffiziere holen mich in der Lobby ab und bringen mich in ihrem Jeep an den Stadtrand bis zu einem abgesperrten Terrain. Ein Stahlturm mit hohen Antennen und Parabolschirmen vor einer großen Militäranlage, offensichtlich Frühwarnsysteme. Ein deutlicher Hinweis darauf, dass Gaddafi nicht noch einmal von amerikanischen Kampfjets überrascht werden will. Deren Bomben ist er im April 1986 nur knapp entgangen, eine seiner Töchter kam ums Leben. Wir kommen zu einer Schranke, die sich öffnet. An einem nagelneuen BMW Modell 735i vorbei geht es auf einen Hof, wo ein riesiges weißgraues Festzelt steht: ein Stück in die Großstadt verpflanzte Beduinenwelt.

Er wartet schon, gekleidet in einer braunen Abaja, dem Kamelhaarmantel der Nomaden, mit einem verwegenen schwarzen Käppi, unter dem die langen pechschwarzen Haare hervorquellen. Ein fester Händedruck, in die Ferne schweifende, tief geränderte Augen. Traditionelle Öfen mit großen Tellern, auf denen glühende Kohlestückchen Wärme spenden. Doch auch die Moderne ist im Beduinenzelt vertreten: In Blickweite läuft leise ein Sony-Farbfernseher, eingestellt ist der amerikanische Nachrichtensender CNN. Und auf dem Tisch liegt »Das Grüne Buch«, seine Regierungsphilosophie, die in Libyen so allgegenwärtig ist wie einst in der Volksrepublik China die rote Mao-Bibel.

Welchen Muammar al-Gaddafi würde ich in der nächsten Interviewstunde kennenlernen?

Da ist einmal: Gaddafi, der Terrorist. Er hat den Ultraradikalen Abu Nidal und Carlos Unterschlupf gewährt und sie in Lagern auf libyschem Boden Selbstmordattentäter ausbilden lassen. Er ist verantwortlich für die tödlichen Schüsse, die aus seiner Botschaft in London auf Demonstranten abgegeben wurden. Er hat den Anschlag auf die Westberliner Diskothek »La Belle« befohlen, bei dem amerikanische Soldaten ums Leben kamen. Er hat mindestens zwei Passagierflugzeuge durch Bomben zerstören lassen und dabei Hunderte unschuldiger Menschen getötet. Kaum eine radikale »Befreiungsbewegung« weltweit kam ohne Gaddafis Geldzuwendungen aus – die von US-Präsident Ronald Reagan 1986 angeordnete Bombardierung des libyschen Hauptquartiers sollte eine Vergeltungsaktion dafür sein.

Und da ist Gaddafi, der Revolutionär. Er hat, in einfachsten Verhältnissen aufgewachsen, schon mit fünfzehn Jahren von einem Staatsstreich gegen den korrupten König Idris und die im Hintergrund immer noch sehr mächtigen italienischen Kolonialherren geträumt. Er hat nach seinem Eintritt in die Armee geduldige Mitstreiter um sich gesammelt und sie von seinen Umsturzplänen überzeugt. Mit Glück und Geschick war Gaddafi dann 1969 der Putsch gelungen und er übernahm als Siebenundzwanzigjähriger die Regierung. Er suchte einen eigenen, einen sehr eigenwilligen dritten Weg zwischen Kapitalismus und Kommunismus, zeigte sich nach außen hin als gläubiger Muslim, bekämpfte aber vehement die Anhänger eines politischen Islam und ließ alle »ketzerischen« Freitagsprediger verhaften. Riesige Erdölfunde und die daraus resultierenden Milliardeneinnahmen ermöglichten ihm, die Bevölkerung trotz Unterdrückung der Meinungs- und Versammlungsfreiheit weitgehend ruhigzustellen.

Und nicht zu vergessen: Gaddafi, der Exzentriker. Er litt darunter, dass seine Libyer nicht mehr als zwei Prozent der arabischen Bevölkerung in der Region ausmachten. Er versuchte mit allen Mitteln, Drohungen und Schmeicheleien Libyen unter seinem Oberbefehl mit anderen Staaten zu fusionieren – mal mit Ägypten, mal mit Marokko, mal mit dem Sudan, mal mit dem Tschad. Dabei gab er großzügig Gelder aus, ließ aber auch schon mal Grenzbefestigungen wie die zu Tunesien in die Luft sprengen, wenn er kein Gehör fand. Dann fiel er bei einem Gipfeltreffen auf, als er einen weißen Handschuh à la Michael Jackson trug, um sich bei den arabischen Staatsführern nicht »anzustecken«, die auch schon mal einem verhassten Israeli die Hand geschüttelt hätten. Zur Konferenz der blockfreien Staaten in Belgrad brachte er sechs Kamele und zwei edle Schimmel mit und bat darum, zur Konferenzhalle vorreiten zu dürfen. Er trat außerdem nie ohne eine ganze Garde von Leibwächterinnen auf, weil er Männern nicht traute. Und nicht zu vergessen: seine bizarre Vorliebe fürs deutsche Eishockey. Gaddafi kaufte die Trikotwerbung des ECD Iserlohn auf und warb auf den Leibchen für seine Revolutionsfibel.

Beginn des Interviews. Exzellenz Revolutionsführer, Sie schauen gerade CNN. Glauben Sie denn einem amerikanischen Sender mehr als Ihren libyschen Medien? Haben Sie den Amerikanern nicht immer feindliche Absichten und Desinformation vorgeworfen?

»Ich informiere mich gern aus allen möglichen Quellen«, weicht er mit seiner Antwort aus, schweigt eine Minute nachdenklich, nimmt sich Zeit, das ausführlicher zu erklären. »Aber darum geht es gar nicht. Wissen Sie, dieses Zelt hier, aber vor allem meine nomadische Heimat bedeuten mir mehr als jeder ausländische technische Fortschritt. Aus der Einsamkeit, der Reinheit der Wüste schöpfe ich meine Kraft. Dort empfinde ich die Wahrheit – nicht bei CNN.«

Haben Sie in der Wüste Ihr »Grünes Buch« geschrieben?

Und was genau wollen Sie Ihrem Volk, vielleicht uns allen, mit dieser Niederschrift sagen?

»Ja. Ich schrieb jede Zeile im Nomadenzelt. Mit dem Buch habe ich die Lösung der Regierungsproblematik gefunden, alle ökonomischen und sozialen Probleme gelöst und den Menschen den Weg aus der Diktatur in die Zeiten der Demokratie gezeigt. »Das grüne Buch« und die libysche Revolution sind für unsere Epoche, was die Französische Revolution für die damalige Zeit war. Wir sind das erste Land der Welt, in dem sich die Volksmassen selbst regieren. Durch einen Volkskongress und Volkskomitees, in denen alle vertreten sind und nicht nur die mehrheitlich gewählten Vertreter wie bei Ihnen.« Eine kleine Pause. »Im Prinzip ist jeder in Libyen gleichberechtigt, in der Praxis gibt es, zugegeben, noch Mängel. Aber die beheben wir.«

Kann das wirklich funktionieren? Mit Verlaub, Exzellenz Revolutionsführer, ist es nicht so, dass Sie alle wichtigen Entscheidungen im Staat treffen?

Der Sekretär Gaddafis, der auf dem Tisch zwei kleine Tonbandgeräte angebracht hat und jedes Wort mitschreibt, räuspert sich. Offensichtlich ist ihm diese Frage unangenehm, oder er hält sie gar für unverschämt. Der Arabisch-Dolmetscher aber übersetzt, ohne eine Miene zu verziehen. Ich kann nur hoffen, dass er nichts abschwächt oder abändert. Gaddafi aber lässt sich kein Missfallen anmerken, eine ausladende Geste mit seinem Arm zeigt die Rolex Oyster am Handgelenk.

»Es ist das Schicksal jedes Revolutionärs, dass er nicht mit dem Tempo und der Intensität zufrieden ist, mit denen seine Ideen angenommen werden. So ist es auch bei mir. Doch ich weiß, Libyen und sein Islam befinden sich auf dem richtigen Weg. In einem idealen Staat und in einer idealen Religion sind alle Menschen frei und selbstbestimmt. Wer nicht mitzieht, muss allerdings mit Konsequenzen rechnen.«

Welche?

Da macht Gaddafi nur eine abwehrende Handbewegung. Auf konkrete Alltagspolitik in Libyen möchte er nicht angesprochen werden. Er sieht sich offensichtlich als Mann für die ganz großen, weltumspannenden Zukunftsbilder. Wenn wir über »Geistiges«, über seine Visionen sprechen, dann geht sein Blick an mir vorbei, irgendwo über die Öffnung des Beduinenzelts hinaus in den Nachthimmel.

Noch ein Versuch, Konkreteres zu erfahren. Exzellenz, Sie haben einmal gesagt, es sei unmöglich, in einer kranken Welt den Gesunden zu spielen. Wie meinten Sie das? Was heißt das für Ihre Außenpolitik?

»Nach der Epoche der weißen Rasse folgt ein Zeitalter der farbigen. Die Unterprivilegierten der Welt müssen in die Luxusreservate der Reichen eindringen und sie von dort verjagen! Die USA sind dabei für mich der Inbegriff des Bösen. Wie konnte ich damit rechnen, dass Washington mit seiner militärischen Gewalt gegen uns losschlagen würde? Wir haben ein Recht auf die Atombombe, die Zionisten besitzen sie, also brauchen wir sie, schon als Gegengewicht! Was Israel betrifft: Da genügt es nicht, die besetzten Gebiete zu befreien. Dieser Staat muss ein für alle Mal verschwinden.«

Was soll Ihr Vermächtnis für die Nachwelt sein?

»In den Geschichtsbüchern soll stehen, dass ich mein Volk befreit und darüber hinaus die Welt entscheidend verändert habe.«

Seine Geduld ist erschöpft. Gaddafi steht auf, beendet das Gespräch, fünfzehn Minuten vor der vereinbarten Zeit. Aber er bemüht sich, das nicht als Unhöflichkeit erscheinen zu lassen. Er geht zum Tisch, nimmt das »Grüne Buch« und signiert es mit schwungvoller Schrift für mich. Freundlich dahingemurmelte Abschiedsworte von Seiner Exzellenz, dem Revolutionsführer, Grüße auch an das deutsche Volk (»Ich war immer für die Wiedervereinigung, habe die Jubelszenen in Berlin an meinem Fernsehgerät verfolgt«). Und weil die Stimmung gerade so entspannt ist, im Hinausgehen jetzt diese Frage: Wo ist eigentlich Omar al-Meheischi verblieben, sein ehemaliger Freund, Mitstreiter und Planungsminister? »Ach, Meheischi«, sagt Gaddafi, leicht irritiert. »Der ist verrückt geworden. Total durchgedreht. Den mussten wir aus dem Verkehr ziehen.«

In den Jahren nach meinem Interview überlebt Gaddafi mehrere Umsturzversuche und vergibt Schlüsselpositionen bald nur noch innerhalb des Familienclans. Trotz der zunehmenden Repression im Inneren leitet er die außenpolitische Öffnung des Landes ein, auch Richtung Westen. 1999 liefert Gaddafi die beiden libyschen Geheimdienstler, die für den Anschlag auf den Pan-Am-Flug 103 über dem schottischen Lockerbie angeklagt wurden, nach Den Haag aus und bietet Hunderte Millionen an Entschädigung für die Hinterbliebenen der zweihundertsiebzig Todesopfer an. Die UN-Sanktionen werden aufgehoben.

Die Europäische Union beginnt mit dem Regime zu kooperieren, um afrikanische Flüchtlinge von ihren Außengrenzen abzuhalten. Unter dem Druck der Amerikaner – und um seine Rolle als internationaler Aussätziger loszuwerden – legt Gaddafi schließlich 2003 auch sein Programm zur Entwicklung von Massenvernichtungswaffen offen. Im März 2004 besucht ihn der damalige britische Regierungschef Tony Blair und durchbricht so die lange Isolation Libyens; nur wenige Monate später macht auch Bundeskanzler Gerhard Schröder in Tripolis seine Aufwartung.

Doch die entstehenden außen- und innenpolitischen Freiräume schwächen letztlich Gaddafis Machtposition. Sein Sohn Saif, Chef einer mächtigen Staatsstiftung, ist im Umgang mit Oppositionellen nicht weniger brutal als der Vater, gibt sich international aber gemäßigter und staatsmännisch. Westliche Medien betrachten ihn schon als möglichen Nachfolger, Politiker in Washington, London und Berlin träumen schon von einem friedlichen Übergang zu einem »gemäßigten«, halbwegs demokratischen Libyen. Besonders angetan war man offensichtlich in Paris vom »neuen« Gaddafi. Im Dezember 2007 reist Libyens starker Mann nach Paris und schüttelt Staatspräsident Nicolas Sarkozy herzlich die rechte Hand, während er die linke als Faust triumphierend in die Luft reckt. Mehr noch: Gaddafi darf vierhundert Begleiter und gepanzerte Fahrzeuge einfliegen lassen, sein Beduinenzelt direkt im Garten des Elysée-Palasts aufschlagen. Roter Teppich, Nationalhymnen, Ehrengarde. Rekordverdächtige fünf Tage lang geht das so.

Im Jahr 2011 ändert sich die Lage dramatisch. Der Arabische Frühling umfasst die gesamte Region, Demonstranten erobern erst die Straßen, dann die Regierungsgebäude; die Gewaltherrscher in den libyschen Nachbarstaaten Ägypten und Tunesien stürzen innerhalb weniger Wochen. Auch in Tripolis fordern junge Demonstranten vehement einen politischen Neubeginn. Gaddafi hat nur Verachtung für sie übrig, will sie »zertreten wie Kakerlaken«. Als sich Menschen in Bengasi, der zweitgrößten Stadt des Landes, gegen sein Regime auflehnen, droht der Diktator mit tödlicher Gewalt, die Rebellen bitten um internationale Hilfe.

Um ein Blutbad zu verhindern, beschließen die Vereinten Nationen auf Initiative der USA, die Zivilbevölkerung mit internationaler Waffengewalt zu schützen. Die erstaunlich weitreichende Resolution schließt die Errichtung einer Flugverbotszone ein. Deutschland enthält sich als einziges westliches Land bei der Abstimmung im erweiterten Sicherheitsrat; noch viel erstaunlicher aber ist, dass Russland auf ein Veto verzichtet – Interimspräsident Dmitri Medwedew hat sich, wohl ohne

Absprache mit seinem Premier Wladimir Putin, von dem damaligen amerikanischen Vizepräsidenten Joe Biden zur Zurückhaltung überreden lassen. So können französische Kampfflugzeuge ungehindert die auf Bengasi vorrückenden Gaddafi-Truppen bombardieren. Und anders als von Moskau erwartet, macht die NATO bei ihren Angriffen auch nicht vor Tripolis halt, sondern erzwingt unter US-Führung – über das Mandat zur humanitären Intervention hinausgehend – den Sturz des libyschen Gewaltherrschers.

Gaddafi muss fliehen, zunächst mit dem Jeep, als Helikopter über ihm kreisen, steigt er panikartig aus, läuft zu Fuß weiter. Am 20. Oktober 2011 spüren ihn Milizionäre der neuen Regierung in der Nähe der Hafenstadt Sirte auf, versteckt in einem riesigen Abwasserrohr. Sie prügeln ihn blutig und schieben ihm ihre Bajonette in den After, bis einer von ihnen den Geschändeten schließlich mit Schüssen erlöst. Alles wird gefilmt. Den Leichnam schleppen sie zur öffentlichen Schaustellung in eine Turnhalle.

Der Tod des Despoten, aber noch mehr die grausamen Umstände seines Endes, haben bei Gewaltherrschern in aller Welt Schockwellen ausgelöst, ein Albtraumszenario für ihr mögliches Schicksal. Vor allem bei einem hinterlässt das Gaddafi-Syndrom tiefe Spuren: bei Wladimir Putin.

William Joseph Burns, der frühere amerikanische Botschafter in Moskau, nach seinem Amtsende Chef der CIA, schreibt in seinem 2019 erschienenen Buch »The Back Channel«, Putin habe sich »immer wieder die Videobilder von Gaddafis Gefangennahme im Abwasserrohr sowie die grausamen Misshandlungen angesehen. Das US-Magazin *The Atlantic* sieht Anfang März 2022 eine »direkte Linie« von Gaddafis Ende zum heutigen Krieg in der Ukraine: »Dieses Ereignis trug dazu bei, Putins Misstrauen gegenüber dem Westen und seinen Sinn für die eigene Verwundbarkeit zu verfestigen. Die Lektion, die Putin aus Gaddafis Schicksal zog: Als international Aussätziger ging es dem libyschen Herrscher am besten. Erst als er sich dem Westen gegenüber öffnete, roch man in Washington Schwäche und forcierte seinen Sturz – ein Los, das auch ihn erwarten könnte.«

In Putins paranoider Weltsicht ist die Libyen-Geschichte offenbar nur ein Krieg in einer Reihe von Kriegen, die der Westen begonnen hat, um – von Serbien bis Georgien, von Afghanistan bis Irak – mit »vorgetäuschten Argumenten« Regimewechsel zu erzwingen. Und damit eine »neue antirussische Weltordnung« zu schaffen, der er nur durch eigene Aggressionen zuvorkommen kann. Durch die imperiale Wiederherstellung eines Groß-Russlands.

Für Ex-Präsidenten Sarkozy hat seine so ostentativ zur Schau gestellte Gaddafi-Nähe noch ein höchst unangenehmes Nachspiel. Im Dezember 2024 wegen einer internen französischen Bestechungsaffäre rechtskräftig verurteilt und zum Tragen einer elektronischen Fußfessel gezwungen, muss er sich 2025 vor Gericht mit einem noch schwereren Vorwurf auseinandersetzen: Die Staatsanwaltschaft wirft ihm vor, von Muammar al-Gaddafi zur Finanzierung seines Wahlkampfs im Jahr 2007 bis zu fünfzig Millionen Euro an »Unterstützungsgeldern« angenommen zu haben. Ein Übersetzer Gaddafis erklärte gegenüber der Justiz, er sei dabei gewesen, als das bei einem Treffen zwischen den beiden Politikern im Regierungszelt von Tripolis abgesprochen wurde. Zeugen wollen außerdem beweisen, dass Gaddafis Mittelsmänner mehrfach mit Koffern voller Dollar nach Paris gereist seien. Sarkozy bestreitet alles, doch das Gericht glaubt ihm nicht. Wegen der illegalen Wahlkampfhilfe aus Libyen und der »außerordentlichen Schwere der Tat« wird Sarkozy im Oktober 2025 zu fünf Jahren Haft verurteilt. Er muss die Strafe sofort antreten, seinem Antrag auf Haftverschonung wird allerdings schnell stattgegeben, sodass er nur drei Wochen lang im Gefängnis bleiben muss. Über ein Berufungsgesuch, das er eingereicht hat, soll später entschieden werden – nicht ausgeschlossen, dass Frankreichs Ex-Präsident wieder in seine Zwölf-Quadratmeter-Zelle zurückmuss.

Niemand kann behaupten, dass sich die Situation der Menschenrechte in Libyen nach Gaddafis Sturz verbessert hätte – die neuen Herren, von ausländischen Kräften unterstützte Stammesfürsten und Milizionäre, wüten genauso brutal weiter.

Nach Jahren des Bürgerkriegs vermittelten die Vereinten Nationen im Oktober 2020 einen Waffenstillstand, der jedoch immer wieder gebrochen wird. Der Staat besteht nicht mehr in seinen alten Grenzen, ist de facto in zwei Teile zerfallen. Die im Westen als Ansprechpartner geltende Regierung von Tripolis, die Government of National Unity (GNU), und die in Bengasi herrschende Government of National Stability (GNS). »In Libyen gibt es kein staatliches Gewaltmonopol, die Sicherheitskräfte sind gespalten, eine erneute militärische Eskalation ist nicht auszuschließen«, schreibt das deutsche Außenministerium in seiner aktuellen Reisewarnung. »Einige Gebiete werden von bewaffneten Gruppen kontrolliert, die sich zwar selbst als formale Sicherheitskräfte definieren, sich faktisch aber einer Aufsicht durch zivile Regierungsstellen verweigern.«

Allen geht es um politische Geländegewinne und die Milliarden aus Ölgeschäften. Wie so häufig in seiner Geschichte ist Libyen auch heute wieder Spielball ausländischer Mächte: Frankreich und die Türkei, die Emirate, Ägypten und Saudi-Arabien mischen mit, zum Teil in wechselnden militärischen Allianzen, gelegentlich aktiv auf beiden Seiten. Und auch der Kreml-Herrscher hat seinen Schock über die Libyen-UN-Resolution, »diesen mittelalterlichen Ruf nach einem Kreuzzug«, inzwischen überwunden. Für Russland war in Libyen lange die staatlich geförderte Söldnertruppe »Wagner« am Werk. Nach der Entmachtung des syrischen Diktators Baschar al-Assad drohen Putin unter der neuen islamistischen Regierung von Damaskus die dortigen Militärstützpunkte abhandenzukommen; in Bengasi will er ein neues Drehkreuz für seine Aktivitäten in Afrika einrichten.

Und dann gibt es da noch eine Entwicklung, und sie trägt den Namen Gaddafi. Saif al-Islam (»Schwert des Glaubens«) Gaddafi, 53 Jahre alter Sohn des ermordeten Diktators, arbeitet an einem politischen Comeback. 2015 wegen seiner Beteiligung an den Gräueltaten seines Vaters zum Tode verurteilt und zwei Jahre später im Rahmen einer Generalamnestie aus dem Gefängnis entlassen, versucht sich wieder als Politiker. 2022 bewarb er sich bei den geplanten landesweiten Wahlen in Libyen um das Präsidentenamt und wurde trotz seiner Vorgeschichte als Kandidat zugelassen. Die Volksabstimmung wurde wegen einsetzender Unruhen verschoben; sie hat bis heute nicht stattgefunden. Aber bei den Kommunalwahlen 2024 feierte der Diktatorensohn nach eigenen Worten einen »Erdrutschsieg« (das tatsächliche Stimmergebnis wurde nie veröffentlicht).

GADDAFI IST LIBYEN – kommt es womöglich zu einer Neuauflage der Aussage, die mir vor einem Vierteljahrhundert in Tripolis ins Auge stach?

IV
DER LUSTMÖRDER

Täter: Jack Unterweger
Tatorte: Wien, Los Angeles, Bratislava

Unter den Mördern, die ich in meinem journalistischen Leben getroffen und über deren Umfeld ich recherchiert habe, nimmt er eine Sonderstellung ein: Er ist kein Diktator, der sich skrupellos seiner Feinde entledigte und sein Volk knechtete, kein Politiker, der in übersteigerter Selbsteinschätzung für eine Ideologie seine Wahnvorstellungen auslebte: Jack Unterweger war ein Killer aus dem Rotlichtmilieu – und hat doch Österreichs Politiker und prominenteste Künstler zutiefst bewegt. Durch ihre Fürsprache ist Unterweger, rechtskräftig verurteilt für einen Mord, vorzeitig aus dem Gefängnis entlassen worden. Und wurde dann wieder, bei gleich elf Prostituiertenmorden, hochverdächtig.

Bis heute gilt er als Präzedenzfall. Den einen dient er als Paradebeispiel für die Naivität und Gutgläubigkeit linksliberaler »Gutmenschen«, den anderen als Produkt einer grausamen Herkunft und dann einer noch grausameren, aber doch mindestens im Ansatz nachvollziehbaren Rache an der Gesellschaft. Hat die Öffentlichkeit Jack Unterweger zu viel Goodwill entgegengebracht, indem man ihm trotz eines erwiesenen Mordes Jahre vor der Verbüßung seiner ganzen Strafe die Freiheit schenkte? Oder hätte man sich schon während seiner trostlosen Jugend um ihn kümmern müssen, wären so seine »Rückfälle« möglicherweise zu verhindern gewesen?

Auch mehr als dreißig Jahre nach seiner Verurteilung und dem Selbstmord beschäftigt er die Menschen. Sein Leben diente als Vorlage für die Theaterstücke »Black Jack« von Franzobel und »The Infernal Comedy«, das mit dem Hollywoodstar John Malkovich uraufgeführt wurde. Die Regisseurin Elisabeth Scharang erzählte Unterwegers Geschichte mehr oder weniger wahrheitsgetreu in ihrem Spielfilm »Jack«. Die österreichischen Punkrocker Bloodsucking Zombies from Outer Space widmeten ihm ebenso Songs wie der deutsche Rapper Morlockk Dilemma. Buchautoren versuchten sich an der Erzählung seiner Lebensgeschichte, füllten fehlende, von ihnen nicht recherchierte Teile mit Mutmaßungen und viel Fantasie.

So wurde Johann »Jack« Unterweger zur Projektionsfläche von vielen für vieles. Aber was hat diesen Mann wirklich zu seinen Taten getrieben? Und lässt sich aus dem Umgang der Medien und der Politik mit ihm etwas aus diesem Kriminalfall lernen?

Ich hatte 1992 acht Wochen lang Gelegenheit, mich der Causa Unterweger zu widmen, traf seine Lehrerin, seine Mutter und seine engsten Freundinnen ebenso wie die ziemlich ahnungslosen Untersuchungsbeamten, die sich von dem raffinierten Verbrecher immer wieder täuschen ließen. Ich lernte den »pensionierten Maigret« kennen, der die richtige Spur aufnahm. Meine Recherchen führten von einem düsteren Tal in Kärnten über die Rotlichtviertel und Schickeriabars in Wien und Bratislava schließlich bis nach Miami im US-Staat Florida, wo Unterweger wegen des Verdachts, auch amerikanische Prostituierte getötet zu haben, zwischenzeitlich in Untersuchungshaft saß. Dort konnte ich ihn unter Aufsicht der Gefängnisbeamten treffen und, gemeinsam mit der *Stern*-Kollegin Frances Schönberger, auch über eine Stunde lang interviewen.

Das Leben des Jack Unterweger
Ein Drama in vier Akten

Akt 1: »Ich war ein Teufel, ein vergreistes Kind, dem es gefiel, schlecht zu sein«

Um Worte war er nie verlegen. Großspurig, egomanisch, meisterhaft manipulativ, sich in den Vordergrund spielend, alles von ihm angerichtete Böse in seinem Leben verdrängend und entschuldigend – ein Mann, besonders kühn in seinen Schuldzuweisungen.

»Ein Volk wie die Österreicher, das Leute in Führungspositionen wählt, die Gesetze umgehen, wo jeder kleine Bürger darin hängen bleibt und verurteilt wird, da kann ich net einsehen, warum ich sag, du musst brav sein. Ich kann nur sagen, jeder soll versuchen, schlau genug zu sein, sich durchzutricksen«, sagt er bei unserem Gefängnisinterview in der Untersuchungshaft von Miami. »Man kann heute nur mehr gelesen und gehört werden, wenn man den Faustschlag beherrscht. Den Faustschlag, diese kurze Gerade, die jeden schockt und umhaut!« Und dazu macht Jack Unterweger die entsprechende schlagende Bewegung. Kämpft mit der freien rechten Hand, von der die amerikanischen Wachbeamten gerade die Handschellen abgenommen haben.

Wollte sich da einer mit allen Mitteln ins Rampenlicht boxen, einfach mal der ganzen Welt beweisen, dass die geballte Intelligenz der Polizei jedenfalls an seine nicht heranreichte? Beging da ein skrupelloser Täter eine alle Schlagzeilen erobernde Mordserie an unschuldigen Frauen – aus reiner Lust und Eitelkeit?

»Vergesst das! Man wird mir nie etwas beweisen können«, sagt er. »Wer so lange im Knast gewesen ist, der wäre ja verrückt, wenn er seine neue Karriere als Schriftsteller, anerkannt von den berühmtesten Autoren unserer Zeit, sein gutes Leben durch neue Verbrechen aufs Spiel setzen würde«, sagt er. »Also bitte, nächste Frage!«

Haben Sie jemals von einem vollkommenen Verbrechen geträumt?

Da zögert der mutmaßliche Massenmörder, der Graham Greenes Wiener Kloakenthriller »Der dritte Mann« so liebt, der hinter Gittern den Horrormeister Stephen King wie auch das Johannes-Evangelium liest, mal hier ein paar Seiten, mal da, und dem Schwarzenegger-Filme viel zu brutal sind. »Oh doch, vom vollkommenen Verbrechen träumen, das tat ich häufig«, sagt Jack Unterweger.

Er hat schon als kleiner Bub daran gedacht, einen anderen Menschen zu töten. Als die anderen Kinder, die aus »geordneten Verhältnissen«, wie er sagt, noch mit ihren Teddybären spielten oder sich auf den ersten Schulranzen freuten. Er war damals ein »Fürsorgebalg«. Ausgesetzt den Schlägen eines unberechenbaren Großvaters, der den Kleinen mit Schnaps abfüllte, ihn zum Falschspiel mit den Kartenbrüdern heranzog, vor den Augen des Kindes mit wechselnden Frauen ins Bett ging. Den Opa hätte er am liebsten erwürgt, langsam, so qualvoll wie möglich, hat Jack Unterweger in seiner Autobiografie geschrieben, in der er seine Mutter als »verantwortungslose Nutte« denunzierte, die auf den Strich ging, ohne sich um ihn zu kümmern.

Das »Tal der Vergessenen« hieß das Wimitz-Tal, zwischen den Orten Kraig und Gurk in Kärnten gelegen, damals überall. Keine befestigte Straße, keine Elektrizität bis 1955. Kaum fruchtbares Land, nur einige Großbauern am Talende, die ihre Knechte noch im Pensionsalter auf den Knien fürs tägliche Brot herumrutschen ließen. Ferdinand Wieser, der Unterweger-

Großvater, hätte sich nie bei anderen verdungen. Er baute seine »Keusche« (Hütte) mitten hinein in die einsame Wildnis, nahe am Fluss. Schwarzfischen, ein bisschen Holz schlagen, ab und zu in die Stadt zum Verkauf der notdürftig geflochtenen Körbe und zum »Fladern« (Stehlen) – so ein Leben gefiel dem »Körbler«, dem Raufl ustigen, dem gesetzlosen Außenseiter. Dass die Fürsorge den von der Mutter weggegebenen kleinen Jack ausgerechnet ihm anvertraute, dürfte ihn gewundert haben. Einspruch erhob er nicht, die paar Schillinge vom Amt waren seine einzige feste Einnahmequelle.

»Jack war ein erstaunlich aufgeweckter Bub«, erinnert sich beim Kaffee im Wimitz-Dorf Pisweg seine ehemalige Lehrerin Ottilie Vizthum. Aber sie weiß auch noch, dass er stets die Hände über den Kopf hielt, wenn sie in der Klasse an seinem Platz vorbeiging – die instinktive Schutzhaltung eines Jungen, der immer mit Schlägen rechnete. Er fand nie Anschluss bei den Mitschülern, die über seine Kleidung spotteten und darüber, wie er roch. »Untragbare familiäre Verhältnisse. Kleiner Störenfried, der es mit der Wahrheit nicht genau nimmt«, schrieb die Lehrerin in ihrer internen Beurteilung. Zu den Lügen gehörte offensichtlich auch die Geschichte von der Mutter im Rotlichtmilieu. »Die Frau war nie und nimmer eine Nutte«, sagt beispielsweise Charlotte Auer aus dem Dorf, die von Jack früher »Tante« genannt wurde, andere bestätigen, dass sie als »rechtschaffene« Kellnerin gearbeitet hätte.

Eine Zeit lang wollte der junge Jack Priester werden, bis er – wie er behauptete – einen Pfarrer den Opferstock für seine Zwecke plündern sah. Dann wollte er Rennfahrer werden, schließlich nur noch berühmt. Doch in Wirklichkeit ging's für ihn immer weiter bergab. Er kam nach einer Anzeige gegen den Großvater in ein Heim, dann in eine jugoslawische Pflegefamilie. Ausbruch, Landstreicherei, Anstalt für Schwererziehbare.

Eine Kellnerlehre, abgebrochen. Ein Dutzend Verurteilungen schon vor dem einundzwanzigsten Lebensjahr, die meisten wegen Diebstahls.

Jack Unterweger zeigt einen an Besessenheit grenzenden Hang zum Rotlichtmilieu. Er verführt eine Minderjährige, schickt sie auf den Strich. Er reist quer durch Europa und versucht sich in Marseille wie in Hamburg als Zuhälter. Doch in der »Liga der Großen« darf er nicht mitspielen, da nützt es ihm auch nicht, dass er sich einen Drachen auf die Brust tätowieren lässt und in den Bars den Starken mimt. In den *St. Pauli Nachrichten* gibt er in seiner Verzweiflung Kontaktanzeigen auf, verdingt sich als Strichjunge bei älteren Damen. Und nebenher versucht er sich nachts als Einbrecher in den Villen der Reichen.

Als in der Nähe von Herborn einer dieser Raubzüge scheitert, kommt es zur Katastrophe. Unterweger hat Angst davor, dass eine junge Frau Augenzeugin der Tat geworden sein könnte, zerrt sie in sein Auto, bringt sie in den Wald. Dort fesselt er ihr die Hände mit seinem Gürtel, würgt sie, malträtiert sie mit einem Totschläger, erstickt sie schließlich langsam mit ihrem Perlonbüstenhalter. Dann verscharrt er die Achtzehnjährige notdürftig. »Die kann uns jedenfalls nicht mehr verraten«, sagt er seiner Komplizin, die im Haus zurückgeblieben ist. Unterweger wird aber bald von der Polizei geschnappt, er gibt die Tat zu, spricht aber von »chaotischen Verhältnissen«. Er wird am 1. Juni 1976 wegen Mordes zu lebenslanger Haft verurteilt. Umstände, die das Strafmaß hätten mindern können, vermag das Gericht nicht zu erkennen.

Er kommt nach Stein, bekannt und berüchtigt als das härteste Zuchthaus Österreichs. Es hätte das Ende seiner Geschichte sein können, die traurige Story eines Verwahrlosten, eines Gescheiterten – doch dann passierte etwas, was man nur als

Wunder bezeichnen kann. Der Delinquent kämpft um sein zweites Leben – und erkennt, dass Bildung der Schlüssel dafür ist. Er holt im Knast seinen Hauptschulabschluss nach, beginnt sich für Literatur zu interessieren, bittet um eine Schreibmaschine für seine Zelle. Und weil Unterweger auch sonst ein Musterhäftling ist und keinerlei Ärger macht, fördert ihn die Anstaltsleitung.

Er liest Handke und findet: »Da weiß ich bessere Gschichtn.« Er schreibt kurze Storys aus seinem Leben, auch einige Beiträge für eine Gutenachtsendung im Kinderradio. Und macht sich dann, ermutigt von einer Autorin (die bis heute anonym bleiben will), auch an eine Art Memoiren. »Fegefeuer oder Die Reise ins Zuchthaus« nennt er das rohe und raue, erstaunlich sprachmächtige Stück. Die Gefängnisführung erlaubt ihm, in einem Besuchsraum daraus öffentlich zu lesen.

Die Geschichte, dass es da einen österreichischen »Häfnpoet«, einen ungewöhnlichen »Gefängnis-Literaten« gibt, beginnt sich schnell herumzusprechen – und vor allem die linken und liberalen Kreise zu faszinieren. Bald haben führende deutschsprachige Kulturschaffende ein gemeinsames Anliegen: Strafminderung, Freilassung eines Häftlings, der sich offenbar in einer Art Selbsttherapie schreibend mit seinen Verbrechen auseinandergesetzt, sie so »verarbeitet« hat. »Schicht um Schicht trage ich meine Schuld ab«, konstatiert er selbst. »Ich war ein Biest, ein Teufel, ein vergreistes Kind, dem es gefiel, schlecht zu sein.«

Unterweger darf als Freigänger der Aufführung seines Theaterstücks »Endstation Zuchthaus« in Wien beiwohnen. Die anwesende Prominenz beobachtet nicht ohne Rührung, dass da eine doppelte Premiere abläuft: Zum ersten Mal kommt da ein in seiner Jugend so Unterprivilegierter überhaupt in ein Theater – und dann gleich in sein eigenes Stück. Man feiert ihn. Und, bewegt von der eigenen Großherzigkeit, die das alles ermöglicht, ein bisschen auch sich selbst.

Die Liste der Unterweger-Unterstützer umfasst neben dem deutschen Großschriftsteller Günter Grass von Elfriede Jelinek über Ernst Jandl, Barbara Frischmuth bis zu Erika Pluhar bald so ziemlich alle, die in Wien literarischen Rang und Namen haben. Davon bleibt die große Politik nicht unbeeindruckt. Unterweger, der bis 1990 fünfzehn Jahre eingesessen hat, wird vorzeitig entlassen – drei Jahre früher, als es ihm als Lebenslänglichem zugestanden wäre. »Einen so gut auf die Freiheit vorbereiteten Mörder finden wir nie wieder«, meint der damalige Gefängnisdirektor in Stein, Hofrat Karl Schreiner.

Nach dem Öffnen der Gefängnistore geht's erst einmal in die Bar des Wiener Luxushotels Marriott zum Champagner; eine Dame aus der High Society hat den »Lebenslänglichen« abgeholt und ihm, willkommen in der Welt des Luxus und der Moden, gleich einen weißen Seidenanzug mitgebracht. Ein anderer Bewunderer verschafft ihm einen Sportwagen, Marke Mustang, Nummernschild: Jack 1.

Unterweger wird bejubelt und hofiert wie ein Popstar. Auf Partys herumgereicht und in den Medien als »Experte« herangezogen. In der Talkshow »Club 2« im Fernsehen darf er vehement den – im Regelfall tatsächlich sehr harten – österreichischen Strafvollzug anprangern. »Wenn ich nicht so gefestigt wäre innerlich, wäre ich nicht hier. Aber Gott sei Dank hab ich kapiert, wie's geht.« Die Zeitschrift *Basta* begrüßt ihn stolz als »ständigen Mitarbeiter«.

Und besonders die Damenwelt ist fasziniert von Unterweger. Eine Fabrikantengattin zahlt ihm eine schöne Wohnung in der Wiener Florianigasse und taucht dort auf beziehungsweise unter, wenn ihr Mann abends länger im Büro bleibt. Sie ist nicht die einzige Sexpartnerin. Das Damenregister des Liebhabers wächst nach eigenen Angaben bald auf sechzig Namen. Vielleicht aus Eitelkeit, vielleicht als Erinnerungsstütze vertraut der Ex-Sträfling seinem Notizbuch »Einschätzungen« seiner Bekannten an (»besonders stürmisch«).

Als festere Beziehung erwählt er sich keine der etablierten Frauen, sondern eine knapp Achtzehnjährige namens Bianca Mrak, sehr hübsch, sehr kapriziös und sehr auf der Suche nach Abenteuern – eine Aussteigerin, die mit der Schule und dem Elternhaus gebrochen hat. Und von der Unterweger wohl denkt, er könnte sie nach seinen Vorstellungen formen. Bianca trägt bald stolz einen Verlobungsring von dem Mann, der mehr als doppelt so alt ist wie sie. Aber die junge Frau glaubt an die große Liebe. »Ich habe seine zärtlichen Hände so bewundert, unvorstellbar, dass sie gewürgt haben könnten«, sagt sie mir später beim Interview. Und sie akzeptiert seine Vorlieben beim Sex, die auch Spiele mit Handschellen einschließen.

Keiner bremst ihn zunächst beim Höhenflug. Unterweger hat einen Auftritt bei der Frankfurter Buchmesse, kündigt neue Bücher und Theaterstücke an, schreibt angeblich an einem Drehbuch für einen Film namens »Lieben bis zum Wahnsinn«, in der Hauptrolle hat er schon mal die Schauspielerin Marisa Mell vorgesehen. Da dürften aber keine heimischen Regisseure ran, es müsste schon Hollywood sein, sagt er. In der Zeitschrift *Wiener* darf Unterweger unter der Rubrik »Restauranttipps Prominenter« erzählen, dass er »eine schöne Frau am liebsten ins Cobenzl« ausführt. Die Wiener Zeitung *Kurier* stellt den entlassenen Mörder als »einen der Stars« vor, die eine neue »VIP-Disco Piccadilly« eröffnen.

Doch allmählich, und wohl unvermeidlich, sinkt dann sein Stern: Je mehr er zur Schickeria dazugehört, desto uninteressanter wird er für sie. Der Sensationswert des Andersartigen, des Außenseiters, des Verruchten beginnt zu verblassen.

Es ist ein Abstieg in Raten. Die Partys, zu denen er eingeladen wird, werden ein halbes Jahr nach seiner triumphalen Entlassung, deutlich weniger. Literaturkritiker verreißen seinen Prosa-Text »Kerker«, das Theaterstück »Schrei der Angst«, in dem er sich mit der Aids-Problematik befasst, wird zum Flop. Die Redaktionen, die sich zunächst mit Unterweger-Beiträgen geschmückt haben, wollen nun Qualitätstexte sehen, die er, der im Grunde nur ein Thema hat, sein verpfuschtes Leben, nicht liefern kann. Und dazu kommt entscheidend: Die Autorin, die ihm im Gefängnis bei seinem »Fegefeuer«-Text literarisch zur Hand ging, hat sich von ihm abgewandt.

Und so zieht es den früheren Zuhälter, das vermeintliche Vorbild für Resozialisierung, ins Rotlichtmilieu zurück. Er kümmert sich immer intensiver um Prostituiertenstorys, die einzigen Geschichten, die man von ihm will, wie er behauptet. »Jack Unterweger erforscht die Halbwelt der sündigen Steiermark: Rote Laterne in Graz«, kündigt das Magazin *Basta* einen dieser Beiträge an. Darin schreibt er: »Zwischen Polizei und Milieu herrscht ein fast freundliches, diplomatisches Miteinander … Der Straßenstrich läuft in Graz ohne die in anderen Städten üblichen negativen Begleiterscheinungen.«

Während sich Unterweger in Graz und Umgebung aufhält, werden zwei Prostituierte auf dem Straßenstrich ermordet. Auch in Vorarlberg wird ein Freudenmädchen stranguliert und getötet, als Unterweger gerade dort ist. In Wien gibt es eine ganze Mordserie an Prostituierten, zu der Unterweger für den ORF gleich eine Reportage liefert. Einen Zusammenhang zwischen den Taten, begangen im Zeitraum Oktober 1990 bis Mai 1991, sieht zunächst niemand. Im ausgeprägten österreichischen Föderalismus wurschteln die Polizeidienststellen weitgehend unkoordiniert vor sich hin.

Akt 2: »Der Kerl ist pervers und hat einen Handschellentick«

Nichts hat Rudolf Prem seit der Ermordung seiner Frau verändert. Und so legt die Wiener Wohnung Zeugnis ab von den ganz und gar bürgerlichen Träumen der Prostituierten Regina Prem: Nofretete-Büste als Zimmerschmuck, das »Große Kochbuch« und der Shell-Atlas im Bücherschrank, das staubfreie Klavier, die blitzsaubere Einbauküche. Der Witwer hat Kaffee gekocht, im Nebenzimmer tobt der elfjährige Sohn mit einem Freund.

Am 24. April 1991 hat die Familie noch den dreiunddreißigsten Geburtstag der »Mama« gefeiert, mit ihrem Lieblingskuchen, mit Himbeertorte. »Sogar Schlagobers hat sie damals genommen, obwohl sie so auf die Figur achtete«, erinnert sich Rudolf Prem. Er hat ihr eine Schallplatte mit dem Song ihres Lieblingssängers Rod Stewart geschenkt: »I don't want to talk about it, how you broke my heart«. Und natürlich ist sie an diesem Tag nicht zur Arbeit gegangen, sondern früh ins Bett. Was ihr allerdings nicht bekam. »Du, ich hab geträumt, ich werd verfolgt und komm net wieder«, sagte sie ganz blass, als sie ihren Mann damals mitten in der Nacht geweckt hat.

Der Tag, an dem sie dann wirklich nicht wiederkam, war der 28. April 1991.

Regina Prem übte vormittags Autofahren mit dem neuen Wagen der Familie, drehte zu dem Zweck Runden auf dem dafür vorgesehenen gebührenpflichtigen Gelände, »weil als Lizenzierte, da hält man sich streng ans Gesetz«, wie ihr Mann weiß. Mittags gingen sie mit dem Sohn zu McDonald's, danach legte sich Frau Prem hin. Weil Sonntag war, will der Gatte ihr noch abgeraten haben, auf den Strich zu gehen. Doch sie habe darauf bestanden. Weil sie glaubte, zu ihrem

Standplatz Ecke Flachgasse und Linzer Straße im Wiener 14. Bezirk käme am Wochenende immer ein Stammkunde, »der Weinhändler«.

Abends um halb zehn bringt Rudolf Prem seine Frau zu ihrem Ort der professionellen Anmache. Sie trägt einen weißen Mini und weiße Strapse, wie fast immer im Job. Zum einen sehen potenzielle Freier im Scheinwerferlicht ihrer Wagen Weiß besonders gut, zum anderen ist die Farbe der Unschuld nun einmal Reginas Lieblingsfarbe. Ob die Ehepartner, wie so oft in der Zeit zuvor, auch bei ihrer letzten gemeinsamen Fahrt übers Aufhören, über einen neuen Beruf, gesprochen haben, daran erinnert er sich nicht mehr. Aber dass sie eisern Geld zurücklegte für einen Maniküresalon, das weiß er, weil sie sogar schon Gespräche hatten mit dem Mann unten an der Hernalser Hauptstraße, der seinen Laden verkaufen wollte.

Um ein Uhr nachts will Rudolf Prem seine Frau wieder abholen. Sie ist nicht da. Er dreht Runden, fragt bei den anderen Sex-Arbeiterinnen in der Gegend herum, keine hat die Kollegin in den letzten Stunden gesehen. Um drei Uhr macht er sich schon große Sorgen, »weil die Regina doch so zuverlässig war«. Ein besonders lukrativer Haus-»Einsatz« bei einem Stammkunden, tröstet er sich zunächst noch. Doch morgens geht er zur Polizei. »Weg'n aner Nutt'n«, sagt man dort, wolle man nicht viel Aufhebens machen. Die kämen immer wieder, und wenn nicht, »Berufsrisiko«.

Da schreit Rudolf Prem die Polizisten an: »Eine Nutte, das ist doch ein wertvoller Mensch! Wenn ihr wüsstet, was für eine gute Mutter sie ist! Habt's ihr vielleicht so eine schwere Kindheit g'habt?« Er stürmt hinaus. Und verdrängt wohl, was er auch bei unserem Gespräch nicht einzugestehen vermag – dass er sie nie daran gehindert hat, ihren Körper anderen anzubieten, dass er sie im Gegenteil dazu ermutigt hat. Dass das für ihn ein viel bequemeres Leben bedeutete, als er es sich mit seiner früheren Arbeit als Installateur leisten konnte.

Prem hofft weiter. Zieht in den Vorstädten Wiens durch die »Türken-Puffs«: »Ich hab halt gedacht, sie ham s' mit Spritzen g'fügig gemacht.« Dann verschwindet noch eine junge Frau vom Wiener Autostrich. Nun beginnen ernsthafte Recherchen der Polizei. Während man bald die quer über Österreich verteilten Prostituiertenmorde ein und demselben Killer zuschreibt, fehlt immer noch jede Spur von Regina Prem.

Schließlich findet man im April 1992, ein Jahr nach ihrer Ermordung, einen verwesten Leichnam. Wie fast alle anderen Opfer abgelegt in der Nähe eines Waldes, nackt. Der Körper ist schon zu großen Teilen Opfer von Tieren geworden. Doch die Identifizierung scheint dann durch den besonderen Goldschmuck zu gelingen, den der Täter nicht mitgenommen hat. Rudolf Prem erkennt »mit Sicherheit« das Geschenk, das er seiner Frau vor Jahren zu Weihnachten gemacht hat. Die Tote muss seine Regina sein.

In seiner Wohnung legt uns Prem hand- und maschinengeschriebene Aufzeichnungen vor. »Das hat meine Frau notiert.« Er habe die Blätter in einem Schrankfach versteckt gefunden, behauptet er – Gutachter erklären die Dokumente später für authentisch. Penibel wie eine Buchhalterin notierte Regina demnach ihr Ausgaben (Pizza: 300 Schilling) und Einnahmen (Stammkunde: WH, der Weinhändler, 4000 Schilling). Verrät den Stolz auf »ihre« Akademiker, darunter einen Zahnarzt, bei dem sie die Behandlung ihres Sohnes »abarbeitet«. Wundert sich über einen Politiker (»Obmann«), bei dem es in der Wohnung »von Hitlerbüsten wimmelt«. Berichtet von ihrem Frust, aber auch von ihrem »wunderschönen Italienurlaub mit Familie«, vom neuen Auto. Und dann von einem »Komiker, der erklärt, er sei Schriftsteller«.

1500 Schilling (heute über 100 Euro) gibt ihr der »Schriftsteller«, der sie an ihrem Standplatz angesprochen hat – nur fürs Reden, über seine Bücher. »Kein GV, nichts, er erklärt sich für entspannt.« Dann noch eine letzte Eintragung, ohne Datum, aber offensichtlich kurz vor ihrem Geburtstag, kurz vor ihrem Verschwinden verfasst. »Ich war beim Schriftsteller auf Hausbesuch in der Florianigasse. Der Kerl ist pervers und hat einen Handschellentick. Diesmal hatte ich einen Verkehr mit ihm, nachher erzählte er andauernd von seinen Filmprojekten und Vorlesungen. Am meisten jammerte er über seinen Schäferhund, den er krankheitshalber in Pflege geben musste.«

Akt 3: »Hallo, ich bin's, der Massenmörder«

Hofrat Max Edelbacher, im Jahr 1991 Chef der Wiener Kripo-Abteilung für Schwerverbrechen, gilt allseits als ein höchst umgänglicher Mann. Zuverlässig, mit dem richtigen Draht nach »ganz oben«, in die Spitzen der Politik. Was ihm an Brillanz fehlt, macht er mit Freundlichkeit wett, sagen seine Kollegen. Und weil der Herr Edelbacher weiß, dass die Medien eine Macht sind in Österreich, hat er selbstverständlich den »Reporter« Jack Unterweger empfangen. Auch wenn der ihn zu einem laufenden Verfahren befragen wollte: einer ungeklärten Mordserie an Wiener Prostituierten.

So kam, Mitte Mai 1991, Unterweger in Edelbachers Büro auf der Roßauer Lände 5, setzte sich auf die Gästecouch – »da, wo Sie jetzt sitzen«, sagt der Hausherr jovial – und stellte sein Tonbandgerät an. Es wurde ein ausführliches Gespräch, an das sich der Hofrat auch wegen der »engagierten und kompetenten Fragen« erinnert. Abends am selben Tag, als der Name des Interviewers beim heimischen Abendessen fiel, da sagte die

Frau Edelbacher ihrem Max, »Mensch, der Unterweger. Das ist doch der, den sie wegen Frauenmords zu lebenslänglich verurteilt haben, der dann dieses Wahnsinnsbuch über seine Kindheit geschrieben hat und 1990 entlassen wurde!« Da hat sich der Hofrat nach eigenen Worten an die Stirn gefasst, natürlich hatte er von dem Fall gehört, und je länger er über das Interview nachdachte, desto mulmiger wurde ihm. »Ich hatte mir nichts vorzuwerfen, und doch war da dieses starke, ungute Gefühl.«

Es trog ihn nicht. Denn während der Kripochef Jack Unterweger Rede und Antwort stand, da wurde im Rotlichtmilieu um den Wiener Westbahnhof sein Gesprächspartner schon als Tatverdächtiger für eben jene Prostituiertenmorde gehandelt, zu denen er die Polizei »vernahm«. Kriminalbeamte müssten mit dem namentlichen Hinweis bereits vertraut gewesen sein – doch ihr Chef wusste von nichts.

Auszüge aus der denkwürdigen »Journal Panorama«-Sendung des ORF-Hörfunks, ausgestrahlt am 5. Juni 1991

Edelbacher: »Es war trotz vieler Ermittlungen bisher kein positives Ergebnis zu erzielen. Was uns wirklich fehlt, sind Sachbeweise, da die Prostituierten, die wir bis jetzt gefunden haben, relativ lange Zeit dort gelegen sind.« Unterweger: »Glauben Sie, Herr Hofrat, dass, ohne eine Täterzuweisung zu tun – da muss man ja sehr vorsichtig sein –, durch dieses vermehrte Auftreten von Oststaaten-Freudenmädchen zu Billigpreisen die Situation im Milieu so verschärft ist?« Edelbacher: »Da würde ich zu den Mordfällen keinen Zusammenhang sehen …« Unterweger: »… und so bleibt Max Edelbacher auch nichts anderes übrig als ein Appell ans Milieu …« Edelbacher: »Ja. Ich würde auch Sie auffordern, Wahrnehmungen zu machen. Schaffen

Sie doch eine gewisse Vertrauensgrundlage und kommen Sie zu uns!« Darauf dankte der Interviewer artig für das Gespräch und wünschte der Polizei »viel Glück und Erfolg«.

Kann einer schuldig sein, der so kaltblütig und so provokativ die Nähe der Ermittler sucht? Ist es ein zwanghafter Gang in die »Höhle des Löwen«, der gerade seine Schuld verrät? Ein lustvolles Katz-und-Maus-Spiel oder ein unterschwelliger Wunsch danach, doch endlich von einem ebenbürtigen, gar überlegenen Gegenspieler überführt zu werden?

Unterweger suchte jedenfalls noch öfter die Nähe der Polizei. Noch zweimal klopfte er bei Edelbacher an, zeigte ihm stolz Bericht und Bilder seiner Recherche für das Blatt *Tirolerin*. Unter dem Titel »Luxus, Laster, Leidenschaften« hatte er von der Prostituiertenszene in Los Angeles berichtet. Auch das ein Spiel mit dem Feuer: Unterweger muss gewusst oder doch zumindest geahnt haben, dass die amerikanische Polizei Spuren zu zwei Morden im dortigen Milieu finden würde. Dass wieder einmal auffallend war, dass er sich – wie bei den Verbrechen an Dirnen in Wien, Graz und Bratislava – nachweislich zur Tatzeit immer in der Nähe der Tatorte aufgehalten hat.

Er schenkte dem Polizeirevier in der Nähe seiner Wiener Wohnung in der Florianigasse Fotos seiner Amerikareise. Er schaute da öfter rein, auch noch, als er mitbekam, dass die Beamten auch Hinweisen zu seiner Person nachgingen, dass es Verdachtsmomente gab. »Ihr sagts, wenn's mich für a Vernehmung brauchts, i fahr jetzt a paar Tage weg«, rief er einmal ins Wachzimmer. »Scho recht, Jack«, antworteten die jovial. »Habts jetzt den Frauenmörder?« – »Na, Jack, immer no net!«

Ohne August Schenner, einen pensionierten Salzburger Kriminalbeamten, wären die Ermittlungen vielleicht ewig und ergebnislos weitergedümpelt. Er ist ein ganz anderer Typ als der gutmütig-verschlafene Bürokrat Max Edelbacher in Wien: hartnäckig, umtriebig, kreativ – und besessen von seiner Arbeit. Der Schenner, der verfolgt einen Kriminellen bis ins Grab, sagen die Kollegen respektvoll über ihren Kollegen, ihren »Maigret im Un-Ruhestand«.

Schenner hat eine besondere Beziehung zu Unterweger, die lange vor die aktuelle Mordserie zurückreicht. Eine ganz spezielle, ausgeprägte Feindschaft, zusammenhängend mit einer Tat im Frühjahr 1973. Damals war eine junge Frau gefesselt und erdrosselt auf einer unzugänglichen Kiesgrube in der Nähe von Salzburg aufgefunden worden. Man konnte sie schnell als die Gelegenheitsprostituierte Marica H. identifizieren, und der ermittelnde Beamte Schenner hatte auch bald einen Hauptverdächtigen ausgemacht: Jack Unterweger, damals wegen verschiedener Diebstahls- und Gewaltdelikte sowie vielfältiger Kontakte im Milieu bekannt. Ein von Freunden gegebenes Alibi bewahrte Unterweger allerdings vor der Verhaftung.

In akribischer Kleinarbeit sammelte der Kommissar Indizien und glaubte sie schließlich 1983, nach fast einem Jahrzehnt Polizeiarbeit, zu einer unwiderlegbaren Beweiskette zusammengeführt zu haben. Schließlich gaben auch die Freunde Falschaussagen zu. Doch Schenner konnte die Staatsanwaltschaft nicht zu einer Anklage bewegen, Unterweger war ja damals schon in einer anderen Mordsache für schuldig befunden worden – »der sitzt doch schon lebenslänglich, was wollen Sie denn«.

Den Kriminalbeamten stellt das nicht zufrieden. Gegenüber Kollegen betont er immer wieder, im Fall der dreiundzwanzigjährigen Marica sei »keine Gerechtigkeit geschehen«, er akzeptiere das »nicht als Ende der Geschichte«. Der ungelöste, ungesühnte Mord an der jungen Frau beschäftigt ihn auch noch, als er schon in Pension gegangen ist. Und er behält Unterweger im Auge. Ist entsetzt, als der früh aus der Haft entlassen wird. Glaubt keinen Moment an dessen Läuterung, an den angeblichen Musterfall der Rehabilitation. Ahnt Schlimmes. Vergleicht die Fälle mit seinem früheren Fall, registriert die fast identische Art der Strangulierung, das Ablegen der Leichen an versteckten Plätzen in der Natur. »Maigret« kombiniert. Er klingelt die Kollegen in Wien an, berichtet von seinen Erkenntnissen und äußert seinen starken Verdacht. Die Wiener Polizisten nehmen das dankend zur Kenntnis, doch zu mehr als zur »Beobachtung« Jack Unterwegers können sie sich nicht durchringen. Die Beweislage, lassen sie Schenner mitteilen, sei doch »recht dünn«.

Weit mehr Unterstützung findet der pensionierte Kommissar in der Wiener Unterwelt. Bei den »Strizzis«, den Zuhältern der österreichischen Hauptstadt, gibt es noch so etwas wie Ehrgefühl. Sie empfinden Verpflichtung gegenüber den getöteten »Hasen«, wollen dem brutalen Würger das Handwerk legen. Außerdem ist es natürlich schlecht fürs Geschäft, wenn die Rotlichtszene ständig in Panik vor einem Serienkiller leben muss. Alfred Rabak alias »Cadillac-Freddy«, fällt bei den Milieurecherchen eine Schlüsselrolle zu. Mitte vierzig ist er damals, ein Raubein, Typ harte Schale, weicher Kern, tätowiert, pockennarbig. Bereitwillig gibt er in seiner Lieblingsbar Auskunft zu seinen Recherchen und seinem Leben, das in manchem verblüffend dem Leben Jack Unterwegers ähnelt.

Er will schon als kleiner Junge berühmt werden. Er gerät als Jugendlicher, zunächst über kleine Diebstähle, auf die schiefe Bahn. Er fühlt sich nach dem Knast zu den Prostituierten hingezogen, von denen er bald mehrere erfolgreich am »Laufen« hat. Und landet dann als Zuhälter und Drogendealer erneut hinter Gittern, gilt als hoffnungsloser Fall, als nicht resozialisierbarer Wiederholungstäter. Er bricht aus dem Gefängnis aus, schafft das trotz strenger Überwachung zweimal hintereinander. Will dann als »Entfesselungskünstler« – der Papa war eine Berühmtheit beim Zirkus – Weltkarriere als eine Art zweiter Houdini machen. Lässt sich in einem Sarg mit verbundenen Händen und Füßen in die Donau versenken, schafft die Befreiung mit Glück und Geschick. Doch ein dauerhafter Erfolg als Artist ist ihm nicht vergönnt.

Nach mehreren Selbstmordversuchen fängt er an zu schreiben. Als »Strich-Philosoph« bringt er einige Artikel unter, aber sein Theaterstück bleibt Anfang der neunziger Jahre ungedruckt. Und da enden auch die Parallelen zu Unterweger: »Cadillac-Freddy« schafft Anfang der neunziger Jahre nicht den Sprung in die Literaturschickeria, muss von Sozialhilfe und Gelegenheitsjobs als Bodyguard leben.

Der Ex-Zuhälter geht – von ehrlichem Interesse, Verantwortungsbewusstsein, Publicitysucht oder einer Mischung aus alledem getrieben – in Sachen Unterweger auf Erkundungstour. Er stellt fest, dass Unterweger entgegen seinen Beteuerungen auch außerhalb seiner journalistischen Aktivitäten regelmäßig Prostituierte besuchte. Er treibt ein Freudenmädchen auf, das Verkehr mit ihm hatte und einen Gewaltausbruch erlebte. Margit K. kann bezeugen, dass Unterweger ihr das Schlüsselbein brach, weil sie nicht auf seine speziellen Sexwünsche eingehen wollte. Rabak gibt seine Erkenntnisse an die Polizei weiter. »Dieser Mann gehört in Ketten«, sagt uns der Entfesselungskünstler empört beim Treffen.

Doch auch das genügt der Wiener Polizei noch nicht für einen Haftbefehl. Handfeste Beweise oder gar Augenzeugen für einen Prostituiertenmord gibt es nach wie vor nicht. »Maigret« Schenner und Kiezgröße Alfred »Cadillac-Freddy« Rabak kommen dann andernorts weiter. In Graz sind die Ermittler nach einem Anruf ihres alten und hochgeschätzten Kollegen Schenner eher bereit zu reagieren. Sie gehen noch einmal das Alibi des routinemäßig überprüften Unterweger nach, checken seine Aussage zu einem der dortigen Prostituiertenmorde. Dabei zeigt sich Erstaunliches. Unterweger, der sonst so sorgfältig bei der Beseitigung von Spuren und dem Erstellen von Terminplänen war, hatte sich einmal, ein einziges Mal vertan. Seine Behauptung, er habe sich an einem bestimmten Tag »nicht in der Steiermark aufgehalten«, ließ sich widerlegen. Die Beamten in Graz stellten am 13. Februar 1992 einen Haftbefehl aus.

Jack Unterwegers Mutter wollte uns lange kein Interview geben. Jetzt ist sie dazu bereit. Wir treffen Theresia S. in ihrer Sozialwohnung in München, wo alles sehr adrett aussieht, Spitzendeckchen und Nippes, und wo ein gerahmtes Foto von Jack über dem Kanapee hängt – »trotz allem«, sagt sie. Kein gemeinsames Foto, kein Bild von irgendeiner Theaterveranstaltung oder einem Prominentenauftritt ihres Sohnes. War sie denn irgendwann einmal dabei, als er umjubelt wurde? War sie eingeladen bei der Neunhundertjahrfeier von Kraig, dem Dorf am Taleingang, wo sie gelebt hat, wo Jack als »Ehrengast« der Veranstaltung mit Blumen begrüßt wurde, bevor er beim Wimitzwirt eine Lesung hielt, vorgestellt als »einer, der aus der Enge herausgekommen ist in die weite Welt«?

Nein, sagt sie, eingeladen war sie nicht – »ich wär auch nicht gekommen, als Nutte verschrien«. Sie rechtfertigt sich gleich: »Natürlich hab ich nie als Prostituierte gearbeitet. Aber ich verzeih ihm den Vorwurf. Wahrscheinlich hat er gedacht, er kann so mehr Mitleid heischen. Kommt früher raus aus dem Bau, der Hansi.«

Eine Frau, deren Krankheiten, deren Falten, deren Leben sie älter aussehen lassen als ihre 63 Jahre. Sie hat es, selbst uneheliches Kind, immer schwer gehabt. Die große Liebe, Jacks Vater, war ein GI holländischer Abstammung, der sie nicht heiratete, als sie schwanger wurde. Sondern erst, als sie das Baby, das

»Kind der Sünde«, wie alle im Tal sagten, wegen erdrückender finanzieller Probleme ins Heim abgab, bevor er zum Großvater kam. »Schwer ist mir deshalb das Herz bis heute«, sagt sie. Die erste Ehe hielt fünfzehn Jahre, eine zweite endete unter Schlägen.

Immer mal wieder sah sie ihren Hansi zwischendurch, aber beide waren unfähig, einander ihre Liebe oder auch nur ihre Zuneigung mitzuteilen. Sie musste mitansehen, wie er als Jugendlicher auf die schiefe Bahn geriet. Immer wieder steckte sie ihm Geld zu, versuchte, ihn zur Umkehr zu bewegen. Dann kam der Schock mit dem Mord, der ihre Sprachlosigkeit vertiefte. Ganz wenige Briefe aus dem Zuchthaus Stein, einmal hat sie ihn dort besucht, einen Fernkurs für ihn bezahlt. »Für mich als Sozialhilfeempfängerin war nicht mehr drin«, sagt sie.

Nach seinem Bucherfolg, nach seiner Entlassung, da spürte sie, wie er wollte, dass sie stolz sein sollte. »Da besuchte er mich mit wechselnden Damen«, erinnert sich Theresia S. »Wennst einen Sohn willst, dann hast ihn jetzt«, sagte er einmal, nicht ohne theatralischen Blick auf seine gerührte Frauenbegleitung. Und verlangte im Hinausgehen, trotz all der goldenen Ringe an seinen Händen, »ein Benzingeld« von seiner Mutter. »Und dann die Prostituierten immer«, sagt sie. »Von denen kam er ja nie los. Im Buch hat er von einer Tante geschrieben, die auf den Strich ging, ermordet wurde – nur, ich hab gar keine Schwester, hat er alles erfunden.«

Zuletzt sah Theresia S. ihren Sohn am 8. Februar 1992, ihrem Geburtstag, fünf Tage vor der Ausstellung des Haftbefehls. Was hat er ihr mitgebracht? Sie will darauf keine Antwort geben. Dann, leise: »Nichts, er hat mir nie etwas geschenkt. Nie in meinem ganzen Leben.« Zum Ende des Gesprächs rafft sich die alte Dame noch zu einer Frage auf: »Mit diesen Prostituiertenmorden, von denen jetzt so viele sprechen: Sagen Sie, er war's doch nicht, er kann's doch nicht gewesen sein?«

Jack Unterweger hat durch seine guten Polizeikontakte innerhalb von Stunden vom Haftbefehl erfahren. Die Schlinge zieht sich zu, so viel wird ihm jetzt bewusst. Er packt seine Pistole ein. Und macht sich in seinem Wagen sofort auf den Weg an die österreichisch-schweizerische Grenze, wo er in Gossau für seine Bianca vor einigen Tagen eine Anstellung als leicht geschürzte Kellnerin in einem Café gefunden hat. »Du, die halten mich für den Prostituiertenmörder«, flüstert er seiner Verlobten zu, wie die sich später erinnert. »Die ham einen Haftbefehl!« Der sonst so Kaltblütige wird von Weinkrämpfen geschüttelt, sagt schluchzend zu Bianca, er wolle sich erschießen, »denn eine faire Chance vor Gericht habe ich bei meinen Vorstrafen doch nicht, trotz meiner Unschuld«.

Seine achtzehnjährige Gefährtin behält die Nerven, glaubt ihm und nimmt die Dinge in die Hand. Von Suizidgedanken ist er schnell abgebracht, aber Bianca weiß: Sie brauchen jetzt schnell einen Plan. Die beiden machen Kassensturz: 12.000 Schilling Bargeld (heute etwa 850 Euro), damit kommt man nicht weit. Aber da ist noch seine Visa-Kreditkarte. Als Fluchtziel schlägt Bianca Miami vor, weil sie glaubt, dass man in den Vereinigten Staaten leichter untertauchen könnte, aber auch wegen »Miami Vice«: Die TV-Krimiserie mit Don Johnson hat ihr so gut gefallen – da wollte sie schon immer mal hin.

Kaum unterwegs, hat Jack Unterweger schon wieder seine Contenance gefunden, bereit, seinen selbstbewussten, selbstzerstörerischen Tanz am Abgrund fortzusetzen. Von einer Telefonzelle ruft er die Tageszeitung *Kurier* an. Er meldet sich mit den Worten: »Hallo, ich bin's, der Massenmörder.« Und sagt dann nur noch kurz, dass er's nicht war. Und dass man ihm nie etwas beweisen werde.

Wien, Wien nur du allein, sollst stets die Stadt meiner Träume sein. Dort, wo die alten Häuser stehn, dort, wo die lieblichen Mädel geh'n …

Jack Unterweger, sonst eher ein Fan von harter Rockmusik, mochte die emotionale Hymne auf die österreichische Hauptstadt. Er liebte dieses Wien, das ein so besonderes Verhältnis zum Tod zu haben schien. Hier, so las er, wurde eine ganze Künstlergeneration von schwermütiger Sehnsucht nach dem Ende verzehrt, der Suizid als Kunstform zelebriert. »Der Tod, das muss a Wiener sein«, sang Georg Kreisler. »Ein Aphrodisiakum für Nekrophile« hat André Heller die Stadt genannt. Sie ist eine Metropole des Morbiden, die mit rund drei Millionen Verstorbenen, die auf dem Zentralfriedhof ruhen, mehr tote als lebende Bewohner zählt.

Und dann diese Melange aus Weltoffenheit und spießigem Kleinbürgertum – ein Paradies für Leute mit einem Doppelleben. Die Stadt führte ja selbst eines: trendy, gestylt und avantgardistisch auf der einen Seite, kapuzinergruftig. Sisi-selig und mit einem bösen Spritzer NS-Sehnsucht auf der anderen. Für Unterweger ein Ort fließender Grenzen zwischen Unterwelt, Halbwelt und »großer« Welt – Wiener Blut, Wiener Brut.

Die Flucht aus Wien, der Abschied, ist ihm nach eigenem Bekunden sehr schwer gefallen – wohl auch, weil er damit rechnen musste, dass es ein Abschied auf immer sein würde. Hier hat er sich sehr wohlgefühlt, hier hat er sein zweites Leben in vollen Zügen genossen, die Bewunderung und Anerkennung, die ihm nach seinen Buchveröffentlichungen und seiner »Befreiung« aus dem Knast im Mai 1990 entgegenschlug. Hier hat er im Café Florianihof, die Nelke im Knopfloch des Seidensakkos, den Gigolo und Frauenverführer gegeben, ein Selbstdarsteller, der ständig sein eigenes Stück probte. Hier hat er seine blutjunge Verlobte Bianca kennengelernt, sie erfolgreich dazu überredet, sich beim Schulball mit Strapsen als »Nutte zu verkleiden«. Und erstaunt festgestellt, dass diese Bianca trotz ihrer Loyalität und Bewunderung für ihn ihren eigenen Kopf hat. So auch jetzt, während der Flucht, als sie die Fäden zieht, mit Miami den gemeinsamen Fluchtort vorgibt.

Sie fahren von der österreichisch-schweizerischen Grenze mit Unterwegers Wagen die Nacht durch zum Flughafen von Paris. Nehmen die nächstbeste Maschine Richtung Florida, eine American Airlines, bezahlt mit Kreditkarte. Können nur hoffen, dass ihre Daten noch nicht im System der Interpol gelandet sind – und haben Glück, alles geht gut, auch bei der Einreise in die USA. So schnell sind die Wiener Verfolger mit der Weiterleitung des Haftbefehls offensichtlich nicht. Immerhin findet der behördliche Schlendrian ein Ende: Zu dem Fall wird nun endlich eine Sonderkommission gegründet. Sie steht unter der Leitung des Hauptkommissars Ernst Geiger, eines ebenso erfahrenen wie einfallsreichen Ermittlers.

Jack und Bianca leben in den Tag hinein, genießen die Stunden am Strand von Miami. Aber da das Geld langsam knapp wird, verschafft Unterweger – kaum Englischkenntnisse, aber streetsmart wie immer – seiner Gefährtin einen Job als Oben-ohne-Tänzerin im Nachtklub »Miami Gold«. Wie er es als Zuhälter von früher gewohnt ist, nimmt er ihr das verdiente Geld noch gleich nach Dienstschluss in der Nacht ab. Österreichische Medien vermuten bald, dass die beiden Gesuchten in Amerika untergetaucht sein könnten, der *Kurier* nennt sie nach dem berühmtesten Gangsterpärchen der Geschichte »unsere Antwort auf Bonnie and Clyde«. Aber noch geht das Katz-und-Maus-Spiel weiter.

Unterweger hält ganz bewusst Kontakt mit der Heimat, immer darauf bedacht, sich bestmöglich in Szene zu setzen. »*Profil* schreiben, ORF-Fischer anrufen, *Extrablatt* hat was für mich – 100.000 Schilling, crazy!«, notiert er in seinem Tagebuch (das meine Kollegin Frances und ich später mit seiner Einwilligung einsehen können). Überlegt allen Ernstes, ob er telefonisch noch einen lukrativen Deal machen könnte. Doch dann bittet er eine frühere Freundin aus Österreich um eine Geldüberweisung und um ein bestimmtes Medikament. Das erweist sich als entscheidender Fehler: Sonderermittler Geiger kommt mithilfe einer Fangschaltung auf die richtige Spur. Am 27. Februar 1992, nach knapp zwei Wochen Flucht, die Falle schnappt zu. Als die Verlobte das Geld abholen will, wird sie festgenommen. Bianca Mrak weiß, dass nun weiterer Widerstand zwecklos ist. Sie führt die Beamten zu Unterweger.

»Ich hab wohl selbst, mehr unbewusst, das Ende herbeigeführt«, sagt uns Unterweger beim Interview im Gefängnis von Miami, wo ihm eine Zelle in der Nähe des ausgelieferten Panama-Diktators Manuel Noriega zugewiesen wurde. Aber Unterweger ist sich da immer noch sicher, dass ihm keiner die Prostituiertenmorde wird nachweisen können. Und fügt noch lässig, ganz nonchalant hinzu: »Im Fall eines Falles ist der Selbstmord meine letzte Freiheit.«

Es sieht einige Tage lang so aus, als wollten die US-Behörden ihren Gefangenen nicht abgeben; sie verfolgen die Spur dreier Prostituiertenmorde in Los Angeles, die alle eine ähnliche »Würger-Handschrift« verbindet. Unterweger war zur Tatzeit, im Juni/Juli 1991, für eine Reportage über das Rotlichtmilieu in L. A. vor Ort und gilt als stark tatverdächtig. Doch die Untersuchung von Spermaspuren, die bei einer der toten Dirnen gefunden wurden, zieht sich hin. Ein Richter in Miami verfügt die Auslieferung des Häftlings nach Österreich, nachdem zugesichert ist, dass amerikanische Experten dort aussagen dürfen. Unterweger sieht seine Lieblingsstadt Wien zwar wieder, aber nur aus der Luft, und in Handschellen. Am Flughafen Schwechat warten die Soko-Ermittler auf ihn und bringen ihn ins Gefängnis nach Graz. Dort soll sein Prozess stattfinden.

Die Ermittlungen dauern fast zwei Jahre, von österreichischer wie von amerikanischer Seite gehen die Beamten und Experten sehr gründlich vor. Ihnen ist klar, dass es keine Zeugenaussagen zu den angeklagten elf Morden gibt, dass sie sich nur auf Indizien stützen können. Und die müssen hieb- und stichfest sein, um die Geschworenen zu überzeugen. Am 20. April 1994 ist es dann so weit: Prozessbeginn, unter strengen Sicherheitsvorkehrungen. Das Medieninteresse ist riesig, Journalisten kämpfen um die besten Plätze, Interessierte stehen schon stundenlang vor Öffnung der Tore an.

Jack Unterweger hat die Zeit in Untersuchungshaft dazu genutzt, sich intensiv vorzubereiten. Nebenbei schreibt er auch weiter – ohne seine »Fegefeuer«-Ghostwriterin und darum sprachlich sehr schlicht – Nacht für Nacht Gedichte und Kurzgeschichten, die allerdings keine Abnehmer mehr finden. Seine Verlobte besucht ihn zunächst noch regelmäßig, aber als Bianca mitbekommt, dass er noch anderen Frauen Liebesbriefe schreibt, zieht sie sich enttäuscht zurück.

Besonders eine junge Dame an ihrer statt hat es Unterweger angetan: die achtundzwanzigjährige, hochgebildete, attraktive Astrid Wagner – und die Anziehungskraft ist offensichtlich gegenseitig. Seine neue Flamme ist in vielem so ziemlich das Gegenteil von Unterweger (und auch von seiner Verlobten): Kind aus gut situiertem, bürgerlichen Elternhaus, der Vater Manager bei einem US-Konzern, die Mutter fürsorglich zu ihren beiden Töchtern und dem Sohn. Doch schon als Teenager fühlte sich Astrid Wagner als Außenseiterin und Rebellin, schwärmte nach eigenen Aussagen zwischenzeitlich sogar für Andreas Baader und die RAF. Sie studierte Jura, bestand ihr Examen – und entschloss sich, von ihrer Terrorsympathie längst abgekommen, den Unterdrückten und Unterprivilegierten dieser Welt zu helfen. Der Job bei der Österreichischen Mietervereinigung ging da für sie in die richtige Richtung, aber so richtig aufregend war diese Arbeit dann auch nicht. Als sie von Jack Unterweger hört, ist sie sofort fasziniert. Besucht ihn im Untersuchungsgefängnis, spricht stundenlang mit ihm über Gott und die Welt – und verliebt sich unsterblich.

Ihre Beziehung wird intensiver. Astrid Wagner macht »ihrem« Jack bald auch die Wäsche, tippt seine Korrespondenz und Gedichte, bringt ihm sein Lieblingsessen mit bei ihren wöchentlichen Besuchen. Wie zum ersten Mal entbrannte Teenager schreiben sie einander heiße Liebesbriefe. Sie glaubt zunächst fest an seine Unschuld, als erste Zweifel aufkommen, klammert sie sich an die Möglichkeit, dass er doch zumindest theoretisch unschuldig sein könnte – im Zweifel immer für den Angeklagten.

Weil Unterweger mit seinem Anwalt nicht zufrieden ist (»der ist zu lasch«), zieht er immer mehr seine junge, aber juristisch schon sehr gewiefte Freundin zurate. Gemeinsam üben sie für seinen großen Auftritt vor Gericht. Und was für ein Auftritt das dann wird: Noch einmal zieht Jack Unterweger alle Register seiner Überredungs- und Überzeugungskunst, liefert eine bühnenreife Show. »Meine Damen und Herren Geschworenen, wir sind jetzt für die nächsten zwei Monate zusammen und ich möchte kein steriler Schauspieler sein. Ich möchte es mit Ihnen so haben wie im Kaffeehaus. Falls Sie Fragen haben, stellen Sie sie bitte, und ich werde Ihnen auf alles, auf wirklich alles eine Antwort geben. Sehen Sie, ich habe den großen Vorteil, dass ich nichts zu verbergen habe, da ich nicht der

Mörder bin. Wenn Sie mich bei einer Lüge erwischen, dann verurteilen Sie mich!«

Doch mit Charme und Charisma allein ist gegen die Lawine von Indizien nicht mehr anzukommen. Soko-Chef Geiger hat ganze Arbeit geleistet, ist sogar nach Kalifornien gereist und hat sich mit den dortigen Ermittlern ausgetauscht. Er listet gemeinsam mit einer Kollegin aus Los Angeles vor dem Grazer Gericht penibel auf, was gegen den Angeklagten spricht. Da ist die Faser eines roten Schals, die in Unterwegers Wohnung gefunden wurde, identisch mit der Kleidung einer in Vorarlberg ermordeten Frau; da ist – durch einen DNA-Vergleich gesichert – das Haar einer ermordeten Prostituierten in seinem Auto; da ist das Protokoll der Tatorte, in deren Nähe er sich aufgehalten hat.

Auch das Gutachten und Täterprofil, das der Psychiater Dr. Reinhard Haller vor Gericht ausbreitet, ist für den Angeklagten niederschmetternd. Unterweger sei von einem »tiefgreifenden bösartigen Narzissmus« geprägt, gekennzeichnet von »sexuellen Perversionen und sadistischen Vorlieben«. Ein Täter diesen Schlags weide sich lustvoll an der Todesangst seiner Opfer und er suche sich für seine Morde immer Menschen aus, die niemand vermisse, wenn sie mal für ein paar Stunden oder eine Nacht verschwänden. Hallers Einschätzung basiert auf stundenlangen Gesprächen im Gefängnis, denen Unterweger zugestimmt hat – offensichtlich getrieben von der irrwitzigen Selbsteinschätzung, auch einen Psychiater manipulieren zu können.

Am 28. Juni 1994 spricht das Gericht sein Urteil: Unterweger wird in neun der elf Prostituiertenmorde verurteilt und muss lebenslang in Haft, ohne die Chance einer weiteren frühzeitigen Entlassung. Die Entscheidung fällt nicht einstimmig; von den acht Geschworenen haben sich zwei für »nicht schuldig«

entschieden. In anderen Staaten hätte das für einen Freispruch ausgereicht, doch in Österreich gilt die einfache Geschworenenmehrheit. Der Angeklagte nimmt den Richterspruch fast reglos zur Kenntnis, lässt aber seinen Verteidiger gleich Revision gegen das Urteil einreichen.

Noch in der folgenden Nacht, gegen drei Uhr morgens, nutzt er das, was er seine »letzte Freiheit« genannt hat, und begeht in seiner Zelle Selbstmord. Er bindet die Kordel seiner Trainingshose zu einem komplizierten Knoten – exakt dem Henkersknoten, der auch bei den verhandelten Frauenmorden zum Tod geführt hat.

Johann »Jack« Unterweger ist 43 Jahre alt geworden, selbstbestimmt und offensichtlich sehr geplant gestorben. Warum aber hat er dann noch wenige Stunden vor seinem Suizid Revision gegen das Urteil eingelegt? Dafür kann es nur eine Erklärung geben: Er wusste, dass durch seinen Einspruch der Gerichtsbeschluss noch nicht bindend war – Unterweger ist für die Taten von 1991 und 1992 nicht rechtskräftig verurteilt. Seine Art, der Welt zu sagen: Schaut's her, ihr habt mich doch nicht gekriegt. Jedenfalls nicht so, wie ihr es wolltet. Die Zweifel sind gesät, für alle Ewigkeit.

* * *

Was sind die Folgen dieses Kriminalfalls für die Öffentlichkeit, was ist aus den betroffenen Personen geworden?

Rudolf Prem, der so gern ein guter Familienvater geworden wäre, aber nicht verhinderte, dass seine Frau auf den Strich ging, musste das Urteil als bittere Niederlage empfinden. Der Mord an seiner Regina wurde nicht gesühnt – ihr Fall war einer der beiden, in denen das Geschworenengericht Unterweger trotz zahlreicher Indizien freisprach. Die Jury fand, die Leiche sei wegen ihres Verwesungszustands nicht hundertprozentig zu identifizieren gewesen.

August »Maigret« Schenner, der hartnäckige Salzburger Kommissar, hat den Schuldspruch der Richter in neun Fällen mit tiefer Genugtuung aufgenommen. Er hat sich anschließend ins Privatleben zurückgezogen und ist 2007 im Alter von 82 Jahren gestorben.

Dr. Ernst Geiger, (viel zu) spät berufener Leiter der Sonderkommission und jetzt Anfang siebzig, machte auch nach dem Fall Unterweger weiter Karriere, wurde Leiter der Kriminaldirektion 1, zuständig für alle Formen der Schwerkriminalität in Österreich. Er erhielt den Amtstitel Hofrat und ging 2017 in Pension. Der Fall Unterweger ließ ihn nicht los, sein Kriminalroman »Mordsmann« lehnt sich eng an die Geschichte des Serientäters an.

Bianca Mrak, junge Verlobte von Unterweger und heute Anfang fünfzig, hat einen schmalen, kaum beachteten Erinnerungsbericht (Titel: »HiJACKed«) über ihr Leben mit Unterweger veröffentlicht und so – durchaus selbstkritisch – einen Schlussstrich gezogen. Sie lebt mit ihrem Ehemann und vielen Haustieren im niederösterreichischen Waldviertel.

Astrid Wagner, die letzte Vertraute des Serienmörders und heute Anfang sechzig, hat nach der Unterweger-Affäre ihre juristische Karriere fortgesetzt und in Rechtswissenschaft promoviert. Ihre Erlebnisse mit dem Serienmörder – sie würde vermutlich sagen: mutmaßlichen Serienmörder – schildert sie mitsamt ihren Selbstzweifeln in dem Büchlein »Verblendet«, Selbstzweifel und Selbstkritik ob ihrer gar zu »romantischen Sozialader« lässt sie zumindest durchscheinen. Seit 2001 hat sie in Wien eine eigene Kanzlei und kümmert sich nach wie vor auch um besonders schwierige Klienten, so hat sie unter anderem Josef Fritzl verteidigt, der seine Tochter jahrelang gefangen hielt und missbrauchte – vielleicht Österreichs zweitberühmtester Kriminalfall.

Alfred Rabak alias Cadillac-Freddy ist heute Ende siebzig – und einer der wenigen Gewinner des Unterweger-Dramas. Der frühere Zuhälter hat sich mit seinen für den Prozess wichtigen Recherchen Anerkennung erworben und während des Verfahrens in Graz als Zeuge ausgesagt. Er hat es geschafft, sich aus den Fängen des Rotlichtmilieus zu befreien, lebt nach diversen Ehen in gutbürgerlichen Verhältnissen, ohne je wieder straffällig geworden zu sein. In den Medien ist der joviale und sympathische Cadillac-Freddy immer wieder als »Strichphilosoph« und Experte für die Unterwelt präsent. Er hat mehrere Bücher veröffentlicht und auch in einem Fernseh-»Tatort« mitgespielt. Rabak war und ist eine Art Anti-Unterweger.

Elfriede Jelinek, jetzt Ende siebzig, gefeierte Theaterautorin, 2004 mit dem Literaturnobelpreis ausgezeichnet und seit 2023 Ehrenbürgerin von Wien, hat sich gegenüber dem Autor Malte Herwig zur Causa Unterweger kurz geäußert. »Ich habe es satt, in den Foren immer als Komplizin eines Frauenmörders und Psychopathen bezeichnet zu werden.« Sie ist inzwischen davon überzeugt, einer bewussten Irreführung erlegen zu sein und einen Schriftsteller unterstützt zu haben, den es so nie gab. »Das Buch »Fegefeuer« war ein starkes, literarisches Werk, alles, was er später veröffentlicht hat, unfasslicher sprachlicher Schund.«

Die Folgen des Falls Jack Unterweger für die Psyche einer Nation sind schwer auszumachen. Aber Österreichs rechts-konservative *Presse* hat damals und in der Folge nichts an Spott und Häme ausgelassen, das die Liberalen in der Sache diskreditieren könnte. »Freunde hat er und Mäzene, in des PEN-Clubs nobler Szene. Randgruppen sind dort immer schick, und Mörder gar – wie kribbelig«, dichtete etwa die auflagenstarke *Kronen Zeitung*. Und hat so dabei mitgeholfen, dass in Österreich nach dem Unterweger-Prozess eine Atmosphäre herrschte, in der sich über Reformen im Strafvollzug, über Resozialisierung kaum mehr diskutieren ließ. Ein Klima der Intellektuellenhatz, das zumindest in Ansätzen bis heute existiert.

V
DER MENSCHENVERSENKER

Täter: Ratko Mladić
Tatorte: Srebrenica und Belgrad, Ex-Jugoslawien

Wenn ich mich an Ratko Mladić erinnere, sehe ich einen bulligen Militärführer vor mir, der seine Truppen anbrüllt und unter Androhung brutaler Strafen bedingungslosen Einsatz fordert, der aber auch mit ihnen gemeinsam durch den Schlamm robbt und Kommissbrot teilt. Einen Überzeugungstäter, durchtränkt von der Gewissheit, dass seinen bosnischen Serben von den Deutschen, von der NATO, ja von allen Kräften in der Welt schlimmstes Unrecht zugefügt wurde. Einen Krieger, der sich ausersehen glaubt, im völkischen, ja im göttlichen Auftrag all das zu rächen, der dafür voller Inbrunst Popen küsst und in der Kirche betet. Einen Familienmenschen, der immer wieder von der Front nach Hause fährt, um mit seiner Frau und den beiden Kindern Ana und Darko bei Gesellschaftsspielen Zeit zu verbringen, am liebsten Schiffe versenken, wie mir die beste Freundin der Mladićs erzählt, und der Sieger erhält ein extra großes Stück Kuchen, bevor es dann weitergeht in die nächste reale, blutige Schlacht.

Und ich sehe – das vor allem – einen Massenmörder, der in Srebrenica mehr als siebentausend muslimische Bosnier im Alter von elf bis siebenundsiebzig Jahren hinrichten lässt, der einem ganzen Kontinent die Selbstsicherheit, die Gewissheit entreißt, die seit dem Zweiten Weltkrieg überall geherrscht hat:

kein Genozid mehr auf europäischem Boden. Einen Mann, der bis heute, von Schlaganfällen gezeichnet und im Gefängnis des Internationalen Strafgerichtshofs in Den Haag seinem Tode entgegendämmernd, keinen Hauch von Reue zeigt. »Hollywood könnte keinen überzeugenderen Darsteller für einen Kriegsverbrecher finden«, hat der frühere amerikanische Spitzendiplomat und Balkan-Verhandlungsführer Richard Holbrooke einmal über ihn gesagt. »Er ist eine dieser furchtbaren Gestalten, die die Geschichte immer wieder hervorbringt: ein charismatischer Massenmörder.«

Ratko Mladić, der Schiffeversenker, der Menschenversenker – was genau hat diesen Mann zum Schlächter des Balkans gemacht, wer hätte ihn stoppen, vielleicht noch von seinem furchtbaren Weg ins Verbrechen abbringen können? Und warum verehren ihn so viele Serben bis heute? Ein Rückblick, geprägt von Begegnungen mit Familienmitgliedern und engen Wegbegleitern vor über einem Jahrzehnt. Und eine Reise im Sommer 2023 zu den entscheidenden Stationen seines Lebens, mit einer Erkundung bei seinem Sohn Darko über dessen mögliche politische Aktivitäten.

Das Vermächtnis seines Vaters, seine Rolle für die Zukunft der Serben – das alles wird ganz wesentlich geprägt durch den Umgang mit der Vergangenheit.

Ratko Mladić ist noch nicht einmal zwei Jahre alt, als die kroatischen Nazi-Verbündeten von der Ustascha 1945 in der Herzegowina unweit von Sarajewo seinen Vater umbringen, der für die Partisanen kämpft. Weil seine Mutter überfordert ist, wächst er bei seinem Onkel auf, ein »vorbildliches, höfliches Kind«, wie sich die Dörfler in seinem Geburtsort Kalinovik bis heute erinnern. Die einzige Chance, schnell aufzusteigen, sieht der ehrgeizige Jugendliche beim Militär. An der Belgrader Akademie für Offiziere schneidet er 1965 als einer der Besten ab, dient sich dann die Ränge hoch. Präsident Josip Tito hält damals den Vielvölkerstaat Jugoslawien mit eiserner Hand zusammen, nationalistische Töne haben erst nach dem Tod des kommunistischen Autokraten in den achtziger Jahren erste Erfolge. Aber dann nähert sich Jugoslawien immer schneller dem Zerfall nach ethnischen Linien.

Im Mai 1992 – Bosnien hat gerade mit der Mehrheit der dort lebenden Muslime seine Unabhängigkeit erklärt – wird Mladić in der Region Kommandant der Serben, die sich in einer eigenen »Republika Srpska« organisieren. Mit der Rückendeckung Belgrads beginnt Mladić die Belagerung Sarajewos. Er ist ein Überzeugungstäter, ein Mann mit einer Mission. Ein Kreuzzügler für Nation und orthodoxes Christentum, ein Rächer vergangenen Unrechts – immer wieder bezieht er sich auf die Schlacht auf dem Amselfeld, wo sich 1389 seiner Überzeugung nach der Fürst Lazar im Kampf gegen muslimische Eindringlinge geopfert hat, eine historische Großtat, die als Nationalmythos den meisten seiner Landsleute geläufig ist. Für Mladić ist sie aber mehr als das: eine Handlungsanleitung zur Wiederherstellung der »Ehre« seines Volkes. Und wohl auch eine persönliche, alles rechtfertigende Lebenslüge.

»Glaubt jemand, es macht Spaß, Krieg zu führen? Wenn es nach mir ginge, ich würde alle Waffen verbieten, sogar Kriegsspielzeug für Kinder«, behauptet er einmal, der doch als Waffennarr bekannt ist und im Kampf gegen »Feinde« keinerlei Skrupel gegenüber Zivilisten kennt. Er will das Land »ethnisch säubern«, und das bedeutet die Zurückdrängung und wenn nötig auch die Beseitigung anderer Volksgruppen, vor allem dieser »hergelaufenen Türken«, wie er die muslimischen Bosniaken verächtlich nennt.

Er wird an der Front gebraucht, aber wann immer er kann, reist er zur Familie nach Belgrad. Ljiljana Bulatović, die langjährige engste Vertraute der Mladićs und Verehrerin des Generals, erzählt mir bei meinen Recherchen damals in Belgrad, dass der Kämpfer mit den stahlblauen Augen im Kreis seiner Lieben seine sanfte Seite zeige. Dass er, der Niederlagen doch so sehr verabscheut, sich stundenlang bei Brettspielen mit seinen Kindern vergnüge, manchmal sogar sein Nesthäkchen Ana gewinnen lasse. Die Medizinstudentin verliebte sich dann allerdings laut Erzählungen der Familienfreundin in einen Kommilitonen, der die Rolle ihres Vaters verurteilte. Ana habe sich wohl dessen Kritik immer mehr angeschlossen.

Zu welchen Auseinandersetzungen es in der Familie schließlich kommt, wissen nur die Mladićs selbst. An einem Märztag im Jahr 1994 erschießt sich die junge Frau – mit der Lieblingspistole ihres Vaters, die er als Auszeichnung für seine Leistungen an der Militärakademie erhalten hat und von der er schwor, sie werde nur aus Freude abgefeuert, und zwar, wenn sein »Engel« ihm ein Enkelkind geschenkt habe. Kein Abschiedsbrief, aber eine kaum zu missverstehende Botschaft: Auf diese Weise erhält mein Vater, so hat Ana wohl gedacht, sein Urteil, das ihn für immer begleiten wird. Es lautet: lebenslänglich.

Natürlich kann der General den Suizid seiner Tochter nicht akzeptieren; ohne den geringsten Beweis vorzulegen, behauptet er, Ana sei ermordet worden. Ratko Mladić funktioniert weiter professionell als Oberbefehlshaber. Aber er reduziert seine sozialen Kontakte auf ein Minimum, brüskiert den politischen Führer der Serben, Radovan Karadžić, indem er der Hochzeit von dessen Tochter fernbleibt. Im Kampf wird er noch rücksichtsloser, noch unmenschlicher. Muslime werden für ihn zu Objekten, die es zu zerstören gilt. Selbst dem brutalen Karadžić wird das unheimlich, der General habe »den Verstand verloren«, er sei »ein Psychopath«, sagt der gelernte Psychiater.

Als Mladić Mitte Juli 1995 nach Potočari kommt, in das Dorf, in das damals achtundzwanzigtausend muslimische Bosnier aus dem nahen Srebrenica geflohen sind, ruft er seinen Truppen glückstrunken zu: »Da sind so viele, das wird ein Fest! Das Blut wird euch bis zu den Knien stehen!« Bei den Blauhelmen der Vereinten Nationen, die Srebrenica zur »sicheren Zone« deklariert haben, aber laut Auftrag nicht schießen sollen, erkennt Mladić mit sicherem Instinkt entscheidende Schwächen. Er nimmt Geiseln, er brüllt und beschwichtigt so lange, bis die Spitzenmilitärs vom niederländischen Dutchbat-Regiment nur noch daran denken, ihre eigene Haut zu retten, und ihm ihre Schutzbefohlenen überlassen. Für Mladić, den Besessenen, heißt das: zum Abschlachten. Mit dem gegnerischen Kommandanten Thom Karremans trinkt er auf dessen Übergabe dann in aller Ruhe noch ein Gläschen – und der bedankt sich: »Schießen Sie nicht auf den Klavierspieler. Ich bin nur der Klavierspieler!«

Nach dem Massaker in Srebrenica, nach einem besonders fürchterlichen Granateneinschlag auf dem Marktplatz in Sarajewo, bombardiert die NATO Serbien. Der anschließende Friedensschluss von Dayton zementiert die Teilung Bosniens. Mladić spielt bei der Verfassung des Abkommens keine Rolle. Doch es sieht nur so aus, als hätten ihn die Belgrader Politiker geopfert. Der Haftbefehl des Internationalen Strafgerichtshofs gegen ihn aus Den Haag, ausgestellt am 25. Juli 1995, wird nicht vollstreckt. Während an serbischen Flughäfen und Bahnstationen überall sein Steckbrief aushängt, lebt er unbehelligt weiter. Europas Meistgesuchter zeigt sich bei Fußballspielen, besucht in Belgrad stadtbekannte Restaurants.

Die Farce findet erst ein Ende, als eine neue Regierung Verhandlungen mit der Europäischen Union aufnehmen will und Brüssel Mladićs Auslieferung zur Bedingung macht. Ende 2008 muss er untertauchen. Zuerst findet er in einem Frauenkloster

Zuflucht, dann im Dorf Lazarevo, wo sein Neffe Branko einen kleinen Bauernhof besitzt.

Viele dürften ihn dort erkannt haben, alle schweigen. Am 26. Mai 2011 stürmt eine Sondereinheit der Polizei schließlich das Haus in Lazarevo, nimmt den Gesuchten in einem Gartenschuppen fest – sechzehn Jahre, nachdem der Haftbefehl gegen ihn ausgestellt wurde. Ein blasser Ratko Mladić gibt widerstandslos seine Waffe ab und kommentiert ironisch: »Gratulation, ihr habt den Richtigen gefunden!« Die Dörfler protestieren wütend, als sich die Nachricht der Verhaftung herumgesprochen hat, versperren den Polizisten stundenlang die Straße und beschimpfen die angereisten Journalisten.

Auch noch Wochen später, als ich erstmals den Ort besuche, ist die Stimmung angespannt. Erst nachdem die Schwester eines Nachbarn ein gutes Wort für mich einlegt, kommt es zu einem kurzen Gespräch mit Branko Mladić. Er will nicht sagen, wie lange sein Verwandter hier gelebt, wie er ihn gepflegt hat, aber immerhin so viel: »Zwei Monate vor seiner Verhaftung hat er hier einen Herzinfarkt erlitten.« Ganz Lazarevo verehre den General als *heroj*, als Helden. Das Dorf wolle sich in *Mladicevo* umbenennen. (Ein tatsächlich gestellter Antrag scheitert später erst an dem Einspruch der Kreisstadt.)

Vor seiner Überführung nach Den Haag äußert Mladić einen Wunsch: Er will noch einmal ans Grab seiner Tochter Ana. Das wird ihm gewährt. Er bedankt sich auf seine Weise. Beschimpft die internationalen Richter als »Lügner« und verhöhnt sie als »Betrüger«. Weigert sich sogar, vor Gericht seine Baseballkappe abzunehmen. Gegen das Urteil lebenslänglich wegen Genozid und Verbrechen gegen die Menschlichkeit, gefällt nach sechs Jahren akribischer Beweisführung, geht er dann mit allen juristischen Mitteln vor. Im Juni 2021 wird der Richterspruch endgültig und rechtskräftig bestätigt.

Mladić schäumt vor Wut – und will weiter Unruhe auf dem Balkan stiften: Er ruft seinen Sohn dazu auf, in Srpska, der serbischen Teilrepublik von Bosnien-Herzegowina, für ein hohes politisches Amt zu kandidieren. Ausgerechnet in Sichtweite von Sarajewo. An der Seite des damaligen dortigen Präsidenten Milorad Dodik, der allen Ernstes gefordert hat, den »Völkermord an den Serben in Srebrenica« international anzuerkennen, und gerade Wladimir Putin für dessen »gerechten« Krieg in der Ukraine mit einem hohen Orden auszeichnete. Fühlt sich der Sohn als eine Art politischer Erbe des Vaters?

Serbien, Sommer 2023. Ein Telefongespräch mit dem dreiundfünfzigjährigen Darko Mladić in Belgrad, bei dem er sehr höflich, aber auch sehr bestimmt, einen Interview-Wunsch der *Zeit* (für die ich arbeite) ablehnt und keine Auskunft über mögliche politische Ambitionen geben will. Auch gegenüber serbischen Medien hält er sich bedeckt, beklagt im ultranationalistischen *Pink TV* nur die angeblich unmenschlichen Haftbedingungen seines Vaters.

In der Dreitausendseelen-Gemeinde Lazarevo, wo der Kriegsverbrecher seine letzten Tage in Freiheit verbracht hat, belauern sie immer noch misstrauisch alle Fremden, und mit einem Journalisten will niemand reden. Keine Veränderung zu früher, einerseits. Andererseits: Die Chinesen kommen, genauer gesagt, sie sind schon da. Ganz in der Nähe, bei Zrenjanin, hat das Großunternehmen Linglong eine riesige Reifenfabrik aus dem Boden gestampft, nur mit ostasiatischen Arbeitern. Die Serben haben davon in keiner Weise profitiert, der Zutritt auf das Werksgelände ist Einheimischen untersagt, selbst den örtlichen Polizisten. Dass unter solchen Umständen die Sehnsucht nach einem starken Mann eher wächst, verwundert wenig – und hilft im Mladić-Dorf sicher noch der Mladić-Nostalgie.

Gleich nach der ersten Urteilsverkündung in Den Haag 2017 hat es in verschiedenen Städten Serbiens Solidaritätskundgebungen für den General gegeben. *Nova*, eine der wenigen regierungskritischen Publikationen in Serbien, hat noch im Frühjahr 2023 allein in Belgrad zweihundertdreiundfünfzig bewundernde Wandmalereien mit dem Konterfei Mladićs gezählt. Wer sie zu zerstören versuchte, bekam es öfter mit der Polizei zu tun, die Mladić-Graffiti behandelt hat, als wären sie so etwas wie ein Nationalheiligtum. Und dann verschwand plötzlich über Nacht das berüchtigtste aller Mladić-Gemälde an einer der belebten Kreuzungen der Hauptstadt, zur Unkenntlichkeit übertüncht. Es heißt, die staatlichen Behörden hätten sich dem dringenden Wunsch der EU-Behörden zur Zerstörung des hagiografischen Bildnisses gebeugt.

Serbien ist gespalten: Zehntausende gehen auf die Straßen, um für mehr Demokratie und einen Anschluss an die Europäische Union zu demonstrieren; eine fast ebenso große Gruppe hält es laut Meinungsumfragen mit Wladimir Putin und will mehr russischen Einfluss im Land, weil sich der Westen angeblich gegen Belgrad verschworen hat. Die serbische Regierung laviert ziemlich hilflos zwischen diesen widersprüchlichen Positionen, verspricht einerseits als EU-Beitrittskandidat Brüssel Reformen, weigert sich aber andererseits, den russischen Angriffskrieg gegen die Ukraine zu verurteilen und irgendwelche Sanktionen gegen Moskau mitzutragen. Anfang 2025 eskaliert die Lage, immer mehr Demonstranten fordern wegen der grassierenden Korruption politische Konsequenzen: Ministerpräsident Miloš Vučević muss auf Druck des Staatspräsidenten Aleksandar Vučić sein Amt aufgeben – ein Bauernopfer.

An den grundlegenden serbischen Problemen ändert sich gar nichts. Ratko Mladić, 83, mag im Sterben liegen. Sein Opfer-Mythos aber lebt.

* * *

Kada Hotić stand damals ganz nah bei ihm, auf Tuchfühlung. Ihre ganze Hoffnung konzentrierte sich auf diesen Mann, der dann ihr Leben für immer zerstören sollte. Auf Ratko Mladić.

Der serbische General hat an diesem heißen Tag Mitte Juli 1995 in Potočari bei Srebrenica Schokolade an Kinder verteilt und ihnen, ganz fürsorglicher Onkel, über den Kopf gestreichelt. Den Männern versprach der siegreiche Kriegsherr einen sicheren Aufenthaltsort, den Frauen, versprach er, geschehe sowieso nichts. Fernsehjournalisten drehten die Szene. Seufzer der Erleichterung unter den hier Zusammengetriebenen, hierher Geflüchteten aus der ganzen Region. Vereinzelt sogar Bravorufe.

Doch als die Kameras aus waren, zeigte Mladić sein wahres Gesicht. Er stieß Menschen, die ihm zu nahe kamen, brutal zur Seite, brüllte Befehle, hetzte seine Soldaten auf. »Nutzt die Gelegenheit, so etwas wird nicht wiederkommen«, hörte Kada Hotić ihn brüllen. Und dann sah sie in den folgenden Stunden furchtbare, unvorstellbar grausame Szenen. Sie erinnert sich noch heute, dreißig Jahre später, genau an jede Einzelheit. »Vor mir schnitt ein serbischer Militär einem Baby, das nicht aufhören wollte zu schreien, die Kehle durch.« Es folgte, zusammengepfercht, eine schlaflose Nacht im Freien. Und dann die Trennung der Geschlechter. Die Männer wurden abgesondert, die Frauen in Busse gezwungen.

Kada Hotić setzte sich wie betäubt unter ihre Leidensgenossinnen. Sie sah noch, wie ihr Mann sich verzweifelt gegen die Trennung auflehnte und von einem serbischen Soldaten weggeführt wurde, der ihm einen Gewehrlauf an den Nacken hielt. Minutenlang kauerte sie regungslos im überfüllten Bus. Keine der Frauen habe geweint, erinnert sie sich, obwohl sie am

Rande der Straße Leichen sahen. Doch als der Militär, der sie bewachte, das Radio aufdrehte, wurde es ihr zu viel. »Mach die verdammte Musik aus!«, rief sie. Und zitterte und bekam einen Weinkrampf. Sie ahnte damals schon Schlimmes. Dass es dann so grausam, so vernichtend kommen würde, hätte sie sich aber nicht einmal in ihren Albträumen vorstellen können. Sie verlor ihren Mann, ihren Sohn, zwei Brüder. Alle von den Schergen des serbischen Generals ermordet.

Ratko Mladić und Kada Hotić: zwei Leben, zwei Menschen, unterschiedlich in ihren Vorstellungen von Erfolg und Glück, ihrer Ethnie und Religion, aber doch voller Gemeinsamkeiten. Es ist das Schicksal zweier Nachbarn: Kada Hotić, zwei Jahre jünger als der General, ist in Srebrenica geboren, keine hundert Kilometer Luftlinie entfernt vom Geburtsort des Mannes, der zu ihrem Peiniger, zu ihrem großen Unglück wurde.

Sie hatte als Tochter eines Beamten eine wohlbehütete Kindheit. Eine gute, aufgeweckte Schülerin, entdeckte sie früh ihr Talent zum Singen, sie mag besonders Volkslieder, aber auch Schlager. Kada galt bei ihren Freundinnen als besonders lebenslustig, aber auch zuverlässig und kameradschaftlich, ließ in der Schule alle bei sich abschreiben. Nach eigener Erzählung war sie als Teenager für jeden Streich zu haben, und auch ein wenig eitel. Sie trug gern hochhackige Schuhe, flirtete mit den Jungs. Sie wusste früh, was und wen sie will: Nach einer Ausbildung als Kauffrau arbeitete sie in der Stadtverwaltung und heiratete bald ihre Jugendliebe, den Handelsvertreter Sead. Ab und zu gab es in den siebziger und achtziger Jahren Streit zwischen den Nachbarn in dem kleinen Kurort Srebrenica, aber dass es dabei um Völkisches oder gar Religiöses gegangen sei, daran kann sich Kada Hotić nicht erinnern: »Muslimische Bosniaken und christlich-orthodoxe Serben lebten weitgehend friedlich zusammen.«

Kada Hotić bekommt einen Sohn und eine Tochter, Samir und Leila. Das Paar kauft für sich und die Kinder eine Wohnung im Zentrum des Ortes, nahe Post und Friseur. Große, weite Welt ist etwas anderes. Aber sie ist glücklich über ein Leben, das in geordneten Bahnen verläuft.

Noch im Jahr 1990 sieht sich die Mehrheit der Bürger im sozialistischen Vielvölkerstaat Jugoslawien an erster Stelle als Jugoslawen, an zweiter Stelle als Europäer. Erst an dritter Stelle folgt die Zugehörigkeit zur Teilrepublik oder Region. Und es gibt über achthunderttausend »Mischehen«. Ethnische Spannungen sind nicht die Ursache, sondern eher die Folge des staatlichen Zerfalls. Dass sich die Spannungen im Krieg entladen, sehen Historiker keineswegs als eine natürliche und unvermeidliche Entwicklung. Es sind Politiker, gewaltbereite Nationalisten, die Angst und Hass und wirtschaftliche Verteilungskämpfe schüren, darunter Kroaten, Kosovaren und auch Bosnier. Vor allem aber Männer in Belgrad, die einen »großserbischen« Staat errichten wollen, Ministerpräsident Slobodan Milošević und Armeechef Ratko Mladić.

1991 kommt der Krieg nach Srebrenica. Über drei Jahre lang wird die kleine Stadt dann belagert. Es gelingt bosnischen Militäreinheiten lange, die Innenstadt zu halten, aber sie können die Einheiten von General Mladić nicht aus der Umgebung vertreiben. Und bei ihren Rachefeldzügen gegen die Besatzer schrecken auch sie nicht vor Kriegsgräueln zurück. Für Kada Hotić ist es eine Zeit der Entbehrungen, der Nächstenliebe – und des zunehmenden gegenseitigen Misstrauens. Ein Viertel der Menschen im Ort sind Serben, Nachbarn, von denen manche nun nichts mehr mit ihr zu tun haben wollen. Es fehlt an allem, an Medikamenten, an sauberem Trinkwasser, an Brot, selbst an Salz. Sie lernt, die aus dem Gewächshaus entwendeten Tabakblätter zu trocknen und daraus Zigaretten zu rollen.

Sie wird während der Besatzung zur Kettenraucherin. »Unser einziger Luxus«, sagt sie im Rückblick auf den täglichen Überlebenskampf. Ihre größte Freude ist, dass die Tochter Leila rechtzeitig aus Srebrenica herausgekommen ist, bei einer Verwandten »draußen« wohnt.

Noch einmal keimt Hoffnung auf. Die Vereinten Nationen erklären im Frühjahr 1993 Srebrenica und Umgebung zur internationalen »Schutzzone«. General Philippe Morillon, Kommandant der UNPROFOR, verspricht den Einwohnern der überfüllten Stadt ausdrücklich, man werde die Einwohner »nicht im Stich lassen«. Das UN-Mandat ist aber nicht unumstritten; die leichte Bewaffnung der nur knapp über vierhundert Blauhelm-Soldaten aus Kanada und später den Niederlanden sieht nur eine leichte Bewaffnung vor, orientiert an friedenserhaltenden Missionen, nicht an Einsätzen, die den Frieden auch gegen eine Partei erzwingen können. Mladić weiß das nur zu genau. Er lässt zunächst zu, dass die Kämpfe abflauen. Dann schlägt er zu. An dem Tag im Sommer 1995, als Kada Hotić ihn fast berühren kann. An dem Tag, an dem er ihren Mann abführen und ihren Sohn verschwinden lässt.

Im Autobus, in dem die Frauen abtransportiert werden, rekonstruiert sie nach dem ersten Schock, was sie noch gesehen hat. Nicht nur ihren Ehemann mit dem Gewehr des Mladić-Soldaten im Nacken, sondern auch ihren Sohn, der ihr noch aus der Ferne zuwinkte. Er ist mit Hunderten anderen jungen Bosniaken in den Wald geflüchtet. Es folgen Tage des Schreckens für die zweifache Mutter, Tage, in denen sie von Massakern hört, vom Dahinschlachten aller Männer, und nichts tun kann außer zu warten. Und gegen alle Wahrscheinlichkeit zu hoffen.

Drei Jahre später erhält Kada Hotić die Taschenuhr ihres Mannes zurück, ein Schuss hat das Ziffernblatt zerstört. Sie kann die Leiche begraben. Doch von ihrem Sohn fehlt jede Spur. Bis Forensiker einer Vermisstenvereinigung die Tausenden Leichenteile aus Massengräbern sortieren, im Jahr 2005 zwei Fußknochen entdecken und diese mithilfe der DNA identifizieren. Seitdem liegen die Überreste von Vater und Sohn Hotić, durch weiße Grabsteine behütet, nebeneinander auf dem Friedhof der Gefallenen.

Srebrenica ist der Höhepunkt von Mladićs Macht und es ist der Beginn seines Niedergangs. Die monströsen Verbrechen lassen sich nicht lange verheimlichen. »Das hat uns irgendwie geschadet«, stellt der Armeechef emotionslos fest. Seine politischen Gönner geraten militärisch wie diplomatisch immer mehr in die Defensive, vor allem nach den Bombardierungen der NATO. Mladić wird von der Serbenführung aus der Schusslinie gezogen, er kommt sogar auf eine offizielle Fahndungsliste, die freilich weit über ein Jahrzehnt nur eine folgenlose Farce ist.

Kada Hotić empfindet in den ersten Jahren nach dem Massaker nur Leere, Taubheit, Verbitterung. Die »Jagd« auf den Schlächter Mladić interessiert sie kaum, an Gerechtigkeit glaubt sie nicht mehr. »Aber so kann man auf die Dauer nicht leben, entweder man macht Schluss oder man rafft sich wieder auf«, sagt sie bei unserem Interview. Gemeinsam mit anderen Opfern gründet sie einen Verein, und der gibt ihr Kraft zum Weiterleben: »Die Mütter von Srebrenica«. Spenden ermöglichen die Anmietung eines kleinen Büros in Sarajewo, in der Hauptstadt des inzwischen unabhängig gewordenen Staates Bosnien-Herzegowina. Frau Hotić zieht aus ihrer alten Wohnung hierher; kein Neuanfang, aber zum Verdrängen der bessere Platz. Sie tauscht sich mit ihren Leidensgenossinnen aus, Stunden über Stunden unterhalten sie sich, bei starkem bosnischen Kaffee. »Ich komme ins Büro und rede mich satt«, sagt sie.

Die Srebrenica-Mütter fahren nach Den Haag und erinnern bei Demonstrationen an das Massaker und den Hauptschuldigen. Sie holen sich Rechtsbeistand und leiten gemeinsam eine Zivilklage gegen den holländischen Blauhelm-Kommandanten wegen unterlassener Hilfeleistung ein. Thomas Karremans, nach einer Beförderung inzwischen pensioniert, ist juristisch nicht zu fassen. Aber in letzter Instanz bekennt sich der niederländische Staat zu seiner Mitschuld. Zu »zehn Prozent« sei man verantwortlich für den Völkermord und bereit, moderate, nicht näher quantifizierte Entschädigung zu zahlen.

Als dann am 21. November 2017 in Den Haag das Urteil gegen Ratko Mladić verkündet wird, ist keiner überrascht: lebenslänglich wegen Völkermord und Verbrechen gegen die Menschlichkeit. Er darf Besuch von Frau und Sohn empfangen. Kada Hotić hat er solche Möglichkeiten genommen. Und dennoch: Das Urteil gegen den furchtbaren General hat sie mit Genugtuung aufgenommen. Sie weiß, dass Ratko Mladić das Gefängnis nicht mehr lebend verlassen wird. Immer wieder mahnt sie, auch bei Gedenkveranstaltungen der Vereinten Nationen, und sie tut es mit ihren einfachen, eindringlichen Worten: »Vergesst diese Verbrechen nicht, sonst können sie sich wiederholen. Respektiert alle Völker, Religionen, Hautfarben, wir Menschen sind alle gleich geboren, haben alle die gleichen Rechte!«

Mit den anderen aus ihrem Verein hat sie mitgeholfen, den Friedhof von Potočari und das kleine Museum dort mitzugestalten. Sie hat die Entschuldigung der serbischen Regierung für das Srebrenica-Massaker zur Kenntnis genommen, aber gleichzeitig auch registriert, dass man in Belgrad nach wie vor nicht von einem Völkermord sprechen will – und wie populär Ratko Mladić in weiten Kreisen der serbischen Bevölkerung immer noch ist. Sie ist im Auftrag der anderen Mütter im

Dezember 2019 nach Stockholm gefahren, um gegen den Literaturnobelpreis für Peter Handke zu demonstrieren, der sich immer wieder beschwichtigend über serbische Gräueltaten geäußert und bosniakische Opfer beleidigt hat. »Diesen Müttern von Srebrenica glaube ich kein Wort. Wäre ich Mutter, trauerte ich allein«, gab der Schriftsteller zu Protokoll.

Wenn Kada Hotić so etwas hört, wird selbst aus ihr, der Sanften, eine Zornige. Wie sie trauert, das kann ihr keiner vorschreiben. Vielleicht wird sie auch wieder am nächsten Jahrestag des Massakers zurück nach Srebrenica gehen. Ganz oben im Flur des alten Hauses hat ihr Sohn seinen Namen in die Wand gekratzt. Und sie wird mit den Fingern die Buchstaben entlangtasten. Samir. Das ist alles, was von ihm geblieben ist. Und sie wird sich den Gedanken verbieten, der doch immer wiederkehrt: Was hätte sein können, wenn.

VI
DER KILLER SEINES BRUDERS

Täter: Kim Jong-un
Tatorte: Pjöngjang, Nordkorea, und Kuala Lumpur, Malaysia

Ein letzter Blick auf die Anzeigetafel des Internationalen Flughafens von Kuala Lumpur: Die AirAsia 182 von der malaysischen Hauptstadt in die chinesische Sonderverwaltungszone Macau scheint pünktlich abzugehen. Es ist fünf vor neun am Morgen des 13. Februar 2017, und schon sehr viel los im Terminal zwei. Hunderte Reisende warten auf ihre Verbindungen, schlendern durch die Andenkengeschäfte, decken sich mit Snacks ein. Der korpulente Mann in dem lässigen hellen Blazer, in Jeans und Designer-Slippern, der eben seinen Flug überprüft hat, klemmt seine schwarze Reisetasche unter den Arm und macht sich auf den Weg zum Abfluggate. Er besitzt einen Diplomatenpass und wird auf der Passagierliste als Kim Chol geführt. Doch das ist nicht sein richtiger Name.

Dann passiert, von den Überwachungskameras am Flughafen aufgezeichnet, etwas sehr Merkwürdiges. Zwei junge Frauen stürzen sich auf den Mann. Die eine reibt ihm blitzschnell eine Flüssigkeit ins Gesicht, die andere drückt ihm fast zeitgleich von hinten ein feuchtes Tuch auf die Augen. Verblüfft bleibt er stehen. Die beiden Angreiferinnen geben vier Herren, die vorher mit ihnen in einem der Flughafencafés gesessen und dann für sie das Opfer eingekreist haben, ein Daumen-hoch-Zeichen. Anschließend laufen die Frauen in unterschiedlichen Richtungen zu den beiden nächstgelegenen Toiletten, wo sie sich die Hände waschen. Glücklich lächelnd verlassen sie die Abflughalle. Sie haben Filmstarqualitäten bewiesen. Alles hat geklappt wie geplant. Mission accomplished.

Die Herren im Businessgrau haben es nicht so eilig. Sie beobachten gespannt das weitere Geschehen. Sehen, wie der Attackierte mehrere Flughafenangestellte anspricht, die ihn zur Erste-Hilfe-Station bringen. Registrieren, wie er dort auf eine Trage gelegt wird. Die vier haben eine klare Fluchtroute und sie sind offensichtlich davon überzeugt, keiner wird in den nächsten Minuten nach ihnen fahnden, so schnell kann sie niemand als Drahtzieher der Tat identifizieren. Sie sind auf einer Maschine nach Jakarta gebucht, die um zwölf Uhr mittags geht, und von dort aus weiter zurück in ihre Heimat. Nach Pjöngjang, in die Volksrepublik Korea. Beim Einsteigen erfassen die Überwachungskameras später einen hochrangigen Mitarbeiter der nordkoreanischen Botschaft von Kuala Lumpur, der das Quartett verabschiedet.

In der Krankenstation des Terminals hat man schnell erkannt, dass es ernst ist. Der Mann, der sich Kim Chol nennt, wird zu einem eilig für ihn angeforderten Notarztwagen gebracht. »Hilfe, Gift, schlimme Schmerzen«, stöhnt er, windet sich auf der Bahre. Als er im Hospital Putrajaya ankommt, können die Mediziner nichts mehr für ihn tun. Er hat die Attacke am Flughafen kaum zwanzig Minuten lang überlebt.

Nachdem die ersten Fotos von dem mysteriösen Verbrechen veröffentlicht sind, kommt ein Verdacht auf, der durch einen DNA-Vergleich zur Gewissheit wird: Bei dem Opfer handelt es sich in Wirklichkeit um Kim Jong-nam, 45, den älteren Bruder des nordkoreanischen Diktators. Den Mann, der einmal als

Herrscher in Pjöngjang vorgesehen war, sich dann mit der Familie überwarf und die letzten Jahre im Exil gelebt hat. Er blieb aber immer ein Dorn im Auge des jetzigen Machthabers Kim Jong-un, seinem Halbbruder, der mit seiner brutalen Politik das Volk tyrannisiert und mit seinem aggressiven Atomwaffenprogramm die ganze Welt in Atem hält.

Drei Tage nach dem Mord am Flughafen sind die Täterinnen dank der Videoaufnahmen und Hinweisen aus der Bevölkerung identifiziert und an unterschiedlichen Plätzen in Kuala Lumpur festgenommen. Die Indonesierin Siti Aisyah, 25, und die Vietnamesin Doan Thi Huong, 29, zeigen sich völlig überrascht. Sie leugnen nicht, am Flughafen aktiv gewesen zu sein. Aber dabei habe es sich doch um einen Scherz gehandelt, um einen kurzen Dreh für eine asiatische Ausgabe der Fernsehsendung »Verstehen Sie Spaß?«. Sie hätten solche lustigen Überfälle auf Passanten unabhängig voneinander mehrfach ausgeführt und seien von ihren Auftraggebern, den »Filmproduzenten«, mit je hundert Dollar dafür bezahlt worden. Beide geben an, ihr Flughafen-Opfer nicht gekannt zu haben, und zeigen sich »am Boden zerstört« über die tödlichen Folgen ihres Streichs.

Die Tat zieht schnell weite politische Kreise. Alles spricht für einen Auftragsmord. Bei der Autopsie findet man im Gesicht des Leichnams Reste von VX, einem international geächteten chemischen Kampfstoff, der privat kaum erhältlich ist, über den Pjöngjang aber in großen Mengen verfügt. Schon der Kontakt mit wenigen Milligramm VX ist tödlich, es entsteht aber erst in der Mischung zweier unterschiedlicher, weniger giftiger Substanzen – vermutlich haben die Täterinnen deshalb überlebt, weil sie diese dem Opfer nacheinander verabreichten. Als das Video vom Flughafen ausgewertet ist, beschuldigt die malaysische Regierung Nordkorea. Doch das Kim-Regime leugnet jede Beteiligung an dem Mord, spricht von einem internationalen, gegen Pjöngjang gerichteten Komplott.

Beide Regierungen wollen einen Abbruch der Beziehungen vermeiden, Malaysia begnügt sich damit, den Großteil der in Kuala Lumpur stationierten nordkoreanischen Diplomaten auszuweisen. Der Leichnam Kim Jong-nams wird nach Pjöngjang überführt. Ob er dort verscharrt, verbrannt oder für die Regierenden zur Schau gestellt wird – das Volk erfährt darüber so wenig wie der Rest der Welt.

Alles soll nach außen hin so aussehen, als hätte es den Spross aus der berühmten Familie niemals gegeben, alles wird totgeschwiegen. Doch da sind noch eine Menge ungeklärter, politisch brisanter Fragen: Warum trug der Ermordete in seiner Louis-Vuitton-Umhängetasche hundertzwanzigtausend Dollar in bar bei sich – hatte das etwas mit einem geheimnisvollen Treffen zu tun, das er nach neuesten Erkenntnissen kurz vor seinem Tod mit einem amerikanischen CIA-Agenten gehabt haben soll? Oder mit seinen in jüngster Zeit von westlichen Geheimdiensten beobachteten Kontakten zur Volksrepublik China, die ihn vielleicht als »Ersatzmann« fürs nordkoreanische Präsidentenamt aufbauen wollte? Der spektakuläre Mord: große internationale Politik oder »nur« brutale familiäre Abrechnung?

Und da bleiben noch die beiden Beschuldigten. Die Anklage in Malaysia lautet auf Mord, es droht der Tod durch Hängen. Die Anwälte fürchten ein »Handstreichverfahren«, mit dem ein bequemer Schlussstrich unter die internationale Affäre gezogen werden soll. Was aber trieb die junge Vietnamesin an, die bei ihrer Tat ein »LOL«-T-Shirt trug, was für »Laughing Out Loud« steht, für »Ich lach mich tot«? War das ein Zeichen von Unschuld oder Zynismus? Was bewog die hübsche Indonesierin, die nach dem Streich am Flughafen in aller Ruhe einen Einkaufsbummel machte und sich dann wieder ihrem Job in einem Massagesalon widmete, als wäre nichts geschehen? Unendlich naiv oder unglaublich durchtrieben, Tagträumerin oder fernöstliche Mata Hari?

Es ist eine Geschichte, die in den höchsten Kreisen der Mächtigen und in glamourösen Casinos spielt, ebenso wie ganz unten, in den Dörfern der Ärmsten Asiens und in den Rotlichtvierteln der Großstadt. Eine Geschichte, angesiedelt irgendwo zwischen Shakespeares Familiendramen und John le Carrés Spionagethrillern. In ihrem Mittelpunkt stehen zwei Männer, Mitglieder einer mafiösen Herrscherfamilie. Und zwei Mädchen, die beide versucht haben, aus den Mustern und Mauern ihrer Vergangenheit auszubrechen, ein neues Leben anzufangen – und dabei tragisch scheiterten.

Es ist eine Story, die sich jetzt anhand von Zeugenaussagen, Polizeiprotokollen und mithilfe der Recherchen malaysischer Investigativreporter, die ich in Kuala Lumpur traf, nacherzählen lässt. Und durch meine anderen Reisen zu Schauplätzen des Geschehens, nach Nordkorea und Indonesien.

BERG PAEKTU, NORDKOREA, STAMMSITZ DER KIM-FAMILIE

Jeder der sehr wenigen Gäste in dem stalinistischen, weitestgehend von der Außenwelt abgeschotteten Schattenreich sieht sich in das Korsett eines festen Besuchsplans eingezwängt. Das Ritual geht in etwa so: gleich nach der Ankunft Fahrt zur Kim-Il-sung-Statue, Niederlegen einer Blumenspende. Dann am nächsten Tag Zwangsführung durch das Historische Museum von Pjöngjang, in dem erklärt wird, dass die Amerikaner 1950 Korea angegriffen und die Bevölkerung in einen heldenhaften Verteidigungskampf gezwungen haben (was nicht den Tatsachen entspricht). Und jeder Weg ist gesäumt von zwei Blumenarten, die Kimilsungia und Kimjongilia heißen, benannt wie so vieles in diesem Land nach dem Staatsgründer und seinem Sohn. Der »Große Führer« und der »Geliebte Führer« herrschten mit absoluter, grausamer Macht über ihre fünfundzwanzig Millionen Landsleute, mehr als sechs Jahrzehnte lang. Bis 2011, als man einen Nachfolger finden musste.

Aber wer als Journalist Gast der nordkoreanischen Regierung ist und – wie ich vor einigen Jahren – besonderes Glück hat, dem kann in diesem Land, mysteriös und unberechenbar wie kein anderes der Welt, auch mal ein besonderer Ausflug vergönnt sein. Nein, natürlich nicht in eines der berüchtigten Arbeitslager, in denen laut Amnesty International seit Jahren über hunderttausend Menschen eingesperrt sind, und auch nicht nach Yongbyon oder eine der anderen geheimen Stätten, in denen Atombomben gebaut werden. Aber beispielsweise zum zweitausendsiebenhundertfünfzig Meter hohen Berg Paektusan im Norden des Landes, wo zahlreiche Schautafeln und ein Pilgerweg darauf hinweisen, dass es sich ganz und gar nicht um einen »normalen« Vulkan handelt. Sondern um den heiligen Berg einer gottgleichen Familie. Den Stammsitz der Kim-Dynastie.

Kim Il-sung soll von hier den Kampf gegen die Japaner organisiert haben. Kim Jong-il soll hier zur Welt gekommen sein (was nach Ansicht unabhängiger Historiker nicht stimmen kann). Bei seiner Geburt erschien laut offizieller Staatspropaganda ein doppelter Regenbogen über dem Paektu auf, eine besondere Vogelschar begann zu jubilieren, ein alles erleuchtender Stern stieg am Nachthimmel auf. Übernatürliche Phänomene für Übermenschen. Die Regierungsform Nordkorea ist stalinistisch, sie hat aber zugleich tief religiöse Züge. Und viel vom Konfuzianismus. Das Volk soll seiner vom Himmel auserwählten Herrscherfamilie gehorchen, und selbstverständlich geht in einem solchen System die Macht vom Vater auf den ältesten Sohn über.

Kim Jong-nam ist der Erstgeborene, er kommt 1971 zur Welt, der »natürliche« Erbe der Dynastie. Allerdings liegt über seiner Geburt ein Schatten. Er wird außerehelich geboren, sein Vater hat sich eine berühmte, schon anderweitig verheiratete Schauspielerin als Geliebte genommen. Doch das bedeutet nicht, dass dem Jungen irgendwelche Privilegien verwehrt blieben: Er bekommt in Pjöngjang einen eigenen Chauffeur, wohnt im großen Haus einer Verwandten. »Er trug diamantenbesetzte Armbanduhren und besaß stapelweise Spielzeuggewehre, Kisten mit westlichen Spielsachen, die nordkoreanische Diplomaten im Geheimen aus dem Ausland für ihn besorgen mussten«, schreibt Jung Pak, die wohl beste Kennerin der Familie, die später auch für den US-Geheimdienst arbeitete. »Ein kleiner, verwöhnter Prinz, der gern seine Umgebung tyrannisierte. Das Einzige, was Jong-nam nicht besaß, war Freiheit – und Spielkameraden. Da war nur ein gleichaltriges Mädchen, die ebenfalls schwer verwöhnte Tochter einer Tante.«

Immerhin darf der Junge dann von 1978 bis 1988 Privatschulen in Moskau und Genf besuchen. Er kümmert sich wenig um den Unterricht, Berichte über Alkoholkonsum und Ausschweifungen bei Partys machen die Runde. Als Siebzehnjähriger kehrt er zurück nach Pjöngjang und lässt sich dort pro forma an der Universität einschreiben, Militärgeschichte steht auf dem Lehrplan. Die wahren Interessen des jungen Mannes, den Bekannte von damals als aufbrausend und wenig kommunikativ beschreiben, gehören dem Film und den neuen Medien. Der Vater macht den Computer-Freak zum Chef der staatlichen IT-Kommission und verschafft ihm, als er fünfundzwanzig wird, auch eine leitende Position im Ministerium für öffentliche Ordnung.

Aber Jong-nam gilt da schon nicht mehr als der unumstrittene Favorit für die Nachfolge. Sein Vater ist in seiner Abwesenheit eine »ordentliche« Ehe eingegangen, drei Kinder kommen zur Welt, darunter Jong-un. Und der Älteste beginnt sich – glaubt man seinen späteren Ausführungen gegenüber einem japanischen Journalisten – durch Kritik an den Auswüchsen des Regimes bei der Familie unbeliebt zu machen. Er findet nicht alles am Kapitalismus schlecht, regt Reformen an. Und wann immer er kann, versucht er auf Auslandsreisen zu gehen. Sein Vater Kim Jong-il nimmt ihn im Januar 2001 mit zu einem Staatsbesuch nach Shanghai, die Aufbruchstimmung in China gefällt Jong-nam. Mehr noch hat es ihm Japan angetan, ein Land, dessen Auftritte er im Internet fasziniert beobachtet. Heimlich, so erzählt er später, offiziell soll ihm wie allen Landsleuten Ausländisches verschlossen bleiben.

Er entwirft einen tollkühnen Plan, lässt sich von Vertrauten einen falschen Pass der Dominikanischen Republik besorgen. Am japanischen Flughafen Narita fliegt im Mai 2001 der Schwindel auf. Kim Jong-nams Erklärung, er habe doch nur das Disneyland Tokio besuchen wollen, macht die Sache nicht besser. Und den eigenwilligen Humor des stets etwas tapsig und verschlagen Daherkommenden versteht auch nicht jeder – er hat sich für das gefälschte Dokument den Tarnnamen »Großer Bär« ausgedacht. Die internationale Presse berichtet hämisch über den seltsamen Ausflug des nordkoreanischen Spitzenpolitikers, er wird von Japan nach China abgeschoben, weil ihn zu Hause keiner mehr will.

Seine Familie distanziert sich. Die politische Karriere des Erstgeborenen ist beendet, Kim Jong-nam wird nicht »Kim der Dritte«, Herrscher in Pjöngjang. Er sucht, vorläufig noch mit einer großzügigen Apanage aus Nordkorea ausgestattet, ein möglichst aufregendes, abwechslungsreiches Leben im Exil.

Er lässt sich 2003 im Spielerparadies Macau nieder, wo viele seiner einflussreichen chinesischen Freunde Häuser besitzen. Er ist bald Dauergast in den Casinos, trinkt viel, raucht viel, flirtet viel, bekommt in und außerhalb von Ehen sechs Kinder: Aus Nordkoreas ehemaligem Thronfolger wird so etwas wie der erste nordkoreanische Playboy. Den Puritanern in seiner Heimat kann das nicht gefallen.

Nach dem Tod seines Vaters darf er kurz noch einmal nach Pjöngjang reisen und privat Abschied nehmen. Doch auf den offiziellen Fotos der Trauerfeier vom 29. Dezember 2011 fehlt der älteste Sohn, der nach konfuzianischer Sitte das Begräbnis eigentlich leiten sollte. Der neue Machthaber Kim Jong-un, noch nicht einmal dreißig Jahre alt, wird von der Parteizeitung zum »Großartigen Führer« aufgewertet, als Marschall nimmt er auch den höchsten militärischen Rang ein. Der Personenkult um ihn nimmt bald ebenso bizarre Züge an wie der um seine Vorfahren: Er lässt sich als »Genie aller Genies« feiern und am Gipfel des Paektu vor Fernsehkameras als »Erlöser« inszenieren, auf einem Schimmel durch den Schnee reitend. Kim Jong-nams Welt aber zerfällt: Sein Halbbruder streicht ihm alle finanziellen Zuwendungen. Und bald muss der Verstoßene noch Schlimmeres registrieren: Er steht auf der Todesliste des Regimes.

KAMPUNG RANCASUMUR, INDONESIEN, HEIMATDORF DER FAMILIE AISYAH

Viel weiter weg von der großen weiten Welt der Fünfsternehotels und Spielcasinos der Reichen kann man nicht sein. Selbst noch die nächste Provinzstadt Serang, am nördlichen Ende Javas gelegen, ist eine gute Stunde von diesem Dorf entfernt. Auf Äckern stehen die Bäuerinnen bei der Ernte knietief im

Wasser, Ochsenkarren ziehen ihre Bahnen. Ein Feldweg, vom Regen schlammig und fast unpassierbar gemacht, führt am Ende der Dorfstraße zu einem unscheinbaren gelben Haus. Hier sind die Aisyahs zu Hause, die Eltern der als Mörderin angeklagten Siti, die ich besuche.

Gäste, schon gleich aus dem fernen Europa, hat man hier noch nie gesehen. Die Hausherrin, zunächst ein wenig misstrauisch, zurrt ihr Kopftuch fest; ihr Mann, der offensichtlich deutlich weniger zu sagen hat, hält sich im Hintergrund. Sie bieten mir an, auf dem Fußboden Platz zu nehmen. Ein Neffe holt Tee und Kekse, im Nebenzimmer läuft ein Fernseher; neben dem Bett ist ein Honda-Motorrad geparkt, Zeichen bescheidenen und behüteten Wohlstands. Das Treffen beginnt mit Smalltalk, eine Übersetzerin aus der Kleinstadt versucht, das Eis zu brechen, allmählich lockert sich die Atmosphäre. Und dann erzählen sie, stockend zuerst, aber dann immer offener, die Geschichte ihrer Familie.

Benah und ihr Mann Asria hatten es nie leicht im Leben. Das Geld war immer knapp, außer den Früchten von ihrem kleinen Feld, Tomaten und ein wenig Kurkuma, hatten sie nichts zu verkaufen. Sie schlugen sich so recht und schlecht durch, wollten ihren beiden Söhnen aber eine Ausbildung bezahlen. Siti war ihr drittes Kind, die Eltern sahen die Tochter eher als Belastung. »Wir mussten sie irgendwie versorgen«, sagt die Mutter.

Die Kleine geht sechs Jahre lang zur Grundschule, doch trotz guter Noten ist an eine weiterführende Ausbildung nicht zu denken, Stipendien dafür gibt es nicht. Ihr Erzieher ist ein Prediger, der als Einziger im Dorf die Wallfahrt nach Mekka mitgemacht hat. Wie so viele in Indonesien, dem Staat mit den meisten Muslimen auf der Welt, lebt und lehrt er einen sanften Islam, weit weg von jeder Radikalität. Gemeinsam mit dem Lehrer streicht Siti allabendlich mit ihrer Hand sehnsüchtig über den Globus im Klassenzimmer, Europa, die USA, vor allem Brasilien haben es ihr angetan. Doch auch der einflussreiche, weltoffene Imam kann die Eltern nicht davon überzeugen, das mühsam Ersparte anzugreifen, das begabte Mädchen auf eine höhere Schule zu schicken.

Siti wird mit sechzehn in eine heruntergekommene Vorstadt von Jakarta verheiratet, kaum hundert Kilometer Luftlinie von hier, aber über schlammige, unbefestigte Wege mit dem Auto fast eine Tagesreise. Zwei Jahre später bekommt sie einen Sohn. Sie nennt ihn Rio. Sie hilft in der neuen Umgebung, wo sie nur kann. Näht für den kleinen Laden ihres Mannes Kleider, verkauft sie, wäscht, putzt. Die Schwiegereltern lassen den Aisyahs ausrichten, sie seien mit der bescheidenen und tüchtigen Siti sehr zufrieden.

Bei einem ihrer wenigen Treffen mit einer früheren Schulkameradin erzählt die junge Frau, wie es wirklich in ihr aussieht. Sie hasst ihr Leben, kommt mit dem Mann, der wohl zu trinken angefangen hat, nicht mehr zurecht – die Ehe ist für sie eine Falle. »Ich fühle mich wie im Gefängnis, als hätte ich lebenslänglich gekriegt«, sagt sie. Aber Siti hat ihre Träume bewahrt, will nicht aufgeben; sie will reisen, frei sein, die große Welt kennenlernen. Sie schafft es, ihren Mann zur Scheidung zu überreden. Sie lässt den kleinen Rio bei den verständnisvollen Schwiegereltern. Dort ist er gut aufgehoben. Denn noch wichtiger als ihre Arbeitskraft, das weiß sie, ist denen ein gesunder Stammhalter.

Siti Aisyah geht mit zwanzig Jahren, leicht verspätet, hinaus ins Leben. Den Eltern erzählt sie, ihr Ziel sei eine Fabrikstadt im Norden Javas. Doch in Wahrheit zieht es sie in das Nachbarland im Norden. Sie hat gehört, in Kuala Lumpur gebe es jede Menge Chancen für junge Frauen. Das Jahr 2012, in dem die Welt des privilegierten Präsidentensohns aus Nordkorea zusammenzustürzen beginnt, ist das Jahr ihres Aufbruchs. Noch deutet nichts darauf hin, dass sich die beiden Lebensläufe kreuzen könnten, dass die malaysische Metropole für sie beide zur Schicksalsstadt wird.

KUALA LUMPUR, MALAYSIA, DAS GOLDENE DREIECK

So nennt man in der Stadt der Chancen, der Stadt der Sünden, das Zentrum mit den Petronas-Zwillingstürmen, den glitzernden Luxushotels, den Restaurants, Bars und Diskotheken. Chinatown, indische Märkte und mit dem »Koryo-won« sogar ein Gourmet-Restaurant für nordkoreanische Spezialitäten – hier gibt es alles: Siti Aisyah liebt das Goldene Dreieck, für sie eine Traumwelt. Und auch Kim Jong-nam fühlt sich zu Kuala Lumpur und besonders zu seinem Vergnügungsviertel hingezogen.

Peking, wo seine Frau und meist auch die Kinder leben, und Macau, wo seine Geliebte immer höhere Ansprüche stellt, sind dem exilierten Nordkorea-Prinzen verleidet. Seine Spielsucht wird zum Problem. In einem Hotelcasino von Macau kann er wochenlang Schulden in Höhe von fünfzehntausend US-Dollar nicht bezahlen und wird auf eine schwarze Liste gesetzt. Seit er gegenüber einem japanischen Journalisten den Machthaber Kim Jong-un scharf kritisiert hat (»Entweder das Regime leitet Reformen ein und geht unter, oder es verweigert sich einer Erneuerung und bricht deshalb zusammen«), verfolgt ihn sein Halbbruder noch intensiver. Lee Byung-ho, Chef des südkoreanischen Geheimdiensts, warnt in einem internen Dossier vor einem Mordauftrag aus Pjöngjang, dessen Wortlaut unmissverständlich ist: »Er ist zu liquidieren, und die Tat soll baldmöglichst durchgeführt werden, wo auch immer.« Die geheime Botschaft erreicht Kim Jong-nam auf Umwegen.

Er nimmt die Sache sehr ernst. In einer Mail, die der Secret Service in Seoul mitliest, fleht er seinen Halbbruder in Pjöngjang verzweifelt an: »Bitte ruf deine Leute zurück, verschone mich und meine Familie! Wir haben keinen Ort, wo wir sicher sein können. Es kann doch nicht sein, dass Selbstmord mein einziger Ausweg ist!« Und er versichert dem Herrscher, selbst keinerlei politische Absichten zu verfolgen.

Dass der Gejagte sich in Kuala Lumpur am wohlsten fühlt, hat noch einen besonderen Grund: Hier hat Nordkorea eine diplomatische Vertretung, und einer seiner Freunde, der auch zum erweiterten Familienclan der Kims gehört, ist Botschafter. Bei ihm kann er im Gästehaus übernachten, wenn das Geld für eines der Luxushotels mal nicht reicht. Und mit den Zuwendungen, die ihm die chinesische Regierung als möglichen »Joker« im großen politischen Spiel heimlich zukommen lässt, kann er sich einen gelegentlichen Casinobesuch und den regelmäßigen Umgang mit den hier allgegenwärtigen Prostituierten immer noch leisten.

Doch im Dezember 2013 werden die Nachrichten aus Pjöngjang bedrohlicher. Kim der Erste und Kim der Zweite haben politische Morde immer skrupellos als Mittel eingesetzt, um Militärs oder andere Politiker nicht einmal in die Nähe der Macht kommen zu lassen. Aber anders als sein Großvater und sein Vater beginnt Kim Jong-un jetzt damit, auch die eigene Familie auf grausame Weise zu »säubern«: Er lässt seinen Onkel, General Jang Song-thaek, der lange Zeit als zweitstärkster Mann im Land gegolten hat, verurteilen und liquidieren. Und auch Jang Yong-chol, der Malaysia-Botschafter, wird zurückberufen, ihn ereilt das gleiche Schicksal. Scheinprozess und Exekution durch ein Erschießungskommando.

Die junge Dame aus Indonesien genießt unterdessen den internationalen Flair der Metropole, die Bloody Marys, die durchtanzten Nächte. Aber sie findet es nicht leicht, in Kuala Lumpur beruflich Fuß zu fassen. Sie bekommt schließlich eine Anstellung als Zimmermädchen in einem Mittelklassehotel namens »Flamingo«. Der Job wird schlecht bezahlt; schnell wird ihr klar, dass sie im angeschlossenen Massagesalon besser verdienen kann. Sie lernt in einem Schnellkurs ein paar therapeutische Handgriffe, aber auf medizinische Brillanz kommt es da nicht so sehr an. Die meisten Kunden suchen eine spezielle Form der Entspannung und legen für das, was sich »happy ending« nennt, gern ein paar Dollar drauf.

Mit dem Geld kauft sich Siti Aisyah kurze Röcke, schicke Tops, Kosmetika und Modeschmuck. Sie hat jetzt endgültig einen Bruch mit der Vergangenheit vollzogen: Aus der Landpomeranze ist ein Großstadtgirl geworden. Aber sie vergisst auch ihre Familie nicht; regelmäßig überweist sie kleinere Geldbeträge nach Hause. Fährt alle sechs Monate nach Indonesien, um die Eltern zu besuchen und ihren Sohn in die Arme zu nehmen.

Im Herbst 2016 wird Siti im »Beach Club« von Kuala Lumpur, einem beliebten Treffpunkt reicher Geschäftsleute, von einem jungen Mann angesprochen. Er nennt sich »John« und gibt sich – so erzählt sie später ihrem Anwalt – als japanischer Regisseur aus. Er ist spendabel, charmant und nein, nein, erzählt er ihr, er sei keiner, der sie gleich ins Bett zerren wolle. Ob sie Interesse habe, an einer lustigen Fernsehsendung mitzumachen. Es gehe darum, ahnungslose Passanten an deren Geburtstag mit Parfum zu besprühen oder ihr Gesicht mit Babyöl einzureiben. Die Streiche würden mit Handys unauffällig gefilmt, die »Opfer« zur Show später eingeladen, der Scherz aufgelöst. Das müsse natürlich geprobt werden, mehrfach. Für jeden Einsatz bezahle der Sender umgerechnet etwa hundert US-Dollar. Natürlich ist Siti interessiert. Sie kann das Geld gut gebrauchen – und eine TV-Rolle, Prominenz, einmal im Rampenlicht stehen, davon hat sie immer schon geträumt.

Siti übt mit Statisten, die von »John« und seinem Freund »James« gestellt werden. In zwei Kaufhäusern, im Bahnhof von Kuala Lumpur, einmal sogar am Flughafen von Phnom Penh im Nachbarland Kambodscha. Sie lernt, ihre Hemmungen zu verlieren, die Fremden mit blitzschnellen Bewegungen zu überraschen. Und immer wäscht sie nach dem Streich, wie von ihren Aufpassern befohlen, schnell die Hände. Parallel zu ihr wird von den Männern noch eine junge Frau angeworben: die Vietnamesin Doan Thi Huong. Verblüffend, wie ähnlich die Lebensläufe der beiden sind. Auch Doan stammt aus einem armen Dorf, auch sie hat nur eine abgebrochene Ausbildung, auch sie ist in Kuala Lumpur am Rande des Rotlichtmilieus gelandet, in einer Karaokebar. Sie durfte sogar schon einmal einige Minuten im Scheinwerferlicht verbringen, ist allerdings bei der Fernseh-Talentshow »Vietnam sucht den Superstar« gleich in der Vorrunde gescheitert.

Siti erzählt Bekannten von den Spaßvideos, obwohl die Auftraggeber ihr gesagt haben, sie solle das geheim halten. Und sie möchte die Clips, fast ein Dutzend sind es inzwischen geworden, so gern gesendet sehen. Ihre Betreuer vertrösten sie, alles sei bereits bei Youtube platziert und bald komme der eine, der große Auftritt für die Fernsehsendung. Die Indonesierin fährt Ende Januar 2017 noch einmal zu ihrem Sohn und ihren Eltern. Ihre Mutter erinnert sich bei unserem Gespräch: »Sie sagte, jemand hätte sie für eine Filmproduktion in Malaysia angeheuert, bei der mit Leuten Scherze getrieben würden. Ich hatte kein gutes Gefühl, aber sie sagte nur: Mama, vertrau mir, das geht alles in Ordnung, keine Sorge. Trotzdem hätte ich gern deinen Segen für die Show. Und den gab ich ihr.«

Am 12. Februar feiert Siti mit Freundinnen im Hard Rock

Café von Kuala Lumpur noch feuchtfröhlich ihren Geburtstag. Sie habe ihren Massagejob satt und wolle eine Ausbildung zur Kosmetikerin beginnen, erzählt sie in diesem Kreis; etwas Geld »für ein neues Leben« habe sie schon zurückgelegt. Am Morgen danach fährt sie zum Flughafen. Für den finalen Streich.

Kim Jong-nam ist da schon über eine Woche in Malaysia. Warum er angereist ist, bleibt unklar. Sein Verwandter, der Botschafter, ist tot; seinen Freund, den Restaurantbesitzer vom »Koryo-won«, sucht er nicht auf. Von den beiden Leibwächtern, die ihn früher hierher begleiteten, keine Spur. Sein Gesicht wirkt aufgedunsen, sein Bart ungepflegt, sein massiger Körper noch schwerfälliger als früher – Gewichtsprobleme und unattraktives Äußeres teilt er mit seinem Halbbruder, dem Machthaber in Pjöngjang, mit dem er sonst so wenig gemeinsam hat.

Jong-nams finanzielle Lage scheint in den vergangenen Monaten ziemlich prekär gewesen zu sein. Und doch trägt er, wie Kuala Lumpurs Ermittlungsbehörden später der japanischen Zeitung *Asahi Shimbun* verraten haben, in seiner Tasche am Flughafen hundertzwanzigtausend Dollar mit sich herum, säuberlich in Hundertern gebündelt. Die malaysischen Untersuchungsbeamten, die Kims letzte Tage recherchiert haben, finden Hinweise darauf, dass er in einem Hotel auf der malaysischen Insel Langkawi, eine Flugstunde nördlich von der Hauptstadt, einen Mann getroffen hat, der Informationen aus Kims Computer mit einem USB-Stick absaugte und ihm einen Koffer übergab. Bei dem mysteriösen Gönner soll es sich um einen CIA-Agenten gehandelt haben – der Mann, von dem ein Foto mit Kim existiert, ist jedenfalls den örtlichen Geheimdienstlern bekannt.

Manches spricht dafür, dass das Geld als Belohnung für einen Kurswechsel Kim Jong-nams gedacht war. Dass sich der

»Thronfolger« nun doch willens zeigte, seine Ansprüche auf die Macht in Pjöngjang öffentlich zu machen, den Bruder-Diktator zu demütigen. Dass er sich, von einer Oppositionsgruppe in London lange bekniet, dazu bereit fand, eine Exilregierung anzuführen. Hat ein politischer Sinneswandel also die mörderischen Absichten beschleunigt – oder war alles schon langfristig so geplant, einfach nur Ausdruck der Paranoia und Grausamkeit des Kim Jong-un?

Am Terminal zwei am Morgen des 13. Februar 2017 kreuzen sich viele Wege. Die Drahtzieher schweigen. Die Hintermänner, die alles wissen müssten, verschwinden. Zurück bleiben ein Toter und zwei wohl ahnungslose Täterinnen.

KUALA LUMPUR, VORORT CHERAS, ANWALTSPRAXIS GOOI & AZURA

Die indonesische Regierung hätte für ihre Staatsbürgerin Siti Aisyah kaum einen kompetenteren Anwalt finden können als Gooi Son Seng, 61. In seiner Kanzlei am Rande der malaysischen Metropole führt der Jurist stolz die Fälle auf, bei denen er Klienten vor der Todesstrafe bewahrt hat. »Von fünfzehn Angeklagten konnte ich alle bis auf einen vor dem Strang bewahren«, sagt Gooi stolz zu mir und streicht dabei über den Rücken eines der Hunderten von Gesetzbüchern, die den einzigen Schmuck in seinem kargen Büro darstellen.

Der Strafverteidiger hat seine Klientin inzwischen mehrfach im Hochsicherheitstrakt des Gefängnisses von Sepang außerhalb der Hauptstadt besucht. Sie sei guten Mutes, erzählt er, und fest davon überzeugt, ihre Unschuld beweisen zu können. Sie habe auf Fotos »John« und »James« identifiziert, inzwischen seien die beiden Nordkoreaner auch mit ihren wirklichen Namen bekannt: Hong Song-hac, 34, und Ri Ji-u, 30. Gegen sie und die beiden anderen, die sich noch vom Flughafen nach Pjöngjang abgesetzt haben, existierten inzwischen internationale Haftbefehle. Deren Vollstreckung gilt aber als aussichtslos, weil Pjöngjang nicht zu den Mitgliedern von Interpol zählt.

Gooi erregt vielmehr, dass die malaysischen Behörden die offensichtlich am Mordkomplott beteiligten Botschaftsangehörigen nach Nordkorea ausreisen ließen, die meisten, ohne sie auch nur verhört zu haben. So sei eine große Chance zur Aufklärung vertan worden. Nun drohe ein überfallartiges Verfahren, Malaysias Regierung wolle die Sache möglichst schnell zu einem Abschluss bringen, ohne weitere internationale Verwicklungen.

Was der Anwalt nicht sagt: Die Regierung in Kuala Lumpur muss jede Möglichkeit nutzen, von eigenen Verfehlungen abzulenken. Seit Monaten steht sie wegen eines Korruptionsskandals unter Druck; sechshunderteinundachtzig Millionen US-Dollar aus einem Staatsfonds sind auf einem Privatkonto des Ministerpräsidenten Najib Razak aufgetaucht. Die offizielle Version, dabei habe es sich um eine Schenkung des saudischen Königs zum Kampf gegen Islamisten gehandelt, mögen nicht viele glauben. Auch US-Behörden ermitteln in dieser Sache wegen Geldwäsche – keine gute Zeit für die wichtigsten Politiker Malaysias und die von ihnen abhängige Staatsanwaltschaft, sich mit ausländischen Regierungen in Ost und West anzulegen.

»Meine Klientin und ihre vietnamesische Freundin sind doch offensichtlich nur die Sündenböcke«, sagt der Anwalt. Im amerikanischen Geheimdienstjargon heißen solche ahnungslosen, für ein Verbrechen eingesetzten Hilfskräfte, weil sie leicht ersetzlich sind, »Lizard Tails«, Eidechsenschwänze.

Aber Siti Aisyah und Doan Thi Huong sind eben auch die Einzigen, die jetzt noch für den Mord am Flughafen zur Verantwortung gezogen werden. Kann Herr Gooi unter diesen Umständen sicher sein, dass er den Prozess gewinnt? Dass nicht Beweise manipuliert, Geständnisse erzwungen werden?

Der Strafverteidiger vertraut darauf, dass sich der Rechtsstaat in Malaysia durchsetzt. Aber er registriert auch, dass die Behörden nach wie vor mit ausländischer Einmischung, offensichtlich sogar mit Attentaten gegen seine Klientin rechnen. Siti muss, wie ihre Mitangeklagte, bei ihren kurzen öffentlichen Auftritten jetzt immer eine schusssichere Weste tragen. Seine Mandantin sei aber guten Mutes. Im letzten Brief in die Heimat hat sie geschrieben: »Liebe Mama, verzweifle nicht! Ich bin bald wieder bei dir!« Interviews darf die Angeklagte nicht geben. Aber sie lässt mir über ihren Anwalt ausrichten, sie werde auf nicht schuldig plädieren.

Und so kommt es. Der Prozess beginnt im Oktober 2017 am Obersten Gerichtshof in Selangor, Malaysia, und zieht sich mit Unterbrechungen bis zum Frühjahr 2019 hin. Anwalt Gooi und seinem für die Vietnamesin zuständigen Kollegen gelingt es nach Aussagen unabhängiger Prozessbeobachter, die Vorwürfe gegen ihre Mandantinnen zu entkräften; die Staatsanwaltschaft hält aber an ihrer Mordanklage fest. Im Hintergrund kämpfen die indonesische und die vietnamesische Regierung um die Freilassung. Site Aisyah wird schließlich im März 2018 ohne Verurteilung freigelassen und in ihre Heimat abgeschoben; Doan Thi Huong muss länger in Haft bleiben, wird wegen »Schadenszufügung durch eine gefährliche Waffe« formal zu einer Freiheitsstrafe verurteilt. Im Mai 2019 endet auch ihr Gefängnisaufenthalt. Beide kehren zu ihren Familien zurück.

Die Ermittlungen der malaysischen Behörden gegen die Hintermänner der Tat verliefen eher verhalten und schleppend. Immerhin reichte es zu einer Festnahme. Der an der nordkoreanischen Botschaft tätige Ri Jong-chol wurde als einer der Männer entlarvt, die sich den beiden jungen Frauen angenähert und sie angeheuert hatten. Er wurde nach kurzer Zeit wegen »Mangels an Beweisen« – in Wahrheit wohl eher wegen des politischen Drucks aus Nordkorea – freigelassen; er flog sofort nach Pjöngjang. Wie es ihm und den anderen geflohenen Tätern dort erging, weiß niemand. Vielleicht wurden sie befördert und mit Orden bedacht, weil sie ihren Auftrag ja im Wesentlichen erfolgreich durchgeführt hatten; vielleicht wurden sie bestraft und hingerichtet, weil sie bei der Rekrutierung und Ausführung anfängerhafte Fehler gemacht hatten.

Längst sind nicht alle Geheimnisse um den Mord an Kim Jong-nam gelüftet. Es spricht alles dafür, dass der Diktator die Exekution seines Halbbruders persönlich angeordnet und wahrscheinlich auch in allen Phasen aus der Ferne überwacht hat, eine Aktion dieser Tragweite an Kim Jong-un vorbei hätte niemand sonst in der Führungsspitze riskiert. Aber warum diese kostspielige und komplizierte Vorgehensweise, dazu noch mit einem Gift, dessen Spuren nach Pjöngjang führen mussten? Warum hat der Mann an der Spitze des Regimes nicht einfach einen Auftragsmörder mit einem Gewehr oder einem Messer beauftragt, einen seiner in allen Tötungsarten ausgebildeten Militärs oder Geheimdienstagenten? Die wahrscheinlichste Begründung: Kim Jong-un wollte allen seinen Gegnern innerhalb und außerhalb seines Clans klarmachen: Mein Arm reicht weit, meine Rache kennt keine Grenzen. »Die Art und Weise, wie er das Attentat bewerkstelligte, schmerzhaft und entwürdigend für das Opfer und in aller Öffentlichkeit, sandte eine Botschaft an alle seine Widersacher«, schreibt die CIA-Analystin Jung Pak.

Die internationale Strafverfolgungsbehörde stellte Haftbefehle gegen die mutmaßlichen Täter-»Diplomaten« aus, »red alert« in der Fachsprache – doch die Volksrepublik Korea hat sich nie dem Interpol-System angeschlossen und konnte so die Aufforderung einfach negieren. Dem Diktator hat der Brudermord auch in der internationalen Politik nicht geschadet. Die Beziehungen zu Malaysia waren bald wiederhergestellt, der Westen – und auch die Vereinten Nationen – hatten wegen des Atomprogramms sowieso Sanktionen gegen Pjöngjang verhängt. Und in der ersten Amtszeit des US-Präsidenten Donald Trump wurde Kim Jong-un sogar aufgewertet. »Kim schrieb mir wunderbare Briefe und wir verliebten uns ineinander«, sagte Trump verblüfften Reportern im Frühjahr 2018; später zeigte er auch stolz einige der dreiundzwanzig Schreiben vor, die die beiden ausgetauscht hatten. Im Juni 2018 kam es dann tatsächlich in Singapur zu einem Kim-Trump-Gipfeltreffen und Händedruck. Im Februar 2019 folgte eine weitere Zusammenkunft in Hanoi und vier Monate später machte der amerikanische Präsident in der entmilitarisierten Zone zwischen den Koreas an der Seite Kim Jong-uns sogar einige Schritte auf nordkoreanischem Boden.

Doch mehr als Symbolik für das Fotoalbum war das alles nicht. Die Fronten blieben verhärtet, in Sachen Verbesserung von Menschenrechten wurden von dem schlecht vorbereiteten Amerikaner und dem kaum kompromissbereiten Nordkoreaner keinerlei Fortschritte erzielt, und von seinem Atomprogramm machte Kim Jong-un ohnehin keine Abstriche: Er sieht Nuklearwaffen als Überlebensgarantie für sein Regime. 2024 gelang dem Diktator, dessen einziger nennenswerter Handelspartner bis dahin die Volksrepublik China war, ein Schritt aus der Isolation. Er bot dem russischen Präsidenten Wladimir Putin im Austausch für Waffen und Lebensmittellieferungen nordkoreanische Kampftruppen für dessen Angriffskrieg gegen die Ukraine an. Inzwischen sind schon viele Soldaten aus Fernost in Gefechten gefallen, Zigtausende Kilometer von ihrer dunklen Heimat entfernt.

Nächtliche Fotos, von Satelliten aus dem Weltraum geschossen, zeigen auf dem Gebiet von China, Südkorea und Japan große Bündel von Licht, ausgelöst durch Straßenlaternen, Wohnungslampen, Fabrikstrahler, Disco-Laser. Zwischen dem achtunddreißigsten und dem einundvierzigsten nördlichen Breitengrad in Fernost aber sieht man – nichts. Wo Nordkorea ist, da herrscht bis auf die Hauptstadt und einige Vorzeige-Freizeitparks Dunkelheit. Da existiert nur ein Schattenreich, zur Umnachtung verdammt durch Mangel an Elektrizität und Fortschritt. Ein Land, in dem nur Terror den Machterhalt sichert. Ein großes schwarzes Loch, im wörtlichen wie im übertragenen Sinn.

Innenpolitisch muss Kim Jong-un wenig befürchten. Allerdings gilt sein Gesundheitszustand als instabil; er hat starkes Übergewicht und leidet an Diabetes, nach Ansicht südkoreanischer und amerikanischer »Ferndiagnostiker« ist der heute etwa Vierzigjährige permanent von einem Herzinfarkt bedroht. Weil jegliche Angaben darüber fehlen, wie es im Falle seines plötzlichen Todes in Pjöngjang weitergehen würde, achten professionelle Nordkorea-Beobachter auf jeden Hinweis. Besonders auffällig ist seit einiger Zeit der Aufstieg von Kim Yojong, der siebenunddreißig Jahre alten Schwester des Machthabers. Sie war bei den Olympischen Spielen in Südkorea die allgegenwärtige Repräsentantin des Pjöngjang-Regimes und hat ihren Bruder sogar zu den Verhandlungen mit dem russischen Präsidenten Putin 2024 begleitet. Auch im Gespräch: Kim Ju-ae, die Teenagertochter des Diktators, die neuerdings auf fast allen offiziellen nordkoreanischen Fotos an der Seite ihres Vaters zu sehen ist, auch bei Raketenstarts und Militärparaden. Anders als von dem Mordopfer sind von den beiden

Favoritinnen auf die Thronfolge keine kritischen Äußerungen bekannt – ganz im Gegenteil, sie tragen wesentlich zur Glorifizierung des Herrschers bei.

Aber da ist noch einer, der eines Tages Herrschaftsansprüche geltend machen könnte.

EIN VERSTECK IRGENDWO ZWISCHEN MACAO, MOSTAR UND MARSEILLE

Dieser junge Mann hat den Prozess in Kuala Lumpur und alle Entwicklungen um das nordkoreanische Komplott sicher mit besonderer Spannung verfolgt: Kim Han-sol, der älteste Sohn des Ermordeten. Er wäre nach den Regeln der Dynastie und der Blutsbande vom Berg Paektu der kommende Thronfolger in Pjöngjang – und könnte damit zur Gefahr für seinen dort herrschenden Onkel werden.

Der junge Herr Kim, 1995 in Pjöngjang geboren, aber fast sein ganzes Leben außerhalb des Landes aufgewachsen, stellt so ziemlich das Gegenteil dessen dar, was man von Nordkorea erwartet: Er hat an Universitäten in Hongkong, dem bosnischen Mostar und dem französischen Le Havre studiert, er trägt Designerjeans, Nerdbrille und einen kleinen Diamanten im Ohr. Ein fließend Englisch sprechender Weltbürger, ein Symbol dafür, was die abgeschottete, hinterwäldlerische Volksrepublik heute auch sein könnte.

Zur großen Politik hat er nur einmal ein Interview gegeben, 2015 einer finnischen Fernsehstation. Darin nennt Kim Hansol seinen Onkel, den er nie persönlich kennengelernt hat, einen »Diktator« und drückt seinen Wunsch aus, Nordkorea und Südkorea zu vereinen, »um dem Volk eine bessere Zukunft zu ermöglichen«. Er spricht von seinem »Traum, einmal in die Heimat zurückzukehren«. Für wie realistisch er das hält, wie aktiv er eine solche Rolle betreiben will, sagt er nicht.

Inzwischen ist im Internet ein Video aufgetaucht, vierzig sehr geheimnisvolle Sekunden lang. Kim junior stellt sich darin kurz vor, zeigt seinen Pass, erwähnt den Mord in Kuala Lumpur. Er lebe jetzt mit seiner Mutter und seiner Schwester »in Sicherheit« und er danke einer Hilfsorganisation dafür. Sein Aufenthaltsort wird im Video ausgeblendet. Wer hinter der Gruppierung steht, die ihn schützt und die das Lebenszeichen von Kim junior ins Netz gestellt hat, lässt sich nicht feststellen – vermutlich ein Geheimdienst, von Südkorea über China bis zur USA kämen da alle infrage. Die Youtube-Botschaft dürfte als Zeichen in Richtung Nordkorea gedacht sein, als eine Erinnerung an Kim Jong-un: Sieh her, ich, Kim Han-sol, beobachte dich und dein Treiben genau! Ich lebe!

Südkoreanische Experten bezweifeln, dass der junge Herr Kim eine echte Chance hat, eines Tages seine dynastische Rolle einzunehmen und in Pjöngjang zu regieren. Für viel wahrscheinlicher halten sie, dass auch er, wie sein Vater Kim Jongnam, ein Leben lang Gejagter sein wird. Wo immer er sich versteckt, wer immer ihn schützt: Hinter jeder Ecke könnten die Mörder lauern.

* * *

Diktator Kim Jong-un hat allen Grund, mit den Entwicklungen im Jahr 2025 zufrieden zu sein. Er kann sein Nuklear- und Raketenprogramm ausbauen und gleichzeitig die außenpolitischen Beziehungen zu seinen mächtigen Nachbarn deutlich vertiefen. Im September fährt er im Beisein seiner Tochter mit seinem gepanzerten Zug nach Peking, wo er bei einer Militärparade als gleichberechtigter Partner neben Chinas Machthaber

Xi Jinping und Russlands Präsident Wladimir Putin auftritt. Mit Russland verbindet ihn inzwischen eine strategische Allianz, die auch den Austausch von Waffen und Arbeitskräften einschließt. Darüber hinaus engagiert sich Nordkoreas Machthaber im Ukrainekrieg, stellt Moskaus Streitkräften Tausende Soldaten zur Verfügung, die an vorderster Front eingesetzt werden. Viele sterben im Feuerhagel. Als Kim Jong-un bei einer Trauerfeier in Pjöngjang Verwandte der Gefallenen empfängt, übermannt ihn die Rührung. Alle Anwesenden – und später über Youtube Zuschauer in der ganzen Welt – können sehen: Manchmal vergießt sogar ein Massenmörder Tränen.

VII
DER FRIEDENSZERSTÖRER

Täter: Jigal Amir
Tatort: Tel Aviv, Israel

Noa Rabin hat sich immer geweigert, den Namen des Attentäters auszusprechen, der ihr den geliebten Großvater entrissen, der ihre Jugend zerstört hat. Den Namen des Mannes, der Israel wohl die beste Chance auf einen dauerhaften Frieden raubte, die dieses Land je besaß.

»Er war einfach eine Waffe, ein Roboter ohne menschliche Gefühle, indoktriniert von einem perfekt funktionierenden System des Hasses, das sich wie ein Krebsgeschwür tief in unsere Gesellschaft gefressen hatte«, schrieb die damals Achtzehnjährige in ihrem Tagebuch. Mehr als ein Vierteljahrhundert später sagt sie bei unserem Gespräch im Rabin-Gedenkzentrum über den Dächern von Tel Aviv: »Ich wollte, ich könnte sagen, dass dieser Hass in Israel längst der Vergangenheit angehört. Wer das Andenken meines Großvaters wirklich hochhalten will, der darf sich nicht vor Radikalen wegducken, sondern muss das einfordern, wofür er stand.« Und dann sagt sie auch: »Es ist schwierig, diese Tat zu verarbeiten. Sie hat mir die Jugend genommen und mein Leben geprägt.«

Larissa Trembovler hat den Attentäter Jigal Amir nach seinem Mord im Gefängnis besucht, sie hat ihn lieben gelernt, geheiratet und dann unter höchst kontroversen Umständen mit dem zu einer lebenslänglichen Strafe Verurteilten ein Kind bekommen. Interviews gibt die Skandalumwitterte nicht, alle möglichen Kontakte zu ihr sind blockiert. Nach der Vermittlung eines Familienfreunds meldet sie sich dann überraschend mit einer Mail, erklärt sich zu einem Telefongespräch bereit.

»Jigal ist in den Augen vieler Israelis ein Monster, kein Wunder, nach der jahrzehntelangen öffentlichen Kampagne, die ihn entmenschlicht und dämonisiert hat«, sagt sie mit entschlossener Stimme, von irgendeinem geheimen Ort in Jerusalem aus. »In Wahrheit ist er einfühlsam, liebevoll, sensibel. Niemand in Israel saß je so lange in Einzelhaft wie er. Ich tue alles, damit er freikommt und wir endlich mit unserem gemeinsamen Sohn ein normales Familienleben führen können.« Warum ihr Mann tatsächlich glaubt, im Namen Gottes gehandelt und mit seiner Tat »viele Menschenleben gerettet« zu haben, wie und worüber sie gemeinsam mit dem Sohn kommunizieren – auch darüber will sie mir Auskunft geben.

* * *

Die Rabins und die Amirs: Es hat nicht viel gefehlt, und die Enkelin des Opfers und der Mörder hätten sich schon in jungen Jahren kennengelernt. Für eine Weile besuchten sie beide die gleichen angesagten Cafés und Restaurants in der nördlichen Vorstadt von Tel Aviv, zwei hoch intelligente, blendend aussehende junge Leute, denen in Israel die Zukunft offenzustehen schien. Gerade damals, Mitte der neunziger Jahre, als dem Land eine Ruhepause zwischen all dem Krieg und Terror vergönnt war.

Jigal Amir ist ganz in der Nähe des Rabin-Anwesens in Herzliya aufgewachsen, allerdings nicht wie sie in einem großen Haus in einer prächtigen Gegend, sondern in einem Viertel der unteren Mittelklasse. Seine jüdisch-jemenitischen Großeltern hatten Erstaunliches geleistet, sie waren 1948, nur von ihrem religiösen Eifer getragen, ohne Hab und Gut in dem neuen Staat eingetroffen und mussten im »Gelobten Land« buchstäblich ums Überleben kämpfen: Israel von unten. Die Generation danach kam wirtschaftlich dann schon etwas besser zurecht: Jigals Vater Schlomo Amir schlug sich als Aushilfslehrer und kunstvoller Kalligraf von Thora-Texten durch, Mutter Geula – der Vorname bedeutet »Erlösung« – trug als Kindergärtnerin am meisten zu den Finanzen des Haushalts bei und organisierte die Erziehung der vier Söhne und vier Töchter: Sie hatte in der Familie, in der viel gebetet und in den heiligen Schriften gelesen wurde, immer das letzte Wort.

Noa Rabins Großeltern stammen aus dem jüdisch-europäischen Großbürgertum und gehörten früh zur Elite im jungen Israel. Sie wuchs als wohlbehütete und umschwärmte Enkelin des Generalstabschefs und späteren Premiers auf, eine natürliche, selbstbewusste junge Führungspersönlichkeit; Jigal dagegen schien sich oft seiner Herkunft zu schämen und kämpfte um einen eigenen Pfad nach oben, zu einer besonderen Bestimmung und Prominenz. Auch wenn sich ihre Wege gelegentlich gekreuzt haben mögen, beim Fast Food, an den Stränden – die Erziehung der beiden hätte unterschiedlicher nicht sein können. Noas Welt: polyglott, liberal, zukunftszugewandt; Jigals Welt: fremdenfeindlich, ultrareligiös, vergangenheitsgeprägt. Folgerichtig gehörten sie politisch völlig entgegengesetzten Lagern an.

Während sie für den Frieden demonstriert und Vereinbarungen mit den Palästinensern als Schritte in die Richtung einer gerechten Zweistaatenlösung bejubelt, sieht er jeden Kompromiss mit der Aufgabe »biblischen Lands« als gotteslästerlichen Frevel und geht dagegen auf die Straße. Dabei lässt sich Jigal Amir besonders von einigen extremen Scharfmachern unter den Geistlichen beeinflussen. Sie haben *Din Rodef*, eine alte halachische Rache-Vorschrift aus biblischen Zeiten, ausgegraben und wollen sie auf jetzige Politiker angewendet wissen. Rabbi Schlomo Aviner sagt zu Amir, die Frage, ob Rabin wegen seines »Verrats am Judentum« den Tod verdient hätte, müsse klipp und klar mit »Ja!« beantwortet werden – als Rabbiner könne er dieses »religiöse Urteil« allerdings nicht vollstrecken.

Jigal Amir versteht das als Auftrag. Er beginnt, die Nachlässigkeiten der Rabin-Personenbeschützer zu beobachten. Macht sich Notizen. Sammelt Details. Plant geduldig, Monat für Monat. Wartet auf den »richtigen« Zeitpunkt. Dass es klappen wird, davon ist er überzeugt. Sein Bruder Haggai beschafft Waffen, sie diskutieren einen Sprengstoffanschlag, eine Messerattacke, Vergiftung, so ziemlich alle Mordarten. Sie entschließen sich nach kaltblütiger Abwägung aller Chancen für die Kugeln aus einer Beretta-Pistole.

Haggai bearbeitet die Kugeln so, dass sie noch durchschlagskräftiger, noch tödlicher werden. In der Zwischenzeit versucht Jigal, seine Umgebung mit aller Kraft davon zu überzeugen, dass ein Palästinenserstaat mit allen Mitteln verhindert werden müsse, auch mit Anschlägen auf »verweichlichte« Politiker. Er wirbt für seine Ideen bei rechtsextremen Siedlern ebenso wie bei den Soldaten, die er während seiner Militärzeit unter den Golan-Brigaden trifft. Aber selbst seine ultrareligiösen Freunde halten den messianischen Missionar, der glaubt, Gottes Werkzeug und Gottes Vollstrecker zu sein, für ein Großmaul, auch wenn manche mit dem Gedanken an einen gewaltsamen Politikwandel sympathisieren.

Ich habe Jitzchak Rabin Anfang der neunziger Jahre getroffen. Er war der erste hohe Militär, der es in dieses Amt schaffte, im persönlichen Umgang eher schroff und ungeduldig, aber mit einer nicht nur in Israel seltenen Politikerbegabung: Er konnte zuhören, andere Meinungen respektieren, fremde Argumente in seine Vorstellungen integrieren. Er hatte beim spektakulär siegreichen Sechstagekrieg 1967 die Kommandogewalt und war durchaus kein Softie: Die Palästinenser in den besetzten Gebieten nannten ihn den »Knochenbrecher«, weil er die erste Intifada, ihren von Gewalt geprägten Volksaufstand 1990 mit Härte niederschlug. Wohl nur, weil er so entschieden in die Schlacht zog, bereit, dem Land auch unter persönlichen Opfern zu dienen, gewann er das Vertrauen einer israelischen Mehrheit, schuf er die Bereitschaft, für den Frieden auch schmerzhafte Zugeständnisse einzugehen.

In unseren Gesprächen 1992 wurde klar, dass aus dem Feldherrn ein Friedensstifter geworden war, ein ehrlicher, gewissenhafter Steuermann des Staatsschiffs, Prophet in einem Land, »das nicht mehr nach der Erlösung suchte, sondern nach Lösungen« (so der Schriftsteller Amos Oz). »Wir können diesen ewigen Kreislauf des Blutvergießens beenden, aber das erfordert eine Welt neuer Konzepte, neuen Denkens«, sagte mir Rabin, der nun offensichtlich auch bereit war, »biblisches« Land für Frieden einzutauschen. In seinem Optimismus bestärkte ihn, dass auch auf der anderen Seite ein wundersamer Wandel vor sich ging, PLO-Chef Jassir Arafat, lange nur dem Terrorismus und der Zerstörung Israels verpflichtet, erklärte sich bereit, im Gegenzug für eine palästinensische Selbstverwaltung Israel anzuerkennen und »endgültig« auf Anschläge zu verzichten.

Und so geschah das bis dahin Undenkbare: Im September 1993 kam es im Weißen Haus unter Vermittlung des US-Präsidenten Bill Clinton zu dem historischen Treffen mit PLO-Chef Jassir Arafat, zu einem noch kurz zuvor von aller Welt für unmöglich gehaltenen Händedruck der Erzfeinde. Für ihre

Schritte in Richtung einer umfassenden Annäherung erhielten dann bald darauf beide den Friedensnobelpreis.

Nicht nur der radikale Fundamentalist Amir, inzwischen Jurastudent, sah in dem Abkommen einen Verrat. Bei Kundgebungen des israelischen Oppositionsführers Benjamin Netanjahu wurden sogar Poster von Rabin in SS-Uniform hochgehalten, Pappsärge getragen, in denen symbolisch »seine Leiche« lag, ohne dass jemand eingeschritten wäre. Natürlich wollte kein Politiker zu einem Verbrechen an einem anderen aufrufen, aber das Klima der Gewalt war geschaffen. Und während eine nicht unbedeutende Minderheit unter den Rabbis gegen Rabin hetzte, während einige Agenten des Inlandsgeheimdienstes so weit nach rechts gerückt – oder so kriminell sorglos – waren, dass sie trotz konkreter Attentatshinweise keine Ermittlungen aufnahmen, blieb doch eines offensichtlich: Eine Mehrheit in dem gespaltenen Land versammelte sich hinter den Optimistischen, den Kompromissbereiten.

Am 4. November 1995 strömen Hunderttausende zu einer Friedensdemonstration auf dem »Platz der Könige Israels« in Tel Aviv. Rabin, ansonsten ein wenig charismatischer Redner, begeistert die Massen durch seine enthusiastischen Worte und stimmt sogar an der Seite eines Popstars einen Friedenssong an. In der Luft liegt fast so etwas wie Versöhnungseuphorie. Aber es gibt eben auch die andere, die fundamentalistische jüdische Seite. Jigal Amir wartet während der Kundgebung auf einem angrenzenden Parkplatz, wo er den Premier nach Ende seiner Rede mit drei Schüssen in den Rücken niederstreckt und sich danach widerstandslos festnehmen lässt. »Gott sei gepriesen, es ist vollbracht«, ruft er strahlend beim Polizeiverhör, als ihm gegen Mitternacht die Nachricht von Rabins Tod mitgeteilt wird: »Holt Wein und Kuchen, wir wollen einen Toast ausbringen!«

Noa Rabin aber, die mit der ganzen Familie und Freunden zu der euphorischen Kundgebung gekommen war, blieb nichts anderes mehr übrig, als dem geliebten Großvater, ihrem *Saba*, im Krankenhaus ein letztes Mal die Stirn zu küssen.

Zur Beerdigung in Jerusalem kamen Staatsmänner aus aller Welt. Eindrucksvolle Abschiedsworte von Politikern und Weggefährten. Aber nur eine Rede am offenen Grab bewegte die Menschen besonders, rührte buchstäblich die ganze Welt zu Tränen. »Großpapa, du warst das Feuer an unserem Lager. Und jetzt sind wir alle ohne Fackel in der Finsternis, uns ist es kalt und wir sind traurig«, sagte Noa. »Größere als ich haben dich gerühmt, aber keinem von ihnen war so wie mir das Glück beschieden, deine warmen, weichen Hände zu spüren, deine zärtlichen Umarmungen.« Und dann schloss sie, schon schluchzend. »Ich hege keine Rachegefühle, dazu sind der Schmerz und der Verlust zu groß. Es bleibt nichts anderes als Lebewohl zu sagen, mein Held, Ruhe in Frieden. Die Engel, die dich jetzt begleiten werden, die bitte ich, dich zu beschützen, denn du verdienst ihren Schutz.«

Ein Jahr nach dem Attentat interviewte ich die Witwe des Ermordeten. Leah Rabin erzählte, dass PLO-Chef Jassir Arafat nach der Ermordung ihres Mannes persönlich kondolierte, eine Geste, die sie mehr rührte als »Krokodilstränen« der ultrareligiösen und erzkonservativen Israelis. Manche aus der Arbeitspartei brachten Leah Rabin als mögliche Präsidentschaftskandidatin ins Spiel. »Ich wollte gern das Werk meines Mannes fortführen, die Fackel weitertragen«, sagte sie mir bei unserem Gespräch in Tel Aviv. Doch dann verloren die Linksliberalen im Mai 1996 die vorgezogenen Wahlen, ausgerechnet Netanjahu, in dessen Likud-Partei so viel gegen den Friedensprozess gehetzt worden war, wurde Premier. »Die jungen Menschen waren so enttäuscht und mir war so, als sei Jitzchak ein zweites

Mal ermordet worden«, sagte sie mit leiser Stimme, erkennbar verbittert. Aus ihrer politischen Karriere wurde nichts, Leah Rabin verarbeitete stattdessen das Vermächtnis ihres Mannes in einer Biografie. Sie starb fünf Jahre nach ihm.

Jitzchak Rabins Tochter Dalia zeigte mehr politische Ambitionen. Sie errang für die Linksliberalen einen Sitz in der Knesset, leitete dort das Ethik-Komitee und war ab 2001, als die Arbeitspartei Teil der Regierung war, ein Jahr lang sogar stellvertretende Verteidigungsministerin. Doch bei den nächsten Wahlen verlor sie ihr Mandat und zog sich ins Privatleben zurück. Die resolute Dame leitet auch noch mit Mitte siebzig das Rabin Center – jenes Erinnerungsmuseum, in das mich die Enkelin des Friedensnobelpreisträgers zum Gespräch eingeladen hat.

Die wilden Haare zurückgebunden, in Jeans und T-Shirt, nimmt Noa Rabin an diesem Novembertag 2022 Platz auf der Couch unter dem Foto ihres Großvaters. Sie spricht lebhaft, gestikuliert viel, wirkt energisch und zupackend, sehr offen und sympathisch. Ihre Ähnlichkeit mit Jitzchak Rabin ist immer noch verblüffend. Dieselben Gesichtszüge, es ist, als könnte man noch heute die Haltung von damals erkennen: Trauer, Zorn, aber auch unbändiger Lebensmut. An jedem Jahrestag des Attentats gibt es in der Knesset eine Erinnerungsstunde, gerade kommt sie von einer familiären Erinnerungsfeier zurück.

Wie halten Sie das aus, dieses Leben als Enkelin des ermordeten Nationalhelden, als ewiges Mit-Opfer – auch heute noch, mit vierundvierzig Jahren?

»Lange fühlte ich mich wie in einem langen schwarzen Tunnel. Die Kugeln, die meinen Großvater töteten, haben auch meiner Kindheit ein Ende gesetzt. Und natürlich sind mir die Bilder von damals noch eingebrannt«, sagt Noa Rothman, wie sie seit ihrer Heirat mit einem IT-Unternehmer heißt. »Aber ich versuche, mich nicht zur Gefangenen eines Traumas zu machen, und meist gelingt es mir.«

Sie haben drei Kinder, Nichten und Neffen. Wie erzählen Sie ihnen von damals?

»Mit fünf Jahren hatte mein Neffe Albträume, bekam Angst, dass man auch ihn ermorden wollte. Ich erklärte ihm, dass es bei dem Attentat um politische Macht ging, dass Jitzchak Rabin aber kein König war, dessen Nachkommen verfolgt würden. Später vertieften wir die Gespräche und ich erzählte allen Kindern von den Hetz- und Hass-Kampagnen. Aber Sie müssen sich unsere Familienfeiern nicht als etwas vorstellen, was ständig von dunklen Seiten überlagert wird. Wir lachen viel, wir blicken optimistisch in die Zukunft. Mein Sohn ist jetzt dreizehn, er hat alle beruflichen Möglichkeiten vor sich – zurzeit besucht er einen Kurs der Vereinten Nationen für Jugendliche.«

Sie haben einen Offizierskurs durchlaufen, als Journalistin für die Armeezeitung gearbeitet, sind ausgebildete Juristin, gefeierte Drehbuchautorin und allen Israelis bekannt. Manche sahen Sie schon in einem hohen politischen Amt. Sie haben lange gezögert …

»Ich bin ja eine friedensbewegte ›Lefty‹, und die haben in Israel schon eine ganze Weile keinen großen Rückenwind mehr. 2019 habe ich versucht, gemeinsam mit anderen die israelische Linke in einer neuen Partei zu vereinen. Es hat nicht funktioniert. Aber nach meiner ersten Skepsis gegenüber dem Achterbündnis unterschiedlichster Parteien, das im Sommer 2021 Netanjahus endlos lange Regierungszeit zumindest einmal vorübergehend unterbrochen hat, muss ich dieser Großkoalition, der ich in weiten Teilen ideologisch wirklich nicht nahestehe, ein Kompliment machen: Sie arbeiten bis jetzt gut, zum Wohle des Landes. Und trotzdem mache ich mir Sorgen um die israelische Demokratie.«

Außenminister Jair Lapid hat im Parlament gesagt: »Die ideologischen Erben des Rabin-Mörders sitzen bis heute in der Knesset.« Wie meinte er das?

»Da ist beispielsweise der Abgeordnete Itamar Ben-Gvir von der nationalistisch-rechtsradikalen Partei Otzma Yehudit (übersetzt etwa: Jüdische Stärke). Der hat sich damals, wenige Wochen vor dem Attentat, damit gebrüstet, ein Kennzeichen vom Auto meines Großvaters abgebrochen zu haben, und erklärte öffentlich: Wir kommen an Rabins Auto heran, wir kommen auch an ihn heran. Und da gibt es noch andere Oppositionsabgeordnete, ultrareligiöse und von rechtsaußen, die nennen die jetzige Mehrparteienregierung ›terroristisch‹ und behaupten, sie diene den Feinden Israels. Das hat nichts mehr mit politischem Kampf zu tun. So untergräbt man die Demokratie, so sät man Hass.«

Was sehen Sie als das Vermächtnis von Jitzchak Rabin?

»Mein Großvater war der felsenfesten Überzeugung, dass einen die Furcht nie lähmen, nie vom eingeschlagenen Weg abbringen sollte. Er hat viele Kriege überlebt. Er wusste, wie man damit umgehen musste. Es war der Frieden, der ihn getötet hat, sein Einsatz für den Frieden. Ich glaube nicht, dass Israel das vergisst, das Attentat hat eine Wunde in unsere Gesellschaft gerissen. Viele wollen diese Wunde heilen. Aber manche israelische Politiker verdrängen, dass hohe Ämter nicht nur mit Privilegien kommen, sondern auch mit Verpflichtungen, dass man die Macht der Institutionen bewahren und seinen persönlichen Ehrgeiz diesen Grundsätzen unterordnen muss. Wer die Ideale meines Großvaters hochhalten will, muss auch für sie kämpfen.«

Sie sei glücklich mit ihrem Leben, sagt sie, wolle für ihre Familie da sein, aber auch weiter als Drehbuchautorin arbeiten. Noa Rothman hat zwei Serien für das israelische Fernsehen geschrieben. Eine erzählt vom fiktiven Leben einer erfolgreichen Politikerfamilie, die andere spielt in der Welt der Justiz und prangert Verrat und Korruption an. »Das ist meine Art, Themen von nationaler Tragweite anzusprechen«, sagt sie zum Abschied und führt mich durch das nächtlich geschlossene Rabin Center, zeigt auf die alten Fotos, die den Lebensweg ihres Großvaters dokumentieren, auf den Lippen ein trauriges Lächeln: Wie schön war es damals mit ihm, und was hätte noch alles sein können.

Wenn. Wenn nicht.

Mit dem Mann, dessen Namen sie nie nannte, um den Täter und seine Tat nicht aufzuwerten, hat sie sich nur kurz beschäftigt. Vielleicht auch aus Selbstschutz. In ihrem Tagebuch von damals notierte sie jedenfalls: »Es brachte mein Blut in Wallung, als ich den Mörder entspannt im Gerichtssaal sitzen sah, wie er Kaugummi kaute und sogar lachte, offenbar immer noch von der Richtigkeit seines Handelns überzeugt.« Geula Amir, die Mutter des Mörders, hat eine Art Entschuldigungsbrief an die Rabins geschrieben, betont, sie hätte von nichts gewusst. Doch Noa fand das Schreiben mit seinen gestanzten Formulierungen alles andere als glaubhaft, »es war wie vorgedruckt, nicht einmal mit der Hand geschrieben«.

Jigal Amir zeigt tatsächlich nie auch nur die Spur von Reue (ebenso wenig wie sein Bruder und Mitverschwörer Haggai, der insgesamt zu sechzehn Jahren Haft verurteilt wird). Die Richter konstatieren dem Täter eine »erstaunliche Kaltblütigkeit«, Gutachter bescheinigen ihm eine überdurchschnittliche Intelligenz. Im März 1996 wird er zu lebenslänglicher Haft verurteilt. Mehrfach lässt er über seine Anwälte Berufung gegen das Urteil einlegen. Die Revision wird jedes Mal abgelehnt. In einem anderen Punkt ist Amir erfolgreicher: Er sucht eine Frau und will eine Familie gründen. Seine Gene weitergeben.

An einer weiblichen Fangemeinde fehlt es nicht. Dutzende Liebesbriefe erreichen Amir im Gefängnis, er beantwortet jeden gewissenhaft. Doch die glühend anbeterischen Schreiben stammen ausschließlich von jungen, naiven Mädchen, die ihre Sehnsüchte und Probleme in ihn hineininterpretieren. So etwas interessiert den ernsthaften Mann nicht, der hinter den Mauern täglich Texte der Thora liest und an Ausdeutungen der biblischen Gleichnisse arbeitet. Aufmerksam wird Amir erst, als er Post von einer Larissa Trembovler bekommt, strenggläubig, hochintelligent und mindestens so gebildet wie er.

Sie ist in Moskau geboren, hat in der Sowjetunion in Philosophie promoviert und einen historischen Roman veröffentlicht. Sie bewegte sich in ultraorthodoxen jüdischen Kreisen, fühlte sich in dem repressiven kommunistischen System mit den mutigen Außenseitern verbunden, die gegen das Regime kämpften und für ihre Überzeugungen ihre Existenz riskierten, viele von ihnen Juden. Sie kontaktierte einige dieser Refuseniks, schickte ihnen Pakete ins Gefängnis. Nach der Einwanderung 1989 lebt sie mit ihrem Mann und vier gemeinsamen Kindern in Israel, ein geordnetes Durchschnittsleben, das sie aber nicht befriedigt. Sie sucht eine Aufgabe, will sich wieder sozial engagieren. Auch in Israel interessieren sie die Nonkonformisten, die gegen das »System« kämpfen. Sie stößt auf Jigal Amirs Geschichte.

Seine Tat und seine Motive faszinieren sie, und als sie auf ihr erstes Schreiben gleich eine brillant formulierte Antwort erhält, entsteht eine Brieffreundschaft. Sie beschafft ihm Bücher, die ihn interessieren könnten. Schließlich besucht sie den Lebenslänglichen in der Haft und stellt immer mehr fest, dass sie Seelenverwandte sind. Aus Zuneigung wird Liebe. Larissa lässt sich scheiden und beschließt 2004, den sieben Jahre jüngeren Jigal zu heiraten. Freigang mit einer Hochzeitszeremonie und anschließender Feier gibt es allerdings nicht. Und es dauert, bis die Ehe dann 2005 einen höchstrichterlichen Segen bekommt und amtlich beglaubigt wird.

Aber Jigal Amir will noch mehr – er möchte seine Gene weitergeben. Er will Kinder. Nach längerem Zögern stimmen die Justizbehörden im Jahr 2006 schließlich einer künstlichen Befruchtung außerhalb der Gefängnismauern zu; Amirs Samen darf aus der Haftanstalt transportiert werden. Einige Monate später erlauben sie auch ein mehrstündiges intimes Zusammensein der Eheleute hinter den Mauern. Larissa Trembovler-Amir wird wie erhofft bald schwanger, der gemeinsame Sohn kommt zur Welt. Jinon Elija nennen sie ihn, nach biblischen Vorbildern, und geben ihm einen dritten Namen: Schalom, »Frieden«. Als Zeitpunkt der Beschneidung des Babys wählen sie den 4. November 2007 – den Jahrestag des Attentats auf Jitzchak Rabin.

Ein Paar im Gleichklang, in jeder Beziehung? »Ich kann nicht sagen, dass ich mit allem übereinstimme, was er gemacht hat, aber wir haben so viel gemeinsam«, sagt sie mir jetzt beim Interview. »Ich verstehe seine Motivation, ich respektiere seine Entscheidungen und ich schätze sehr an ihm, dass er für alles Verantwortung übernimmt.«

Aber das kann doch sein Attentat nicht entschuldigen. Wollen Sie ernsthaft den Mord an Premier Rabin rechtfertigen, dem demokratisch gewählten Ministerpräsidenten?

»Was damals geschah, das geschah nicht unter normalen Umständen. Rabin war dabei, den Ausverkauf des Landes zu betreiben und auf diese Weise viele Leben zu gefährden. Das israelische Regime hat damals alle legitimen Formen des öffentlichen Protests gegen seine Politik unterdrückt, Israel war zwischen 1992 und 1995 weit davon entfernt, eine Demokratie zu sein …«

… was Ihre sehr subjektive, einseitige Sicht der Dinge ist …

»… und Rabin wollte unumkehrbare, kritische Entscheidungen treffen. Jigal ist kein Krimineller, er handelte aus Verzweiflung. Vielleicht hat er das Schicksal der Nation verändert, vielleicht wären ohne seine Handlung längst viel mehr Menschen durch Gewalt gestorben. Er hat jedenfalls alles geopfert, weil er andere retten wollte. Er wusste, dass er bei seiner Tat selbst getötet oder eine lange Gefängnisstrafe erleiden würde.«

Sie halten ihn wirklich für einen politischen Gefangenen?

»Ja, das ist er auf jeden Fall. Man könnte ihn auch einen Märtyrer nennen, allerdings ist mir der Ausdruck zu pathetisch.«

Ich möchte Larissa Trembovler-Amir auf eine umstrittene Dokumentation ansprechen, gedreht 2014 von Filmemachern, die ihr und ihrem Mann sehr wohlgesinnt waren. Rabin-Enkelin Noa Rothman fand das Werk wie fast alle israelischen Politiker und Kulturschaffenden empörend und abstoßend, sie nannte den Film »Beyond the Fear« (»Jenseits der Angst«) einen »schlimmen Missbrauch der Pressefreiheit«.

In einer Szene verlangt der sechsjährige Sohn am Telefon von seinem Vater eine Erklärung über seine Abwesenheit von der Familie, fragt, warum er sich »hat fangen lassen« und ob das »gute oder böse Menschen« seien, die ihn bewachten. Jigal Amir verspricht, ihm eines Tages zu erzählen, was er getan habe und warum. Man hört, wie der Mörder seinem Sohn aus seiner Zelle heraus Gutenachtgeschichten vorliest, von biblischen Figuren und ihren Heldentaten. In einer anderen Szene bittet der Kleine an der Jerusalemer Klagemauer, der »Messias möge bald kommen«, damit sein Papa bei ihm sein könne.

Wie kommunizieren Sie mit Ihrem Mann – und hat der Sohn schon eine Antwort auf seine Frage im Film bekommen? Diskutieren Sie mit ihm auch die Din-Rodef-Theorie, die jüdische »Verräter« zu Vogelfreien macht?

»Es war für uns sehr schwierig, in diesem sehr jungen Alter die richtigen erklärenden Worte für ihn zu finden. Aber unser Sohn ist heute vierzehn, er besucht seinen Vater mit mir zusammen, sooft er von Staats wegen darf, zweimal pro Monat. In letzter Zeit gibt es wegen Covid noch weniger Besuchserlaubnis. Jinon hat eine sehr enge Beziehung zu seinem Vater – und ja, wir diskutieren alles, auch politische und religiöse Fragen wie Din Rodef. Jinon geht auf eine religiöse Schule, er ist musikalisch hochbegabt und hat viele Freunde. Wir sind nicht isoliert. Aber natürlich würde ich alles dafür geben, meinen Mann aus dem Gefängnis zu holen. Sogar arabische Terroristen, die Israelis umgebracht haben, werden nach einer bestimmten, in der Regel höchstens zwanzigjährigen Gefängniszeit wieder entlassen. In Israel wurde speziell für Jigal Amir ein Gesetz verabschiedet, das ihm jede Aussicht auf Freiheit nimmt. Dieses Gesetz ist illegal und muss geändert werden.«

Sie haben vor zwei Jahren sogar eine politische Partei namens Mishpat Tzedek gegründet, zu deren formalen Mitgliedern auch Ihre Schwiegermutter Geula Amir zählt. Was versprechen Sie sich von diesem Projekt?

»Der Name bedeutet ›Faires Gerichtsverfahren‹. Ich will so einen neuen Prozess für Jigal initiieren, seine Freiheit erreichen, und auch für andere Gefangene eine Reform des Strafgesetzes voranbringen. Ich bin allerdings nicht sehr optimistisch, dass das gelingen wird.«

Wir haben jetzt viel über Ihre Familie gesprochen, die emotionalen Schwierigkeiten. Können Sie sich einen Moment in die Familie der Rabins hineinversetzen, und in deren Verlust? Können Sie an die Gefühle derer denken, die durch Ihren Mann den Großvater und Vater verloren haben?

Sie zögert keinen Augenblick mit einer Antwort. »Ich weiß, was Empathie ist. Ich betreue in einem Krankenhaus Kinder, die an Krebs erkrankt sind, und fühle mit ihnen ihren Schmerz. Und ja, ich habe auch Mitleid mit den Rabin-Kindern und Rabin-Enkeln. Aber noch viel mehr Mitleid empfinde ich für die Opfer von Jitzchak Rabins Politik.«

* * *

Die politische Landschaft Israels hat sich seit meinem Gespräch mit Noa Rabin radikal verändert – so, wie sie es in ihren schlimmsten Träumen vorausgeahnt hat. Die Mehrparteienkoalition von Zentristen, Nationalkonservativen und Sozialdemokraten, der auch säkulare Nationalisten und sogar eine Arabische Partei angehörten, hat gerade einmal eineinhalb Jahre gehalten. Seit Ende Dezember 2022 ist wieder Benjamin Netanjahu am Ruder. Auf die Stimmen der Rechtsaußenparteien angewiesen, hat er Itamar Ben-Gvir zum Minister für Nationale Sicherheit gemacht – jenen Mann, den Noa Rabin immer gefürchtet hat. Der einst ihren Großvater belästigt hat und darüber hinaus schon wegen »Anstiftung zum Rassismus« und »Unterstützung einer terroristischen Vereinigung« rechtskräftig verurteilt worden ist.

Auf den furchtbaren Terrorangriff der Hamas auf Israel, bei dem am 7. Oktober 2023 Babys aufgeschlitzt, alte Frauen vor ihren Männern erschossen und Tanzende niedergemetzelt wurden, musste Israel reagieren. Aber schon nach einigen Monaten heftiger Bombardements stellte sich die Frage, ob die Kriegshandlungen noch verhältnismäßig waren. Auch in Gaza kamen neben Hamas-Terroristen auch viele unschuldige Zivilisten ums Leben. Polizeiminister Ben-Gvir gehörte zu denen, die eine radikale Ausmerzung aller Palästinenser im Gazastreifen befürworteten; als im Rahmen einer Vereinbarung über die Geiselübergabe eine Waffenruhe vereinbart wurde, trat er vorübergehend aus Protest gegen diese »Verweichlichung« als Minister zurück: Er plädierte für eine Übernahme des Küstenstreifens durch israelische Siedler und die Zwangsaussiedlung aller Palästinenser.

Noa Rabin hat mit ihrer Familie Israel den Rücken gekehrt und sich mit ihrem Mann und den Kindern »vielleicht vorübergehend« in New York niedergelassen.

In Sachen Rabin-Mörder gibt es wenig Neues. Immer wieder plädieren rechtsradikale Gruppierungen dafür, die »Lex Amir« aufzuheben und ihn aus der Haft zu entlassen. Vorläufig wirkt das aussichtslos, aber ganz auszuschließen, dass es so kommt, ist es nicht.

VIII FREIHEITSKÄMPFER ODER TERRORISTEN?

Die schwierigsten Interviewpartner: Menachem Begin, Jassir Arafat, Benjamin Netanjahu
Tatorte: Tel Aviv und Jerusalem, Ramallah und Gaza, Israel/Palästina

Der Mann, der mit allen Mitteln im Untergrund für einen Judenstaat kämpfte und durch sein Bombenattentat auf das King David Hotel in Jerusalem 1946 auch Dutzende Zivilisten auf dem Gewissen hat, der Politiker, der als israelischer Premier die Aussöhnung mit Ägypten ermöglichte und 1978 den Friedensnobelpreis erhielt – wenn ich mich an Menachem Begin, diesen ganz besonderen, viel gehassten, viel geliebten Menschen, den Freiheitskämpferterroristen Begin, erinnere, dann sehe ich immer ein Schachbrett vor mir. Und zwei Partien, die wir gegeneinander spielten: Damengambit und Sizilianische Verteidigung, Weiß und Schwarz, Opfer und Gegenopfer. Natürlich wollten wir beide gewinnen, das königliche Spiel ist immer auch ein intellektueller Egotrip. Aber es ging dann doch um mehr. Um viel mehr.

Tel Aviv, 1. November 1978: Premier Begin besteigt einen Jumbo der El Al zum Flug nach New York. Mit an Bord sind mein israelischer Fotografenfreund Shabtai Tal und ich, gebucht wie der Ministerpräsident und seine Frau in der First Class. Eine ziemlich teure Wette, die wir da eingegangen sind, aber wir setzen auf die einmalige Chance, den wachsamen Augen von

Begins politischen Beratern und Betreuern zu entfliehen – die dürfen, einschließlich seines Pressesprechers, nur Economy fliegen. Wir warten, drei Reihen hinter Begin, bis die Reiseflughöhe erreicht ist, bis er aus dem Jackett geschlüpft und sich ganz entspannt eine bequeme Strickjacke übergezogen hat. Dann versuche ich es, stelle mich vor und bitte ihn um ein Interview.

»Sie sind aus welchem Land?«, fragt er. Eine falsche Auskunft steht nicht zur Diskussion. »Ach, aus Deutschland«, sagt der Premier. Und dann: »Sorry, aber wie Sie vielleicht schon gehört haben, Deutschen gebe ich grundsätzlich keine Interviews.«

Das kommt nicht wirklich überraschend. Begin hat sich stets gegen eine Aufnahme von staatlichen Beziehungen ausgesprochen, nannte Wiedergutmachungszahlungen »Blutgeld«, das man nicht annehmen dürfe. Und er hat damals auch noch keinen Bonner Politiker mit einem Handschlag gewürdigt. Er kann und will nicht irgendeine Art von Normalität in seinem Verhältnis zu Deutschen simulieren: Seine Mutter und sein Vater starben in der Schoah, ermordet von den Nazis, und noch fast ein Dutzend weiterer Verwandter verschwanden in den Gaskammern. So höflich, so bestimmt, so abgrundtief verbittert klingen seine Worte, dass ich jeden weiteren Versuch aufgebe, ihn zu einem Interview zu bewegen. Es wäre ebenso taktlos wie aussichtslos gewesen.

Zum Glück haben wir ja noch einen Plan B. Shabtai und ich wissen um die Schachbegeisterung des Ministerpräsidenten, wir haben ein Schachbrett ins Flugzeug mitgenommen. Als Begins Frau neben ihm eingeschlafen ist und er sich mit einem Buch zu langweilen scheint, spreche ich ihn noch einmal an. Ob er denn gegen mich spielen wolle? Er ist sofort begeistert von der Idee, gibt mir für die erste Partie die weißen Steine. Er verliert nach langem Kampf, verlangt eine Revanche. Die dauert noch länger als die erste, einstündige Partie. Ich bin am

Rande einer Niederlage – und sehe plötzlich einen Gewinnweg. Soll ich? Oder ist es klüger, den Premier bei Laune zu halten und zu verlieren? Nach einem Moment Zögern beschließe ich, das Bestmögliche zu spielen. Und siege wieder.

Er gratuliert mit festem Händedruck. Dann unterhalten wir uns unter vier Augen noch einige Minuten über die große Politik. Was er vom Westen erwartet (wenig), was er von einem palästinensischen Staat hält (gar nichts). »Aber Sie zitieren mich bitte nicht.« Ein großes Vertrauen, ein erstaunliches Entgegenkommen, für das ich nur eine Erklärung habe: Er sieht mich in diesem Moment nicht mehr als Journalisten, schon gar nicht mehr als Deutschen. Sondern als Verbündeten, zusammengeführt durch dieses wunderbare Spiel auf den vierundsechzig Feldern.

Kurz vor der Landung winkt er mich noch einmal zwei Reihen nach vorne, zu sich und seiner Frau. Er überreicht mir das Schachbrett, auf dessen Rückseite er mit einem schwarzen Filzstift und in schwungvollen Lettern seinen Namen und einen Kommentar zur Erinnerung an die Partien und ihren Ausgang geschrieben hat: »Lost twice – Menachem Begin«. Als wir später die Geschichte dem israelischen Pressesprecher erzählen, sagt der, mit nicht viel mehr als einem Hauch von Ironie: »Na, das ist ja ein erheblicher politischer Fortschritt in den deutsch-israelischen Beziehungen.«

Menachem Wolfovitch Begin wird 1913 in Brest geboren, als die Stadt noch Teil des zaristischen russischen Reichs war. Die Region hat eine höchst wechselvolle Geschichte: 1921 an Polen zurückgegeben, wird sie 1939 von der Sowjetunion erobert und nach Adolf Hitlers Angriffskrieg gegen Polen von den Nazis überrannt. (Nach 1945 fiel Brest an die Sowjetunion, heute ist die Stadt Teil von Belarus.) Die Familie Begin lebt nach strengen jüdischen Regeln. Die Mutter entstammt einer or-

Menachem Begin und der Autor bei einer Schachpartie an Bord des El-Al-Jumbos auf dem Weg in die USA, November 1978

thodoxen Rabbinerfamilie, der Vater, von Beruf Holzhändler, steht der örtlichen Glaubensgemeinde vor. Zionismus ist Menachem Begin von Jugend an ein Lebenselixier, eine positive Herausforderung.

Er macht bittere Erfahrungen. Antisemitische Pogrome in Osteuropa haben schon Ende des 19. Jahrhunderts zur ersten Einwanderungswelle von Juden nach Palästina geführt, und sie haben nie wirklich aufgehört. Begin geht in seinem Schtetl auf eine orthodoxe Schule, stolz auf sein Judentum, aber wie so oft in seinem Leben ein Außenseiter. Er schließt sich als Sechzehnjähriger der revisionistisch-zionistischen Betar-Bewegung an. »Immer wieder hat man mich wegen meiner Religion verspottet«, schrieb er später. »Aber ich lernte, mich zu verteidigen. Wenn jemand seine Hand gegen mich erhob, schlug ich zurück. Manchmal kam ich blutüberströmt nach Hause, aber immer mit dem Gefühl, dass meine Ehre intakt war. Gemeinsam mit meinen Freunden von der Betar wollte ich für einen jüdischen Staat kämpfen, für ihn leiden, und, wenn nötig, für ihn sterben.«

Während des Jura-Studiums in Warschau steigt Begin schnell in führende Ränge der zionistischen Jugendorganisation auf. Nach dem deutschen Überfall flieht er nach Vilnius in Litauen, erhält ein Visum für Palästina, gibt es aber an einen Freund weiter, der es seiner Meinung nach noch nötiger braucht. Aber Begin täuscht sich, er ist in höchster Gefahr. Die Rote Armee übernimmt 1940 Vilnius, verhaftet ihn wegen »zionistischer Umtriebe« und verurteilt ihn nach einem frei erfundenen Spionagevorwurf als »Agenten des britischen Imperialismus« zu acht Jahren Zuchthaus. Im sibirischen Gulag bringt er seinen Mithäftlingen die Bibel nahe, versucht, sie davon zu überzeugen, dass sich daraus das ewige Recht der Juden auf das Heilige Land ableitet.

Begin kommt 1941 vorzeitig frei und kämpft für die inzwischen unabhängigen polnischen Streitkräfte im Iran – und in Palästina. Als er aus der Armee entlassen wird, bleibt er in Palästina und schließt sich den Guerilleros der Irgun an, die gegen die britische Mandatsmacht kämpfen. Das Ziel, das er nie aus den Augen verloren hat: ein unabhängiger jüdischer Staat. Es wird für ihn umso dringlicher, weil er durch die Verbrechen der Nazis einen furchtbaren Verlust erlitten hat: Begins Mutter, sein Vater und weitere Familienmitglieder sind in Konzentrationslagern ums Leben gekommen.

Die Briten haben den Juden die Bildung eines eigenen Staates zugesichert, aber die Zuwanderung nach Palästina, ins Heilige Land, wird auch im Holocaust auf fünfzehntausend Menschen jährlich begrenzt. Alle »illegalen Immigranten« werden in Internierungslagern auf Zypern festgesetzt. Begin empfindet das als himmelschreiendes Unrecht – er entscheidet sich zum Kampf mit allen Mitteln. Unter seinem Befehl werden zwei britische Soldaten entführt und gehängt. Im Juli 1946 ordnet er dann den fatalen Sprengstoffanschlag auf das King David Hotel in Jerusalem an, in dessen Südflügel die Mandatsmacht ihr Hauptquartier unterhält: Einundneunzig Menschen kommen ums Leben, nicht nur Soldaten, sondern auch einundvierzig Araber und siebzehn Juden. Begin: der Freiheitskämpferterrorist.

Die Briten setzen ein Kopfgeld auf ihn aus. Er verkleidet sich als Rabbi und macht weiter, zutiefst überzeugt vom göttlichen Zuspruch und von der Richtigkeit seines Weges. Zunehmend kommt es auch zu Kämpfen mit arabischen Freischärlern, die jüdische Einrichtungen überfallen, morden und brandschatzen. Aus Rache und mit dem Ziel der Vertreibung beteiligt sich Begins Irgun am Massaker im Dorf Deir Jassin nahe Jerusalem, bei dem durch Beschuss und Hinrichtungen mehr als hundert Palästinenser sterben, darunter auch Frauen und Kinder. Begin ist bei der Attacke nicht persönlich anwesend, verteidigt das Vorgehen aber als »notwendig«. Die gemäßigtere und zahlenmäßig größere Untergrundarmee Hagana befürwortet Kampfhandlungen gegen die Briten, lehnt solche Übergriffe auf Zivilisten größtenteils ab. Es gehört allerdings auch zu den Wahrheiten des Nahen Ostens, dass die Briten ohne den Terror der Irgun und anderer extremer Gruppen sicher nicht so schnell aus ihrem Mandatsgebiet abgezogen wären.

An einem Schicksalstag, dem 22. Juni 1948, knapp fünf Wochen nach der Verkündung der israelischen Staatsgründung, fehlt nicht viel und das Land wäre in einen Bürgerkrieg gestürzt – in einen Kampf Bruder gegen Bruder, eine Neuauflage von Kain gegen Abel im biblischen Land. Premier David Ben Gurion ist dringend auf militärischen Nachschub angewiesen, die arabischen Nachbarstaaten haben Israel angegriffen. Er ist dabei, die Hagana zur offiziellen israelischen Armee umzuformen. Ben Gurion geht es dabei vor allem darum, das von den Vereinten Nationen zugesagte Territorium zu verteidigen. Begin hat den Teilungsplan der UN von Anfang an bekämpft; für ihn muss Israel das gesamte biblische Gebiet bis zum Jordan umfassen, er will auf eigene Faust im Heiligen Land weiterkämpfen.

Vor der Küste bei Tel Aviv wartet ein Frachter namens »Altalena« auf die Löschung seiner geheimen, im Schiffsinneren verborgenen Fracht: Es sind Waffen, mit denen Menachem Begins Kämpfer die Lage zu ihren Gunsten wenden wollen – gegen die Araber, aber auch gegen die neue israelische Regierung. Als Begin sich weigert, die Waffen auszuladen und unter den Befehl Ben Gurions zu stellen, wertet der das als einen Staatsstreich. Er befiehlt seinem jungen Kommandanten Jitzchak Rabin, das Feuer auf das Schiff zu eröffnen. Die »Altalena« sinkt. Bei ihrem Beschuss und den anschließenden Straßenkämpfen sterben sechzehn Irgun- und drei Hagana-Kämpfer. (Begin und Rabin haben nie über den Bruderkrieg gesprochen, aber aus Interviews in ihrem Umfeld weiß ich, dass sie die tödliche Auseinandersetzung nie vergessen und einander nie verziehen haben.)

Begin ist dann aber Realist genug, seine Untergrundorganisation aufzulösen. Er gründet eine rechtsnationalistische Partei. Bei den ersten Wahlen wird sie 1949 drittstärkste Kraft. Viele gemäßigte Politiker meiden den ebenso brillanten wie kompromisslosen Redner, auch wegen seiner radikalen Position zum Nachkriegsdeutschland. Begin beschimpft Konrad Adenauer in der Knesset als »Mörder«, verurteilt die Aufnahme diplomatischer Beziehungen scharf. Fast drei Jahrzehnte führt er seinen Kampf als Oppositionspolitiker knallhart gegen Araber wie gegen jüdische Linksliberale, die er für gefährliche Kompromissler hält. »Nie wieder Holocaust« bleibt sein Lebensmotto.

Er gehört zu den glühendsten Befürwortern der geheimen nuklearen Aufrüstung Israels, nur mit der Atombombe sieht er jüdisches Überleben gesichert.

1977 gewinnt er überraschend die Wahlen und wird zum neuen Ministerpräsidenten. Und noch im selben Jahr erlebt der Nahe Osten eine sensationelle Wende. Der ägyptische Präsident Anwar el-Sadat erklärt sich bereit, mit dem Erzfeind Frieden zu schließen und Israel zu besuchen. Begin glaubt bis wenige Minuten vor der Ankunft des Flugzeugs aus Kairo noch an einen Bluff – doch dann empfängt er Sadat an der Gangway herzlich und lässt ihn vor der Knesset eine Versöhnungsrede halten. Und er entschließt sich zu einem Gegenbesuch.

Es ist eine historische Wende, ein nie für möglich gehaltener Einschnitt, und Begin, der große Friedensskeptiker, zeigt sich diesem Zeitensprung gewachsen: Er springt über seinen Schatten und ergreift die Chance. Er lässt sich in Camp David unter der Vermittlung des amerikanischen Präsidenten Jimmy Carter auf ernsthafte Verhandlungen ein, schließt das erste Abkommen des jüdischen Staates mit einem seiner Nachbarn, die doch auf ewig im Kriegszustand gefangen schienen. Für die Aufnahme diplomatischer Beziehungen stimmt er schmerzlichen Kompromissen zu. Er übergibt die besetzte Sinai-Halbinsel an die Ägypter, löst israelische Siedlungen auf. Gemeinsam mit Sadat erhält Menachem Begin 1978 den Friedensnobelpreis.

Es bleibt Begins einziger wirklicher politischer Kompromiss. Die Rückerstattung des »biblischen« Westjordanlands ist für ihn undenkbar. Bei einem Besuch in einer der zahlreichen, nach internationaler Auffassung illegalen jüdischen Siedlungen weist er uns Reporter zurecht (»Das ist kein besetztes Land, das sind befreite Territorien«) und weicht der Frage aus, ob das Westjordanland ganz annektiert werden sollte (»Man annektiert Gebiet im Ausland, nicht das, was einem selber gehört«). Gegenüber Deutschland bleibt er bei seiner rigorosen Haltung, unterstellt 1981 Bundeskanzler Helmut Schmidt sogar ohne einen Hauch von Beweis, persönlich an Kriegsverbrechen beteiligt gewesen zu sein. Nur mit der Hilfe besonnener Kräfte auf beiden Seiten kann ein Bruch zwischen Bonn und Jerusalem, ein Ende der versuchten Aussöhnung verhindert werden.

Begins Misstrauen gegenüber den arabischen Nachbarn nimmt nach seinem knappen Wahlsieg 1981 wieder zu – er sieht seinen Friedenspartner Sadat eher als arabische Ausnahme denn als kommende Regel. Und er hat berechtigte Gründe für seine Vorsicht. Sadat fällt einem Mordanschlag islamistischer Fanatiker zum Opfer. Als ihn Meldungen über den Bau einer geheimen syrischen Atomfabrik erreichen, zögerte er nicht lange und weist seine Streitkräfte an, die Anlage in einer riskanten Nacht-und-Nebel-Aktion zu bombardieren. Aber auch gegenüber den Vereinigten Staaten, die Israel mit Milliardengeldern unterstützen, riskiert er die Verschlechterung der Beziehungen. Trotz massiver Proteste aus Washington annektiert er völkerrechtswidrig die besetzten Golanhöhen. Selbst die milden amerikanischen Sanktionen findet Begin beleidigend, weist sie schroff zurück: »Sie sollten uns nicht behandeln wie einen Vasallenstaat.«

Das Jahr 1982 wird zum Tiefpunkt von Begins politischer Karriere: Er lässt wegen Terroranschlägen die Armee in den Libanon einmarschieren, im dortigen Exil hat sich die PLO-Führung unter Jassir Arafat als gefährlicher Feind etabliert. Unter den Augen der Israelis kommt es zu einem Massaker christlich-libanesischer Milizen an palästinensischen Zivilisten. Das kann selbst der Hardliner Begin nicht verantworten. Wegen dieses moralischen Versagens, vielleicht aber auch wegen des Todes seiner geliebten Ehefrau Aliza, gibt Begin 1983 sein Amt auf und zieht sich, zunehmend depressiv, aus dem öffentlichen Leben zurück.

In seinen Memoiren schreibt er, sein Leben zusammenfassend: »Man hat mich Terrorist genannt. Ich sah mich immer als Freiheitskämpfer.« Und weiter: »Mein Vater starb unter den Händen der Nazis, verlor auch in den letzten Stunden nicht seinen Glauben an Gott und sang die *Hatikva* (übersetzt: Hoffnung, die spätere israelische Nationalhymne). Er hat mich gelehrt, dass wir Juden in das Land Israel zurückkehren müssen, nicht einfach dahin gehen oder es besuchen, sondern heimkehren.«

1992 stirbt Menachem Begin an Herzversagen. Manche seiner Freunde sagen auch: an gebrochenem Herzen.

Bald stellt sich die Frage, ob sein einziger Sohn in seine Fußstapfen treten könnte. Benny Begin hat die politischen Überzeugungen seines Übervaters geerbt, auch seine persönliche Integrität, nicht aber dessen Charisma. Er schafft es nicht nach ganz oben, nimmt aber immerhin in verschiedenen, national-konservativ geprägten Regierungen ein Ministeramt ein. Noch bis Sommer 2022 und in seinem hohen Lebensalter, Ende siebzig, gehört er dem israelischen Kabinett an.

Bliebe als politischer Familienerbe Avinadav Begin, Menachem Begins Enkel. Doch der interessiert sich nicht für eine Karriere im Staatsamt. Er studierte Kunst, arbeitet heute als international bekannter Maler und Bildhauer. Zur Familie geht er auf Distanz, nimmt sogar mehrmals an Demonstrationen für die Rechte von Palästinensern teil – viel weiter kann ein Apfel kaum vom Stamm fallen.

Ich treffe Avinadav Begin an einem sonnigen Tag im Jahr 2023 in der Jerusalemer Hacubia-Galerie; seine Gesichtszüge, sein Gang, sein stets misstrauisches, lauerndes Lächeln erinnern stark an den legendären Großvater. Der siebenundvierzigjährige Künstler drückt seine Gedanken aber ganz anders, nonverbal, in sehr eigenwilligen, eindrucksvollen Kunstwerken aus. Drei davon sind zur Zeit meines Besuchs in der Galerie ausgestellt, Hunderte Kilo schwere, abstrakte Gebilde aus Zement, Eisen mit eingelassenen Farbpigmenten. Es geht ihm um Mauern, die uns trennen, und um Möglichkeiten, sie zu überwinden, um den »Dialog über Grenzen hinweg«, wie er sagt.

Über das Zerwürfnis mit seiner Familie, über die heutige israelische Politik möchte er nicht reden. Aber er ist bereit, noch eine Geschichte von seinem Großvater zu erzählen, sie spielt in den Zeiten, als Menachem Begin in einem russischen Gulag inhaftiert war. »Die Bedingungen dort waren hart, er litt ständig unter Hunger, erzählte mir mein Opa. Und trotzdem sparte er sich nach und nach so viel Brot auf, dass er daraus Schachfiguren kneten konnte.« Es klingt wie ein Stück Weltliteratur: Stefan Zweigs »Schachnovelle«, von der Wirklichkeit eingeholt.

Und dann spiele ich mit dem Enkel eine Partie, unaufgefordert hat Avinadav Begin ein Brett und die Figuren geholt. Wir losen. Ich bekomme Weiß. Ich wähle als Eröffnung das Damengambit, wie damals gegen den Ministerpräsidenten Israels, vor nun schon weit über vier Jahrzehnten im El-Al-Jumbo über den Wolken, auf dem Weg in die USA. Avinadav Begin zieht die schwarzen Bauern nach d5 und e6. Man nennt das: die Orthodoxe Verteidigung. Siebter Zug: Er weicht ab vom Plan seines Großvaters.

* * *

Jassir Arafat habe ich zweimal in meinem Journalistenleben zum Interview getroffen. Das erste Mal war es ein atmosphärisch interessantes, wenngleich inhaltlich sehr vorhersehbares Gespräch; das andere Mal eine Katastrophe.

Januar 1988. Ich bin mit dem *Stern*-Kollegen Jürgen Petschull nach Tunis geflogen, in Rom begrüßen wir – wie verabredet – Uri Avnery, der eine Maschine aus Tel Aviv genommen hat. Wir haben ihn gebeten, an unserer Seite das Interview mit dem Palästinenserführer Jassir Arafat mitzuführen, der nach der Vertreibung aus Beirut 1983 in der tunesischen Hauptstadt sein temporäres Hauptquartier aufgeschlagen hat. Für den Israeli Avnery, zehn Jahre lang Abgeordneter in der Knesset und in seiner Heimat als linksliberaler Friedensaktivist und »Peace now«-Publizist bekannt, ist das alles andere als ein problemloser Ausflug. PLO-Chef Arafat gilt in Israel als Terrorist und ein israelisches Gesetz verbietet »Terroristen-Kontakte« unter Strafandrohung von drei Jahren Gefängnis. »Als Journalist kann ich mir nicht den Mund verbieten lassen und meine Gesprächspartner will ich schon alleine aussuchen«, sagt uns Avnery beim Landeanflug auf dem gemeinsamen Flug.

Die Palästinenservertreter sind in ihrem nordafrikanischen Exil offensichtlich bestens vernetzt. Wir werden durch die Passkontrolle geschleust und zum Hotel gefahren. Zwei Stunden später läutet das Telefon. »Der Vorsitzende erwartet Sie.« Wir werden in einem BMW abgeholt, fahren durch die schon dunklen Straßen in eine von hohen Bäumen gesäumte Vorortstraße und halten vor einer zweistöckigen Villa, auf deren Parkplatz ein halbes Dutzend Mercedes- und BMW-Limousinen steht. Man bevorzugt hier offensichtlich deutsche Autofabrikate.

Zwei Dutzend Männer beobachten unsere Ankunft, bewachen das Haus. Wir werden über schmale Treppen, an einer Küche vorbei, durch in einem merkwürdigen Türkis gestrichene Flure in das Büro des Palästinenserchefs geführt. Arafat wartet schon. Er trägt Stiefel, Militärhose und einen derben Pullover. In einem Holster an seiner Hüfte baumelt ein großkalibriger Revolver, mit Holzgriff. Als er den Fotografen sieht, der uns begleitet, zieht er sich rasch das gleichmäßig schwarzweiß gemusterte Palästinensertuch ganz über den fast kahlen Kopf, die Kufija war ihm leicht verrutscht. Ein Revolutionär muss offensichtlich auch optisch immer im Dienst sein – zumal der Gründer der gefürchteten Kampforganisation Al Fatah, der Vorsitzende der Befreiungsbewegung PLO. Der Mann mit dem Beinamen »Mister Palestine«.

Jürgen und mir nickt er zu, Uri Avnery begrüßt er besonders herzlich. »Ich weiß, dass Sie ein Risiko auf sich nehmen«, sagt er. »Aber auch manche meiner arabischen Freunde sehen es nicht gern, wenn ich mich mit einem Israeli treffe.« Wir nehmen auf einem Sofa vor einem mannshohen Foto der Al-Aksa-Moschee Platz, die heilige muslimische Stätte auf dem Tempelberg ist der ständige Referenzpunkt des palästinensischen Kampfes, und natürlich Jerusalem selbst, arabisch al-Quds, von ihnen als Hauptstadt eines künftigen Staates beansprucht.

Dann beginnen die Birnen des Kronleuchters über uns zu flackern, verbreiten nur noch mit halber Kraft mattes Licht. Einen Moment später erlöschen sie ganz. Wir sitzen im tiefsten Dunkel.

Was ist los? Ein israelischer Angriff, ein Anschlag der PFLP oder einer anderen konkurrierenden terroristischen Palästinenserorganisation? Gerade jetzt? Hat es mit uns, mit Avnery zu tun? Erinnerungen an Presseberichte drei Jahre zuvor: Da hat die israelische Luftwaffe das PLO-Hauptquartier an der Küste von Tunis – keine fünf Kilometer von hier – bombardiert und dabei drei Dutzend palästinensische Kämpfer getötet; Arafat war an diesem Tag, Zufall oder Intuition, gerade mal für eine halbe Stunde spazieren gegangen. Die PLO-Zentrale wurde dann hierher in die Vorstadt verlegt, angeblich besser geschützt, auch durch Luftabwehrstellungen. Doch wie sicher

Jassir Arafat und der Autor,
1988, Tunis

kann ein Ort wirklich sein vor dem feindlichen Geheimdienst und den Hightechwaffen aus der Luft?

Das Letzte, was ich von Arafat vor dem Ausgehen der Lichter gesehen habe, ist ein verdutzter Ausdruck in seinem von Bartstoppeln umrandeten Gesicht und eine unvollendete Bewegung seiner rechten Hand, mit der er gerade ein Blatt Papier über den Schreibtisch zu uns reichen will. Aus dem Vorzimmer und aus dem Treppenhaus sind aufgeregte Laute zu hören. »Einen Moment, meine Leute werden gleich Kerzen bringen«, sagt Arafat mit erstaunlich ruhiger Stimme. Tatsächlich stellt einer seiner Mitarbeiter eine flackernde Kerze auf den Tisch vor uns, andere folgen und bald sieht Arafats Arbeitsplatz aus wie eine illuminierte Geburtstagstafel.

Nach einigen Minuten, vielleicht drei, vielleicht fünf, strahlt der Schein des elektrischen Kronleuchters wieder; es war wohl wirklich nur ein gewöhnlicher Blackout, den wir da erlebt haben. »Das passiert hier gelegentlich«, sagt Arafat, aber er wäre nicht dieser von Zuversicht geprägte, von Pathos getränkte nationale Führer, wenn er dem Vorfall nichts Grundsätzlicheres, Weiterreichendes abgewinnen könnte. »So ist es im Leben, nach jeder Dunkelheit folgt wieder Licht, nach jeder Nacht ein Tag. So wird es bald auch für mein leidgeprüftes Volk sein, das endlich seinen Staat bekommt – und ich bin sicher, ich werde das noch erleben.«

Bevor wir mit dem Interview beginnen können, reicht Arafat das Papier über den Tisch, das er sich für uns zurechtgelegt hat. Er möchte offensichtlich das Leitmotiv für unser Treffen setzen. »Diese Nachricht hier haben wir vor zweieinhalb Stunden empfangen«, sagt er. »Sie kommt aus Nablus, der Stadt im besetzten Westjordanland.« Dort habe es gerade bei schweren Kämpfen zwischen Palästinensern und der israelischen Armee hundertsechsunddreißig Schwerverletzte gegeben. Demonstranten beim Volksaufstand. Getroffen von scharfer Munition.

Wir haben jetzt natürlich keine Möglichkeit, das zu überprüfen. Kann sein, dass es tatsächlich – wie so häufig – Übergriffe der israelischen Armee gab; möglicherweise standen sie aber nicht nur jugendlichen Steinewerfern gegenüber, sondern Bewaffneten. Will der PLO-Chef uns mit einfachen Schuldzuweisungen für seine Sache einnehmen, unser Interview so beeinflussen? Sind wie immer nur die Juden an allem schuld?

Ein anderer Verdacht liegt nahe: Arafat will mit dem vorgezeigten Dokument beweisen, dass er über die Vorgänge im Westjordanland und im Gazastreifen genauestens und sehr zeitnah informiert ist, dass seine Palästinensische Befreiungsorganisation dort alles kontrolliert. Unsere Gewährsleute haben uns etwas ganz anderes gesagt: Der erste Volksaufstand, der im Dezember 1987 – wenige Wochen vor unserem Interview – in den israelisch besetzten Gebieten ausgebrochen ist, hat die PLO völlig überrascht; vereinzelt sind während dieser Intifada sogar palästinensische Plakate dort aufgetaucht, in denen die »über tausend Kilometer von der Schusslinie entfernten, im Luxus lebenden Exilanten« verspottet wurden.

Arafat versucht, den Eindruck einer blinden Einseitigkeit gegenüber Israel zu vermeiden, obwohl er natürlich die »Besatzer« für jede Eskalation verantwortlich macht und ihren sofortigen Abzug aus dem Westjordanland und Gaza fordert. »Viele junge israelische Soldaten werden jetzt zum ersten Mal mit der palästinensischen Wirklichkeit konfrontiert. Viele fragen sich, was sie da eigentlich tun in den besetzten Gebieten«, sagt er uns beim Interview. Dann kommen die üblichen Beteuerungen, die Palästinenser wollten mit allen ihren Nachbarn in Frieden leben, man lasse sie nur nicht.

Aber wie soll das gehen ohne die Anerkennung Israels durch die PLO, ohne Kompromissbereitschaft, ohne konkrete Friedensschritte?

Arafat bleibt da vage, spricht von einer – völlig unrealistischen – zwischenzeitlichen Gebietsübernahme durch die Vereinten Nationen. Interessant sind immerhin die Zwischentöne, die wir herauszuhören glauben. Vielleicht könnte doch Bewegung in die festgefahrenen Fronten des Nahen Ostens kommen.

Aber müsste die Palästinensische Befreiungsorganisation da nicht für alle Zeit dem Terror abschwören?

»Sie reden wie die israelischen Propagandisten! Ich bin kein Terrorist! Ich kämpfe für eine gerechte Sache! Wir haben in den besetzten Gebieten ein Recht auf Widerstand! Es sind die Besatzer, die seit Jahrzehnten gegen uns Terror ausüben!«

Herr Vorsitzender, von welchen Staaten der arabischen Welt werden Sie eigentlich in Ihrem Kampf unterstützt?

»Offiziell von allen …«

… also in Wirklichkeit von keinem …

»... ich denke, meine Antwort war klar genug.«

Schlussfrage: Was für ein Leben führen Sie eigentlich? Es heißt ja, aus Angst vor Anschlägen schliefen Sie niemals zwei Nächte nacheinander in demselben Bett.

»Ich bin nie lange Zeit in Tunis, obwohl ich natürlich hier im Hauptquartier häufiger Termine habe. Sonst pendle ich zwischen Sanaa im Jemen oder Bagdad im Irak hin und her. Mein Schicksal ist dasselbe wie das meines Volks: Ich habe kein Heimatland. Noch nicht. Aber es ist fünf Minuten vor Mitternacht – und um Mitternacht wartet die Freiheit!«

Kontrovers und geheimnisvoll ist so ziemlich alles im Leben des Muhammad Abd ar-Rahman Abd ar-Rauf Arafat al-Qudwa al Husaini alias »Jassir« (»dem alles leicht gemacht wird«) Arafat alias Abu Ammar (Kampfname). Und das fängt schon damit an, dass »Mister Palestine« gar nicht in Palästina, sondern 1929 in Kairo geboren ist. Seine Mutter entstammt einer prominenten Jerusalemer Familie, sein Vater ist ein Gemüse- und Gewürzhändler. Die Familie – Jassir ist das sechste von sieben Kindern – schlägt sich in der ägyptischen Hauptstadt mehr schlecht als recht durch. Der begabte Junge studiert an der Cairo University Ingenieurswissenschaften und lernt als strikt antiwestlich eingestellter Reservist der ägyptischen Armee mit Minen und Sprengstoff umzugehen.

Aber mehr als alles andere im arabischen Raum treibt ihn das Leid der Palästinenser um, die Nakba, die katastrophale Vertreibung so vieler Palästinenser im Zuge der israelischen Staatsgründung 1948. Eine der frühen politischen Aktionen Arafats: Er schickt eine mit Blut geschriebene Petition an den ägyptischen Ministerpräsidenten: »Vergessen Sie Palästina nicht!«

1959 gründet er Al Fatah (»Die Eroberung«), die revolutionäre Partei wird später zum Kernstück der Palästinensischen

Befreiungsorganisation PLO. Arafat sieht sich mit Schwierigkeiten in der arabischen Welt konfrontiert, die größtenteils die Palästinenser aus ihrem Gedächtnis gestrichen hat. Er muss zwischen den arabischen Diktatoren manövrieren; spielt sie gegeneinander aus, benutzt Tricks und Täuschungen, um die Befreiungsbewegung als eigenständige Kraft zu etablieren. Und er beginnt den »bewaffneten Kampf« gegen Israel. Er ist bereit, Israel mit Flugzeugentführungen und Guerilla-Terror zu überziehen. Unser Interviewpartner Uri Avnery schreibt dazu: »Es muss offen eingestanden werden: Ohne die mörderischen Angriffe hätte die Welt dem palästinensischen Ruf nach Freiheit keine Aufmerksamkeit geschenkt.«

Um die Sache seines Volkes ins Licht der Weltöffentlichkeit zu rücken, ist ihm jedes Mittel recht. Er opfert bei Karameh nahe der jordanischen Grenze seine eigenen Leute, um vor israelischen Panzern posieren zu können. Mit seiner Kufija, dem Palästinensertuch, der olivgrünen Kampfgarnitur und seiner stets sichtbar getragenen Waffe schafft er ikonenhafte Bilder: ein Public-Relations-Genie. Wie sehr er es versteht zu faszinieren und zu manipulieren, zeigt er auch bei einem denkwürdigen Auftritt vor dem Plenum der Vereinten Nationen 1974. »Ich bin hierhergekommen mit dem Olivenzweig in der einen Hand und mit dem Gewehr des Revolutionärs in der anderen«, ruft er theatralisch. »Lasst nicht zu, dass der Zweig in meiner Hand verdorrt!«

Er wird zum Überlebenskünstler, übersteht in der sudanesischen Wüste einen Flugzeugabsturz und laut *New York Times* insgesamt vierzig Anschläge. Eine mythische Figur, die Verkörperung des palästinensischen Traums. Aber Arafat hat auch eine pragmatische Seite. Ende 1988 – wenige Monate nach unserem Interview – erkennt er zum ersten Mal das Existenzrecht Israels an. Als die Sowjetunion, und damit ein wichtiger

Geldgeber der PLO, zusammenbricht und als er bemerken muss, dass er mit Saddam Hussein im Irakkrieg auf das falsche Pferd gesetzt hat, stimmt er konkreten Friedensverhandlungen zu. Auch privat verändert sich der Mann verblüffend, der bis dahin doch immer versichert hat, nur mit der »palästinensischen Sache« verheiratet zu sein. Er ehelicht seine Sekretärin Suha und bekommt eine Tochter.

Mit dem Abschluss der Verträge zwischen der PLO und Israel in Oslo 1993 beginnt eine Zeit der persönlichen Triumphe: Arafat zieht im Juli 1994 unter dem Jubel seiner Landsleute in Gaza ein und bildet eine provisorische palästinensische Regierung. Gemeinsam mit den israelischen Politikern Jitzchak Rabin und Shimon Peres erhält er noch im selben Jahr den Friedensnobelpreis.

Die Wandlung vom Terroristen zum Friedensfürsten und Nationalhelden scheint vollzogen, als er im Januar 1996 nach freien Wahlen und mit einem persönlichen Stimmanteil von achtundachtzig Prozent an der Spitze der Palästinensischen Autonomiebehörde auch Teile des Westjordanlands übernehmen kann. »Ein neues Zeitalter hat begonnen, das ist die Gründung unseres Staates«, ruft er – sehr voreilig, wie sich zeigen wird. Denn natürlich handelt es sich eher um eine begrenzte Selbstverwaltung. Und der Weg zu mehr scheitert dann an dem Attentat, dem sein Friedenspartner Rabin zum Opfer fällt. Als Arafat die Nachricht von dessen Tod erfährt, bricht der sonst so Nüchterne, Kaltherzige in Tränen aus.

In Israel gewinnt Benjamin »Bibi« Netanjahu, kein Freund irgendwelcher Zugeständnisse an die Araber, die Wahlen und rückt das Land nach rechts. Arafats Spielräume werden kleiner und es zeigt sich, dass ihn die täglichen politischen Herausforderungen wie die Führung eines Staatshaushalts, Krankenbetreuung, Wasserwirtschaft oder Müllabfuhr wenig interessieren. Er erweist sich als unfähig, die Lebensverhältnisse seines Volkes durch eine gute Regierungsführung zu verbessern – und beginnt, die Macht an radikalere palästinensische Gruppierungen zu verlieren.

Frühjahr 1997. Inzwischen vom *Stern* zum *Spiegel* gewechselt, bin ich in Gaza zu meinem zweiten Interview mit Jassir Arafat verabredet. Ich werde das Gespräch gemeinsam mit einem Nahostkorrespondenten des Nachrichtenmagazins führen. Der sehr sachkundige Kollege hat sich einen ganzen Fragenkatalog zurechtgelegt. Er wolle, sagt er mir, hart einsteigen, Arafat gleich mit den Missständen seiner Regierung, mit den Widersprüchen der Palästinensischen Autonomiebehörde konfrontieren. Wir einigen uns darauf, dass ich dann die zweite Frage übernehme.

Arafat wird von seinem Pressesprecher in den Raum geführt, eine knappe, höfliche Begrüßung. Er trägt sein charakteristisches Palästinensertuch, Khaki-Hosen, im Bund steckt keine Waffe mehr. Neun Jahre seit unserem ersten Treffen ist es jetzt her, er wirkt sehr viel älter, auch korpulenter. Und von allem leicht genervt – es sieht nicht so aus, als würden ihm die Niederungen der Alltagspolitik bekommen, ihm, der doch immer den großen internationalen Auftritt vor Augen hatte, sein Rendezvous mit der Weltgeschichte. »Schießen Sie los«, sagt er und wirft dabei einen Blick auf seine Uhr. Wir haben sechzig Minuten verabredet.

Wie abgesprochen beginnt der Kollege: »Herr Präsident, Ihre Regierung steht international, aber auch bei der palästinensischen Bevölkerung in der Kritik, sie gilt als sehr korrupt.«

Arafat reagiert aufgebracht. »Das ist eine Verleumdung!«

Einen Augenblick überlege ich, das so stehen zu lassen. Als ein Stück Selbstentlarvung. Aber dann denke ich doch, dass unser Interview seltsam zahnlos wirken könnte, wenn ich da nicht nachhake. »Herr Präsident, ich könnte Ihnen eine ganze

Reihe internationaler Organisationen, auch Politiker der mit Ihnen befreundeten Staaten, aufzählen, die den Korruptionsvorwurf teilen.«

Arafat wirft uns einen wütenden Blick zu. Schweigt, als sammle er die Gegenargumente und wolle zu einer langen Replik ansetzen. Dann steht er plötzlich auf – und geht mit schnellen Schritten zur Tür hinaus. Mein Kollege und ich werfen uns fragende Blicke zu, auch der Pressesprecher scheint zu rätseln, wie es nun weitergehen soll. »Der Präsident kommt bestimmt gleich zurück«, sagt er. Wir warten. Und warten. Und warten. Aber Arafat denkt offensichtlich nicht daran, uns noch einmal die Ehre zu geben. Nach einer endlosen halben Stunde drücken wir dem erschöpften Adlatus Arafats die Hand, der sich verlegen entschuldigt.

Beim *Spiegel* wird ein Interview nur veröffentlicht, wenn es vom Gesprächspartner im Wortlaut abgesegnet wird. Das lässt uns keine Wahl: Wir vergessen das Ganze.

Drei Jahre später läuft Jassir Arafat wieder weg – nur dass diesmal sein Türenzuschlagen und Verschwinden weltpolitische Folgen hat. Der amerikanische Präsident Bill Clinton hat zu Friedensverhandlungen nach Camp David eingeladen. Dabei bietet der israelische Ministerpräsident Ehud Barak den Palästinensern einen Staat an, der fast das gesamte Westjordanland und Gaza umfassen würde. Noch nie wurde den Palästinensern ein so weitgehender Kompromiss präsentiert, Arafat aber schlägt ihn aus. Er will mehr, vermutet israelische Tricks, sieht den US-Präsidenten nicht als neutralen Vermittler, sondern als einen, der ultimativ sein Einlenken fordert.

Nachdem die Gespräche Mitte 2000 endgültig zusammengebrochen sind, versinkt die Region wieder in Gewalt. Der damalige israelische Oppositionsführer Ariel Sharon heizt die Stimmung mit einem provokativen »Besuch« auf dem Platz der

Al-Aksa-Moschee in Jerusalem an. Die Palästinenser antworten mit wütenden Protesten, die zu einem blutigen Volksaufstand führen, der zweiten *Intifada.* Mehr als neunhundert Juden und dreitausend Araber verlieren ihr Leben. Die palästinensischen Selbstmordattentate häufen sich, Israels Führung macht dafür auch Arafat persönlich verantwortlich. Im Frühjahr 2002 kreisen israelische Panzer den Amtssitz Arafats in Ramallah ein. Es sind solche existenziellen Situationen, in denen er noch einmal zu großer Form aufläuft. »Oh Gott«, ruft er theatralisch in die Kameras, »gewähre mir doch den Märtyrertod!«

Ende Oktober 2004 erkrankt Arafat plötzlich schwer, er kann wegen einer offensichtlichen Schädigung seiner Leber nichts mehr essen. Sein Zustand verschlechtert sich, er wird nach Frankreich in eine Spezialklinik ausgeflogen. Am 11. November 2004 stirbt Jassir Arafat fünfundsiebzigjährig in einem Pariser Krankenhaus, nach Aussage seiner Ärzte an einer durch Organversagen ausgelösten Gehirnblutung. So kontrovers und geheimnisvoll wie sein Leben sind auch die Umstände seines Ablebens: Arafats Frau Suha und viele seiner Vertrauten behaupten, er sei mit Polonium vergiftet worden, Opfer eines raffinierten und israelischen Anschlags. Die Exhumierung zeigt Spuren einer Vergiftung, endgültige Beweise für einen Mord lassen sich allerdings nicht finden.

* * *

Die einen verehren ihn abgöttisch, als verantwortungsvollen »König der Juden« und entschlossenen Garanten dafür, dass nie wieder eine Shoah droht; die anderen verachten ihn abgrundtief als korrupten, egomanischen Machtpolitiker, der das Land international isoliert. Aber alle Israelis nennen ihn »Bibi«, als wäre er Teil der Familie, als wäre er mit der ganzen Nation per Du.

Benjamin »Bibi« Netanjahu, mehr als siebzehn Jahre lang schon (mit Unterbrechungen) Ministerpräsident und damit länger an der Macht als jeder andere israelische Politiker, spaltet aber nicht nur die Menschen in seiner Heimat, er ist einer der kontroversesten Politiker weltweit. Wegen seiner rücksichtslosen Kriegsführung und Verbrechen gegen die Menschlichkeit in Gaza hat der Internationale Strafgerichtshof in Den Haag im November 2024 einen Haftbefehl gegen ihn ausgestellt, eine UNO-Kommission wirft ihm sogar »Völkermord« vor – mit konkreten Folgen. Weil Spanien und Frankreich schon angekündigt haben, Netanjahu auf ihrem Boden zu verhaften, und es ja immer mal zu einer Flugzeugnotlandung kommen kann, musste Netanjahus Regierungsmaschine auf dem Weg nach New York im September 2025 einen Umweg über andere Staaten fliegen.

Er war wieder einmal unterwegs zur UNO-Vollversammlung und zu seinem Kollegen Donald Trump. Den nennt er »den besten Unterstützer im Weißen Haus, den Israel je hatte« und einen »persönlichen Freund«. Der amerikanische Präsident schwelgt im Gegenzug von den »einmaligen Fähigkeiten« Netanjahus. Da treffen sich zwei, aus gleichem Holz geschnitzt. Beide glauben, dass sie dazu ausersehen sind, ihre Völker zu retten und zu neuer Größe zu führen. Beide verachten die kritische Presse ihres Landes und fürchten die unabhängige Justiz so sehr, dass sie am liebsten diese demokratischen Institutionen schleifen würden. Beide kämpfen gemeinsam mit dem rechten Rand der Gesellschaft gegen die angeblich »woken, linksliberalen« traditionellen Eliten. Beide wissen mit den neuen Medien umzugehen und zeigen sich täglich als hochbegabte Kommunikatoren. Israels »Bibi« und Amerikas »Donald« sind Twitter Twins. Und politische Zwillingsbrüder im Geiste.

Während über den amerikanischen Präsidenten aber derzeit gefühlt alle zwei Tage ein neues Porträt geschrieben wird, fast so, als hätten die Verfasser Gelegenheit dazu gehabt, ihn auf die Couch zu legen (»bösartiger Narzissmus« ist die gängigste Fremddiagnose), scheint es so, als hätte man aufgegeben, den israelischen Premier ergründen zu wollen. Netanjahu hat viel dafür getan, keine persönliche Nähe zwischen ihm, Parteifreunden und Journalisten aufkommen zu lassen. Was ihn bewegt, will er durch seine Politik ausdrücken. »Ich hasse all dieses Psycho-Gebrabbel«, hat er einmal einen Reporter angefahren, als der etwas über Netanjahus Vorbilder und den Einfluss seiner Familie wissen wollte.

Aber es gibt zumindest Hinweise, die helfen können, den Charakter Netanjahus und seine persönliche und politische Prägung einzuschätzen. Einige Beobachtungen aus den mehr als vier Jahrzehnten, die ich ihn kenne.

Zum ersten Mal haben wir uns 1976 getroffen, da war er Mitte zwanzig, und der Anlass war ein triumphaler für die Nation und ein sehr trauriger für die Familie. Joni Netanjahu, sein älterer Bruder, war in Entebbe ums Leben gekommen. Er hatte das tollkühne Kommandounternehmen »Thunderbolt« (Blitzschlag) angeführt, bei dem in Uganda mehr als hundert Air-France-Passagiere aus der Hand von Entführern befreit wurden. Vier Geiseln starben, Bibis Bruder war das einzige Opfer der Spezialeinsatzkräfte. Er wurde nur dreißig Jahre alt. Vater Benzion Netanjahu hatte einen befreundeten Israeli zur Trauerfeier in sein Jerusalemer Haus eingeladen, ich durfte ihn begleiten.

Er holte aus zu einem großen Exkurs über die jüdische Geschichte, bevor er zu den aktuellen Ereignissen um die Flugzeugentführung überging. Nie mehr, wirklich nie mehr, dürfe sein Volk sich der Passivität des Erleidens hingeben, sagte das

Familienoberhaupt. Juden müssten lernen, das Heft auch in einer scheinbar ausweglosen Situation in die Hand zu nehmen, insofern sei das Kommandounternehmen gegen die Terroristen in einem fremden Land das einzig Richtige gewesen, unabhängig von möglichen Opfern. Es klang so, als hielte er den Entebbe-Einsatz für eine Art Fortschreibung des Aufstands im Warschauer Ghetto. Dann kam Benzion Netanjahu auf Joni zu sprechen, erzählte liebevoll von dessen Opferbereitschaft für Israel. Und machte klar, dass er diese Opferbereitschaft für selbstverständlich hielt, auch von seinen anderen Söhnen erwartete.

Während er sprach, wagten weder Bibi, der vier Jahre zuvor bei einem Einsatz gegen Terroristen selbst angeschossen worden war, noch dessen anderer Bruder Iddo – auch der Radiologe diente in der Eliteeinheit Sayeret Matkal –, das Wort zu ergreifen. Der Vater war der Patriarch, der sagte, wo es langging. Viel Unterschied zwischen Terroristen und denen, die jenseits der Grenzen dem Judenstaat »nur« misstrauisch gegenüberstanden, mochte er nicht machen. Arabern sprach er grundsätzlich die Fähigkeit zum friedlichen Zusammenleben ab. Zitat: »Die Neigung zum Streit liegt in der Natur des Arabers, er ist unser geborener Gegner. Der Kriegszustand ist immerwährend.«

Als Sohn eines Rabbiners in Warschau geboren, war dieser Benzion Mileikowsky 1920 mit seinen Eltern ins Heilige Land ausgewandert, hatte dort den hebräischen Familiennamen Netanjahu (etwa: »Gottesgeschenk«) angenommen. Er schrieb für eine Zeitung, die 1935 wegen »Hetze« von der britischen Mandatsverwaltung verboten wurde. Den Teilungsplan der UNO, der ja 1948 erst zur Gründung des jüdischen Staates führte, bekämpfte er vehement: Er glaubte immer an das biblische Recht auf ein Großisrael, sah sein Volk im permanenten Überlebenskampf – und konnte seine Söhne darauf hinweisen, dass er als einer der wenigen frühzeitig vor dem Holocaust gewarnt hatte.

Er gab vor allem seinem geliebten »Bibi« mit auf den Weg, dass er dazu auserwählt sei, eine neue, seiner Meinung nach allseitig drohende Shoah zu verhindern. Er zog als Geschichtsprofessor mit seiner Familie in die Vereinigten Staaten und wurde Herausgeber der Encyclopaedia Hebraica. Ein anerkannter Wissenschaftler, aber eben auch ein politischer Scharfmacher, für den jeder Kompromiss mit den Nachbarn in der Region ein Verrat war. Benzion Netanjahu wurde hundertzwei Jahre alt.

Bibi hat den Übervater verehrt, das bemerkte jeder der Gäste an diesem Trauertag 1976 in Jerusalem, an dem er nicht einmal wagte, selbst das Wort zu ergreifen. Er hat seine Radikalität bewundert – und zumindest teilweise übernommen. Er hat ihm ein Buch über Terrorismusbekämpfung gewidmet. Und er tat – ganz Familienmensch – auch alles, um seinen gefallenen Bruder zum Nationalhelden, zur Legende zu machen. Er sammelte und veröffentlichte Jonis Briefe, sorgte dafür, dass das Kommando von Entebbe zur »Operation Jonathan« umgetauft wurde. Es war so, als müsste er sich an dem Opfer seines Bruders abarbeiten, dessen Vermächtnis durch eigene Härte und Unerbittlichkeit bewahren.

Das nächste Mal traf ich Benjamin Netanjahu Ende der achtziger Jahre. Er hatte da schon sein Managementstudium in Massachusetts mit Bravour abgelegt, sich dem konservativen Likud-Parteienbündnis in seiner Heimat angeschlossen und war schnell zum UNO-Botschafter Israels in New York aufgestiegen. Ein Mann, der sich seines guten Aussehens bewusst war, selbstsicher im Auftreten, brillant bei Debatten, höflich, ein Schwiegermuttertraum. Die USA, in der er mit seiner Familie seit seiner Gymnasialzeit überwiegend lebte, wurden seine zweite Heimat. Aber was er an dem Land so bewunderte, waren eher die erfolgreichen Geschäftsleute als die in seinen Augen zu unflexiblen demokratischen Institutionen.

Er freundete sich mit dem Bauunternehmer Fred Trump an, traf damals schon dessen Sohn Donald; er ging in der jüdisch-orthodoxen Familie des Finanzmagnaten Charles Kushner ein und aus, übernachtete, wie die amerikanische Presse herausfand, sogar im Bett von dessen Sohn, der so lange in den Keller umziehen musste. Dieser Jared Kushner heiratete später Ivanka Trump, wurde zum Schwiegersohn des jetzigen US-Präsidenten – Kontakte, die Netanjahu bis heute sehr viel nützen: Jared gilt als einer der engsten Berater im Weißen Haus und sollte eine zentrale Rolle bei dem angestrebten ultimativen »Friedensdeal« für den Nahen Osten spielen. Wo in der Region die Sympathien der führenden amerikanischen Familien liegen, blieb nie ein Geheimnis: Die Kushners haben jüdische Siedlungen im besetzten Westjordanland mit großzügigen Spenden gefördert, auch Donald Trump war mit zehntausend Dollar für Beit-El dabei, einen Ort, der nach internationalem Recht illegal errichtet wurde.

Bei unserem damaligen Gespräch erzählte mir Netanjahu, er werde die Palästinenser »auf Distanz halten«, wenn sie aufmüpfig würden und auf angebliche Rechte pochten, »dürften sie sich noch wundern« – Politik ganz im Sinne seines Vaters. 1996 polemisierte Netanjahu gegen die Friedensgespräche, die Premier Jitzchak Rabin eingeleitet hatte, ging sogar so weit, diesen als schlimmen Kompromissler, Ausverkäufer und »Verräter an der jüdischen Sache« zu brandmarken. Damit trug er wesentlich zur aufgeheizten und aggressiven Stimmung bei, die einen Rechtsradikalen zum Rabin-Mörder werden ließ. Kaum jemand gab Netanjahu als Likud-Spitzenkandidat danach eine Chance, die Wahlen im Mai 1996 zu gewinnen. Doch als sich unmittelbar vor dem Urnengang palästinensische Anschläge mehrten, wandelte sich das Bild, die Stimmung drehte sich gegen den liberalen Kandidaten Shimon Peres. Eine knappe

Mehrheit entschied sich für den Hardliner. Bibi wurde zum jüngsten Ministerpräsidenten in der Geschichte des Landes.

Er verlor ziemlich schnell das Vertrauen der Öffentlichkeit, musste nach drei Jahren zurücktreten und zog sich in die Privatwirtschaft zurück. Dort hielt es den Ehrgeizigen nicht lange, er sah sich als geborenen, gottgesandten Politiker mit einem besonderen Sendungsauftrag. Als Finanz- und Außenminister arbeitete er zäh und zielstrebig an seinem Comeback. Im März 2009 kam er wieder an die Macht und überholte dann sogar den Staatsgründer David Ben-Gurion in Sachen Amtszeit.

An den Grundzügen der Netanjahu-Politik hat sich nie etwas geändert. Die Vereinten Nationen verachtet er, die Europäer sind in seinen Augen hoffnungslos naiv gegenüber dem Iran und der arabischen Welt. Oder antisemitisch. Oder beides. Er hat den Konflikt mit den Palästinensern immer für unlösbar gehalten, glaubte aber, ihn managen zu können. Er will Frieden – aber nur unter seinen Bedingungen. Er schließt lange auch eine von der Clinton- und der Obama-Regierung wie von der EU geforderte Zweistaatenlösung nicht völlig aus. Aber das ist eher Taktik als Überzeugung, denn gleichzeitig lässt er immer mehr Siedlungen im besetzten Westjordanland bauen und schafft dadurch neue Tatsachen: Ein lebensfähiger Staat auf der anderen Seite kann so nicht entstehen. Außerdem muss nach Netanjahus Überzeugung die militärische Kontrolle über das gesamte Westjordanland wie über Gaza »für immer« bei Israel verbleiben.

»Dieser Hurensohn will doch gar nicht verhandeln«, rief ein frustrierter Bill Clinton einmal im Beisein mehrerer Zeugen erbost aus, als Netanjahu gerade wieder einmal seine Obstruktionspolitik trotz aller Mahnungen aus Washington durchzog.

Gelegentlich zeigt sich der Premier zu minimalen Zugeständnissen gegenüber der Palästinenser-Führung bereit, etwa als er Teile der Stadt Hebron der PLO übergibt (er handelt sich dafür die scharfe Kritik seines Vaters ein). Netanjahu bleibt aber immer bei der Überzeugung, dass die Moderaten gegen die Islamisten der Hamas in Gaza verlieren. Und er unterstützt die Hamas sogar indirekt bei diesem Kampf, indem er nichts gegen deren Aufrüstung und Finanzierung durch Geldgeber aus Katar unternimmt, dagegen die gemäßigte Autonomiebehörde in Ramallah immer wieder durch Entzug von Mitteln bestraft. Das lässt nur einen Schluss zu: Bibi will keinen erstarkten, seriösen Gesprächspartner auf der anderen Seite. Er will gar keinen Adressaten. Er ist ein kühl kalkulierender Pragmatiker, der die Palästinenser belauert und auf deren interne Streitigkeiten setzt.

Ein letztes persönliches Gespräch mit Israels Regierungschef, Anfang des vergangenen Jahrzehnts. Netanjahu hat mich aus Anlass seines Deutschlandbesuchs gemeinsam mit einigen Kollegen zu einem Hintergrundgespräch eingeladen. Er begrüßt mich betont herzlich, wie so häufig ein charmantes, aber leicht spöttisches Lächeln auf den Lippen: »Na, brennt noch immer das alte Feuer in Ihnen und in Ihren Kommentaren?«

Im Prinzip erzählt er dann nichts Neues. Aber wie sich seine Prioritäten doch verschoben haben, zeigt sich in den veränderten Parallelen, die er zur Nazizeit zieht. Früher hat er solche Vergleiche in der arabischen Welt angesiedelt, so behauptete er beispielsweise, Adolf Hitler habe die Idee, alle Juden auszurotten, von Amin al-Husseini, dem palästinensischen Großmufti Jerusalems übernommen – Historiker schüttelten nur den Kopf, Netanjahu sah sich später zu einer Entschuldigung gezwungen.

Seit etwa 2010 aber geht es um die Bedrohung aus dem Iran, die der Premier als existenziell begreift. Immer wieder setzt er München 1936 mit Teheran gleich, unterstellt dem Regime der

Ajatollahs, einen »neuen Holocaust« zu planen. Westliche Bemühungen, das iranische Atomprogramm einzuhegen, sind für ihn nichts anderes als »Appeasement«. Netanjahu will schon damals, das wird bei unserem Gespräch klar, unbedingt die Nuklearanlagen des Feindes bombardieren. Und auch die von Teheran finanzierten Terrorgruppen Hisbollah und Hamas, die sein Land immer wieder mit Raketenangriffen militärisch provozieren. Ihm ist klar, dass solche groß angelegten Operationen nicht ohne Zustimmung der USA durchgeführt werden können. Sowohl Präsident Bill Clinton als auch Barack Obama winken ab – zu groß ist in ihren Augen die Gefahr einer Eskalation, eines Flächenbrands im Nahen Osten.

Die Situation ändert sich fundamental mit dem Wahlsieg Donald Trumps im Jahr 2016. Schon in seiner ersten Amtszeit kommt er seinem »guten Freund Bibi« weit entgegen. Anders als seine Vorgänger akzeptiert er den international als illegal gebrandmarkten Siedlungsbau im Westjordanland; er verlegt die US-Botschaft in das umstrittene Jerusalem; er erkennt die Annexion der von Israel besetzten Golanhöhen an. Mit Beginn der zweiten Amtszeit Trumps steht Netanjahu dann im Zentrum seiner Macht, er hat außenpolitisch weitgehend freie Hand. Der Israeli umgarnt den für Schmeicheleien so zugänglichen Amerikaner geschickt, wickelt ihn um den Finger. »Sie verdienen den Friedensnobelpreis, dafür habe ich Sie in einem Brief an das Komitee vorgeschlagen!« Netanjahu verstärkt so seinen Einfluss immer mehr. Ein begnadeter Taktiker, ein Machtpolitiker par excellence.

Innenpolitisch allerdings fällt ein schwerer Schatten auf den Premier, von manchen »Bibi-Gate« genannt.

Netanjahu drohen einige seiner weniger angenehmen Charaktereigenschaften zum Verhängnis zu werden – seine Arroganz, mit der er Gesetze zur Seite schiebt, seine Kontrollsucht über die Medien, seine Lust am Luxus. Israel ist, zumindest was die Judikative angeht, eine vorbildliche Demokratie, auch die prominentesten Politiker müssen sich an Gesetze halten. Das heißt für den Ministerpräsidenten: Er hat Probleme mit dem Staatsanwalt. Große Probleme. Als Netanjahu nach den Wahlen im Dezember 2022 eine fragile Regierungskoalition mit rechtsextremen und ultrareligiösen Partnern eingehen muss, stehen die Wetten darauf, dass er keine ganze Legislaturperiode durchhalten wird, gut. Zudem nehmen die Raketenangriffe aus Gaza und aus dem Libanon zu; es sind mehr als nur Nadelstiche gegen eine verängstigte Bevölkerung.

Netanjahu wird viele Stunden lang von der Staatsanwaltschaft vernommen. Es geht um Geschenke von Geschäftsleuten, um teure Cohiba-Zigarren, um Rosé-Champagner (das Lieblingsgetränk seiner als besonders anspruchsvoll bekannten dritten Ehefrau Sara). Der amerikanische Unternehmer Ronald Lauder, der auch als Präsident des Jüdischen Weltkongresses fungiert, soll Netanjahu unter anderem einen Anzug geschenkt und seinem Sohn Yair einen Auslandsaufenthalt finanziert haben. Das alles mag angesichts der weltpolitischen Vorgänge kleinkariert erscheinen, aber bei Vorteilsnahme und Bestechlichkeit kennen Richter kein Pardon.

Benjamin Netanjahu bestreitet alle Vorwürfe, auch eine persönliche Verwicklung in den Kauf deutscher U-Boote und lukrative geschäftliche Verbindungen seines Büros mit dem Emirat Katar. Aber eine andere Geschichte wird er kaum leugnen können, ist sie doch laut israelischer Presse durch einen Tonbandmitschnitt dokumentiert: Netanjahu hat mit Arnon Mozes gekungelt, dem Chefredakteur der Tageszeitung *Jedioth Achronoth.* Mit dem er lange als verfeindet galt. Der Premier bot demnach ein Gegengeschäft an: Wenn Mozes für eine positive Netanjahu-Berichterstattung sorge, werde er seinen Einfluss bei Israels auflagenstärkster Zeitung zu seinen Gunsten nutzen, dem Gratisblatt *Israel Hajom.*

Dann kommt ein Tag, der die Welt verändert, den gesamten Nahen Osten bis in die Grundfesten erschüttert. Ein Tag, der für das gesamte jüdische Volk zum schlimmsten seit dem Holocaust wird. Der 7. Oktober 2023.

Hamas-Terroristen dringen in den Süden Israels ein, morden wahllos Soldaten, alte Männer, Frauen und Kinder. Sie zerstückeln Babys. Sie wüten bei einem Tanzfestival und schlachten junge Leute ab. Sie vergewaltigen. Es ist mehr als ein Massaker, es ist ein Zivilisationsbruch. Zwölfhundert Menschen sterben bei dem bestialischen Angriff, zweihundertfünfzig werden von den Radikalislamisten in den Gazastreifen entführt.

Die Sympathie der Welt gehört den israelischen Opfern, in Deutschland allerdings verwundert, wie wenig ausgeprägt bei manchen die Empathie mit den jüdischen Opfern ist. Dass die Nation ein Recht auf Selbstverteidigung hat, ist in allen westlichen Ländern unbestritten. Es gilt in Washington, Paris, London, Rom und Berlin als selbstverständlich; Israel will und muss verhindern, dass sich solch ein Terrorangriff wiederholt. Netanjahu übernimmt, anders als einige seiner Militärs und Geheimdienstchefs, keine persönliche Verantwortung dafür, dass der Terrorangriff nicht verhindert werden konnte. Er schwört, alle Geiseln heimzuholen, die Hamas-Führer in ihren unterirdischen Geheimgängen aufzuspüren und zu töten. Mehr noch: Er will die ganze Organisation zerschlagen, bis auf den letzten Mann. Ein Ziel, das die allermeisten Nahost-Kenner allerdings für überambitioniert und unerreichbar halten.

Und Netanjahu lässt bombardieren, immer wieder, immer brutaler, ganze Städte fallen in Schutt und Asche. Raketen zerstören Hochhäuser, in denen auch nur ein einziger Hamas-Vertreter vermutet wird, ohne jede Rücksicht auf zivile

Opfer. Palästinensische Familien müssen vom Norden in den Süden des Gazastreifens fliehen und fallen häufig auch dort, wo sie Israels Armee als geschützt deklariert, den rücksichtslosen Angriffen zum Opfer. Mehr als sechsundsechzigtausend Menschen verlieren ihr Leben, darunter sind mehr als ein Viertel Kinder. Krankenhäusern gehen die einfachsten medizinischen Mittel aus, Babys sterben an Auszehrung.

Viele Menschen im Westen, auch Regierungsvertreter der EU, ignorieren das Leid – so, als hätte Israels Armee nach dem Hamas-Terrorüberfall einen Freibrief, so, als gäbe es keine schuldhaft handelnden Juden. »Der Hunger sucht Gaza heim, als würde der Hunger herumfahren und Google Maps benutzen, um ihn zu finden. Schon diese Sprache dient dazu, Verantwortung zu verschleiern«, meint der arabischstämmige, in Kanada lebende Bestsellerautor Omar El Akkad, völlig desillusioniert über das von ihm empfundene Desinteresse, die Mitleidslosigkeit im Westen.

Die Hamas verhindert mehrfach eine Geiselbefreiung und damit einen Bombenstopp, zeigt abgrundtief zynisch und menschenverachtend Videos der abgemagerten Verschleppten. Aber auch Netanjahu sorgt mit immer neuen Bedingungen dafür, dass die von Katar und Ägypten initiierten Verhandlungen scheitern. Er sieht sich in seiner Annahme bestätigt, dass US-Präsident Trump ihm während dessen zweiter Amtszeit grünes Licht für Militärunternehmungen gegenüber allen feindlichen Staaten und Gruppierungen im Nahen Ostern gibt, vom Libanon über Syrien bis zum Jemen wird die »Achse des Widerstands« eliminiert oder zumindest weitgehend dezimiert.

Netanjahu glaubt Gott an seiner Seite, erwähnt Seine Rolle bei Ansprachen an die Landsleute: »Die Heilige Schrift sagt uns: Ihr müsst euch erinnern, was Amalek euch angetan hat.« Amalek ist eine Referenz an die Thora, das fünfte Buch Mose.

Gott verweist darin auf den Überfall des Volks Amalek auf die Juden, als diese geschlagen und geschwächt Ägypten verlassen mussten. Ein unprovozierter und heimtückischer Angriff. Gott verlangt von dem Volk Israel, die Amalekiter auszurotten, sobald sie sich eingerichtet haben in dem Land, das Er ihm geschenkt hat. Netanjahu will damit offensichtlich sagen: Wer Grausamkeit erlitten hat, darf – ja muss – grausam zurückschlagen. Und in Gaza sitzen die neuen Amalekiter.

Es gibt aber neben diesen existenziellen »biblischen« Überlegungen noch einen anderen, profaneren Grund dafür, dass Israels Premier den Krieg so gnadenlos weiterführt, auch noch, als seine Generäle und Geheimdienstler die Hamas längst nicht mehr als militärische Gefahr sehen: Netanjahu weiß, dass sein Land während eines Kriegs immer solidarisch zu seiner Führung steht. Solange die Waffen nicht schweigen, droht ihm kein Untersuchungsausschuss, der das Versagen seiner Regierung vor dem Hamas-Überfall thematisiert; wohl auch keine juristische Verurteilung wegen Korruption. So nimmt er achselzuckend in Kauf, dass Israel zum internationalen Paria wird, dass der Internationale Strafgerichtshof ihn (neben Ex-Verteidigungsminister Yoav Galant und Hamas-Chef Mohammed Deif) als potenziellen Kriegsverbrecher zur Fahndung ausschreibt. Und darüber hinaus untergräbt er mit seinen ständigen Angriffen auf Justiz und Presse den Fortbestand der Demokratie. Aber Bibi hält sich für unersetzlich, sieht keinen, der wie er Israels Geschichte im Griff hat, eine Vision für die jüdische Zukunft besitzt – und die Stärke, allen Widerständen und Zwängen zu trotzen.

In den ersten Oktobertagen 2025 dann die überraschende Wende, die Hoffnung auf Frieden verheißt.

Donald Trump legt einen Nahost-Friedensplan vor, der zum ersten Mal auch Netanjahu in die Pflicht nimmt und einen graduellen Rückzug der israelischen Truppen aus Gaza fordert. Der amerikanische Präsident ist verärgert über seinen Freund Bibi, weil der ohne Absprache mit Washington die Hamas-Vertretung in Doha bombardiert hat – der Angriff auf einen der engsten Verbündeten der USA ist eine Unverfrorenheit Netanjahus zu viel. Aber noch mehr verlangt Trump den Palästinensern ab. Dass die Hamas alle Geiseln freilassen, ihrer Entmachtung und Entwaffnung zustimmen muss, stößt auch unter den meisten Arabern auf Zustimmung, dass aber auch die gemäßigte Palästinensische Autonomiebehörde »bis zu ihrer grundlegenden Reformierung« zur Seite geschoben wird, ist für viele ein harter Schlag. Für eine langjährige Übergangszeit soll eine internationale Technokratenregierung, geprägt vom Westen, die Geschicke des Gazastreifens bestimmen. »Ein Triumph für Netanjahu, der zeigt, dass er trotz der zunehmenden Isolierung Israels in der Welt immer noch viel – wenngleich nicht alles – von dem bekommen kann, was er will«, urteilt die *New York Times*.

Nun liegt es weitgehend an Israels Regierungschef, wie es weitergeht im Nahen Osten. Premier Netanjahu verblüfft die Öffentlichkeit im November 2025 mit der schriftlich geäußerten Bitte an Präsident Jitzchak Herzog, den Korruptionsprozess gegen ihn einzustellen und ihn offiziell zu begnadigen – ein Schritt, zu dem das Staatsoberhaupt in Israel berechtigt ist. Aber ein solches Gesuch während eines laufenden Gerichtsverfahrens zu stellen, ohne verurteilt gewesen zu sein oder gestanden zu haben, stellt einen Präzedenzfall dar und zeigt einmal mehr, wie Netanjahu die Grenzen des Sag- und Machbaren zu seinen Gunsten verschieben will. In seinem über Anwälte zugestellten, von ihm selbst veröffentlichten Schreiben führt der Premier an, die »sicherheitspolitische Lage« erfordere vierundzwanzig Stunden am Tag seine ganze Aufmerksamkeit. Die häufigen Vernehmungen stellten eine unangemessene zeitliche Belastung für ihn dar. Netanjahu macht klar, dass er das alles für Schikane und Willkür hält. Es sei »im besten Interesse« der Nation, wenn der Prozess eingestellt werde, da dieser auch »zu einer wachsenden Polarisierung der israelischen Gesellschaft« führe. »Dabei ist es Bibi, der mit dieser Bitte Israel spaltet«, kommentiert Dana Blander, Rechtsexpertin am Israel Democracy Institute. Meinungsumfragen zeigen, wie zerrissen die Nation tatsächlich ist: 50 Prozent der Israelis sagen, dass Herzog dem Gnadengesuch nicht stattgeben dürfe, 41 Prozent plädieren für das Gegenteil. Der Präsident hat in einer ersten Reaktion dem Premier eine Prüfung des Falles zugesagt, behält sich aber dafür seinen eigenen Zeitplan vor.

Immer wieder heißt es zum Jahresende 2025, es gebe Spannungen zwischen dem amerikanischen Präsidenten Donald Trump und dem israelischen Ministerpräsidenten. Doch beim Besuch Netanjahus in Mar-a-Lago zu Silvester 2025 ist davon nichts zu spüren – die beiden loben einander in höchsten Tönen. Trump sei nicht nur ein großes Glück für Israel, sondern für die ganze Welt, sagt Bibi. Ohne einen Mann wie Netanjahu würde Israel heute vielleicht gar nicht mehr existieren, sagt Donald. Der Israeli kündigt an, den Amerikaner für seine »herausragenden Verdienste« um den Frieden mit dem höchsten Preis des Landes auszuzeichnen. Trump werde vor allem für seine erfolgreichen Bemühungen um die Rückkehr der Geiseln aus der Hamas-Gewalt ausgezeichnet. Wie es allerdings nach dieser ersten erfolgreichen Phase des Friedensplans weitergehen soll, bleibt Anfang 2026 völlig unklar – weder eine verabredete internationale Stabilisierungstruppe für Gaza noch ein Rückzug der israelischen Truppen scheint in Sichtweite, auch weil Netanjahu die verabredete palästinensische Beteiligung an einer Technokratenregierung in Gaza weiter blockiert. Trump macht für die Schwierigkeiten bei der Umsetzung der zweiten Phase des Friedensabkommens aber nicht seinen Freund verantwortlich, der erfülle seiner Meinung nach alle Zusagen zu hundert Prozent. »Ich mache mir keine Sorgen darüber, was Israel tut. Ich mache mir Sorgen darüber, was andere tun oder vielleicht nicht tun.«

Der US-Präsident geht in seiner Bewunderung für seinen Freund sogar so weit, dass er sich offen in innerisraelische Angelegenheiten einmischt und fordert, das Gerichtsverfahren gegen Netanjahu müsse enden. »Wie kann es sein, dass er nicht begnadigt wird?«, fragt Trump öffentlich. Bibi sei ein »Kriegsheld«, der doch alles für sein Land tue. Dann behauptet Trump noch, mit Herzog in der Sache gesprochen zu haben, der sehe die Sache ähnlich. Herzog dementiert sofort; ein solches Gespräch habe nie stattgefunden.

Und so steht Israel wieder einmal am Scheideweg. Die Regierung isoliert sich international weiter, treibt den illegalen Siedlungsausbau im Westjordanland in großem Umfang voran, kündigt siebenunddreißig renommierten Hilfsorganisationen wie beispielsweise Ärzte ohne Grenzen oder Oxfam ihre Lizenz zur Arbeit in den besetzten Gebieten.

Benjamin Netanjahu hat bewiesen: Er kann Rache, er kann Krieg. Aber kann Bibi auch Frieden? Und wird eine geschlagene, gedemütigte und ihrer schweren Waffen entledigte Hamas auf Selbstmordattentate verzichten?

IX

NAH, SO NAH AM PARADIES

Die Geschichte von drei im letzten Moment gescheiterten Selbstmordattentäter*innen
Täter*innen: Mahmud, Thaura, Badr
Tatorte: Israel/Palästina

Was kann es Schrecklicheres geben als ein Selbstmordattentat? Wie kann es sein, dass ein Mensch seinen eigenen Körper als Waffe einsetzt, sich selbst opfert, um andere, möglichst viele andere, in den Tod zu reißen?

Selbstmordattentäter haben in Sri Lanka gewütet, in Japan, in Pakistan, in Tschetschenien und in Somalia, einige waren hinduistische Fanatiker, wenige auch buddhistische, daoistische oder christliche – und jüdische. Es geht dabei häufig, aber längst nicht immer um religiös motivierte Täter – eines der ersten bekannten Selbstmordattentate haben 1972 auf dem Flughafen von Tel Aviv marxistisch geprägte Terroristen verübt. Das für die Weltpolitik einschneidendste Ereignis war der Todesflug von überwiegend aus Saudi-Arabien stammenden Extremisten, die eine Weltmacht in die Knie zwingen wollten – New York und Washington, 11. September 2001.

Aber es ist unbestreitbar: Statistisch stammen die meisten Selbstmordattentäter aus Palästina, sie sind Muslime und ihre Opfer sind Juden. Manche der geplanten Anschläge konnten israelische Sicherheitskräfte im letzten Augenblick verhindern, die Täter verhaften.

Ich habe lange versucht, einige der Verurteilten im Gefängnis zu treffen. Mal scheiterte es an den Anwälten, meist an den Behörden. Schließlich erhielt ich im Juni 2004 ein überraschendes Okay für Interviews mit drei verurteilten Selbstmordattentätern. Meine Bedingung: Ich bestand auf einen eigenen Übersetzer und auf ein Gespräch ohne weitere Personen im Raum, wobei mir natürlich bewusst war, dass die Bewacher mit ihren Mitteln jedes Wort mithören würden.

DER LEHRLING

Sie nehmen Mahmud Kaddusi die Handschellen ab, bevor er in den kargen Besucherraum des Gefängnisses von Hascharon kommt. Ein schlaksiger Teenager in brauner Anstaltskleidung, über den Lippen ein Bärtchen. Wache, schnell wandernde Augen, die unsere Umgebung mustern, als suchten sie permanent nach einer Fluchtmöglichkeit. Aber da ist nicht einmal ein Fenster; da führt kein Blick hinaus auf den Hof, wo die Gefangenen täglich eine Stunde, streng überwacht, ihre Freiübungen machen dürfen und wo ein rätselhafter Künstler – wie ich auf dem Weg hierher sah – mit kühnem Schwung eine Palmenlandschaft an die Wand gebannt hat: Sonnenuntergang am Meer, in den Sehnsuchtsfarben Rot, Grün und Blau. Kein Geräusch dringt von der nahen Schnellstraße Tel Aviv–Haifa herüber, die Mauern sind zu dick. Außerdem trennen ein Stacheldrahtverhau, ein Sperrzaun und drei Securitychecks die Gefängnisinnenwelt von der Welt dort draußen. Grabesstille. Aus Hascharon ist noch keiner entkommen.

Seufzend, als begänne die Erkenntnis über seine hoffnungslose Lage eben erst in ihm zu sickern, setzt sich der Häftling auf einen der beiden Stühle. Streckt die Hand aus, überlegt es sich.

Nickt dann nur kurz zur Begrüßung. Neunzig Minuten, wie verabredet, sagt der Wärter. Er zieht sich in einen Nebenraum zurück, aber bleibt dann, hinter der einen Spaltbreit geöffneten Tür, doch immer in Blickkontakt, die Uzi im Anschlag.

Mahmud Kaddusi hat in erster Instanz die Höchststrafe »lebenslänglich« bekommen, für eine Tat, die er im Februar 2002 begangen hat – als Sechzehnjähriger. Ein solches Urteil gegen einen Minderjährigen ist auch für die häufig sehr harte israelische Justiz ungewöhnlich. In der Begründung des Militärgerichts heißt es, man sei entsetzt über die Massenmord-Lust des jungen Mannes, seine kriminelle Unerbittlichkeit, seinen strikten Unwillen, das Verbrechen auch nur im Ansatz zu bereuen.

»Um gleich am Anfang eines klarzustellen: Ich schäme mich«, sagt Mahmud mit seiner sanften, fast schüchternen Stimme. »Ich schäme mich, dass ich noch am Leben bin und es mir nicht gelungen ist, Dutzende Juden in den Tod zu reißen.«

Er stammt aus der arabischen Kleinstadt Tulkarm im Westjordanland, keine fünf Kilometer von der Stelle, wo jetzt Israels Sperrzaun steht, wo es aber bis vor wenigen Jahren einen weitgehend ungehinderten Zugang zum israelischen Staatsgebiet gab. Der Badeort Netanja ist gerade eine halbe Stunde mit dem Auto entfernt, Haifa näher als Gaza-Stadt. »Ich war noch nie drüben. Das Land meiner Feinde, das Land unserer Okkupanten interessiert mich nicht«, sagt Mahmud Kaddusi. »Mein Bezugspunkt ist Jerusalem, wo unsere Familie ihre Wurzeln besitzt.«

»Kaddusi« entspringt dem gleichen Wortstamm wie »al-Kuds«, die arabische Bezeichnung für das heilige Jerusalem – bei Mahmud zu Hause, erzählt er, hätten sie immer alles versucht, diesem Namen Ehre zu machen. Die Eltern achteten streng darauf, dass die Kinder fünfmal täglich beteten, auch alle anderen islamischen Regeln einhielten. Sie waren in Mahmuds

Worten eine »glückliche, von allen respektierte Großfamilie«; vier Schwestern und fünf Brüder, er der Jüngste. Allesamt als Arbeitskräfte eingebunden in das familieneigene Kaffeehaus am besten Platz des Ortes.

Mahmud hatte als Nesthäkchen die niedrigsten Arbeiten zu verrichten: das Aufstellen der Stühle beim frühmorgendlichen Geschäftsbeginn, das Spülen der Tassen, aber auch das Auftragen des süßen Gebäcks. Dabei bekam er viel mit von dem, was sich die Alten beim Genuss ihrer Wasserpfeifen empört erzählten, worüber sie sich die Köpfe heißredeten – die Übergriffe der arroganten israelischen Besatzungssoldaten, die willkürlichen Landnahmen, die fast alltägliche Gewalt.

»Dann wurden zwei meiner Klassenkameraden erschossen. Ich beobachtete, wie mein bester Freund im Kugelhagel starb, das Blut aus seinem Bauch auf die Straße spritzte und aus dem kleinen Rinnsal ein tiefroter Bach wurde, der zum Marktplatz hinunterfloss.«

Hat er sich das erzählen lassen, war er wirklich dabei und kann er sich darauf verlassen, dass das alles – ganz ohne Übertreibung – so passiert ist? Mahmud springt zornig auf. »Ich sah es mit eigenen Augen. Es war, als wir Steine gegen die Panzer warfen, damals, als ich zwölf war.«

Seine Brüder schlossen sich der Hamas an, die in Tulkarm – wie überall im besetzten Land – nicht nur die brutale Gewalt gegen die Okkupanten schürte, sondern den am Widerstand Beteiligten Geld für die Familien bot: ein Netz aus Terror und sozialer Wärme. Mit vierzehn Jahren schleppten sie auch den Jüngsten zu den Hamas-Treffs. »Kurz darauf habe ich beschlossen, mich als Schahid, als Märtyrer, zur Verfügung zu stellen«, sagt Mahmud. »Ich wollte meine Freunde rächen. Aber ich tat es vor allem aus Liebe zu Gott, der uns Opferbereiten den direkten Weg ins Paradies verspricht. Und für meine

Familie, von der ich wusste, dass sie stolz auf mich sein würde.« Seine Brüder waren immer mal wieder wegen Steinwürfen gegen die Soldaten verhaftet worden, monatelang in israelischen Gefängnissen inhaftiert. Aber Ende der Neunziger hatten sie geheiratet, Familien gegründet und den Gedanken an Selbstmordattentate verworfen. »Da war mir klar: Es blieb nur ich.«

Die Hamas-Anführer in Tulkarm bestärkten ihn in seinem Entschluss. Sie testeten immer wieder seine innere Bereitschaft, in nächtelangen Diskussionen, bei gemeinsamen Gebeten – und ließen ihn dann warten. »Sie fanden mich noch zu jung, und sie hatten genug Kandidaten zur Auswahl.« Aber Mahmud lernte bei unzähligen Übungen, den Sprengstoffgürtel anzulegen, ihn unter einer Jacke zu verbergen, sich mit dem TNT unauffällig zu bewegen.

Am 5. Februar 2002 ist es dann so weit. Seine Hamas-Führer holen ihn ab, bringen ihn ins Fotostudio. Sie machen ein Abschiedsvideo mit ihm, er posiert mit seiner Bombe und dem Koran vor einem Bild des Jerusalemer Felsendoms. Dann verbringen sie gemeinsam die letzte Nacht, draußen in der Natur, wo und wie will Mahmud nicht erzählen. Nur so viel: »Ich habe gut geschlafen. Ich war mit mir im Reinen, ich wusste, ich tat das Richtige.«

Am nächsten Tag spricht er vor dem Start noch ein besonderes Gebet aus dem Koran. Dann besteigt er ein Taxi, das die Hamas-Auftraggeber für ihn bereitgestellt haben. Ziel: die nächste israelische Stadt, die nächste Ansammlung von Menschen. Ein möglichst großes Blutbad.

Doch Mahmud aus der Familie der »Heiligen« von Tulkarm kommt nicht weit. Schon nach wenigen Kilometern ein israelischer Checkpoint. »Sofort aussteigen!«, rufen die Soldaten, zerren seinen Taxifahrer aus dem Wagen. Haben sie einen Tipp bekommen, Telefone abgehört, die Gruppe infiltriert? Oder ist es nur eine Routinekontrolle? Mahmud entschließt sich in Sekundenbruchteilen, dem Befehl der Militärs nicht Folge zu leisten. Er möchte »das Beste aus der Situation machen«. Er will noch im Taxi seine Bombe zünden – und damit einige Soldaten mit in den Tod reißen. Er drückt den Zündknopf. Nichts passiert. Noch einmal, wieder keine Detonation.

Mahmud registriert als Nächstes, dass die Soldaten und der Taxifahrer geflohen sind. Offensichtlich haben sie den Ernst der Lage erkannt. Schüsse fallen, aus einiger Entfernung. Dann kehrt Stille ein. Mahmud bastelt auf dem Rücksitz des Autos an den Drähten herum, versucht, sie zur Explosion kurzzuschließen. Es klappt nicht.

Rätselraten, wie es weitergehen soll, auch bei den Soldaten. Neunzig Minuten sei das so gegangen, steht später im Militärprotokoll. Dann hätte sich ein Spezialtrupp an das Taxi herangewagt, den Mann im Fond festgenommen.

Vor Gericht gibt Mahmud alles zu, schreibt stolz aus dem Gefängnis Briefe an die Familie. Einige Monate später wird auch eine seiner Schwestern wegen Terrorplanung verhaftet, zu sechs Jahren Haft verurteilt. »Heldentum liegt jetzt bei uns in der Familie, es pflanzt sich fort«, meint Mahmud und schaut glücklich versonnen in die Ferne. Sein Anwalt hat kürzlich erreicht, dass die Strafe von lebenslang auf achtzehn Jahre Haft herabgesetzt wurde. Es interessiert Mahmud nicht. »Allah ist die Gegenwart, Allah ist die Zukunft, und ich weiß, ER versteht mich«, sagt der Häftling.

»Ihre neunzig Minuten sind gleich um«, sagt von draußen der Wärter. Eine Frage noch an Mahmud: Hat ihn auch die Mutter verstanden?

Mahmud Kaddusi stottert leicht, es ist ein Sprachfehler, den er nach Aussagen seines Anwalts erst nach der Verurteilung entwickelt hat. Jetzt aber wird sein Stottern so stark, dass er den Satz mehrfach beginnen muss. »Lassen Sie doch meine Mutter aus dem Spiel. Sie hat nicht ganz begriffen, warum es sein musste«, sagt er. »Sie hat geweint. Als sie von meinem Selbstmord-Opferplan hörte. Die Israelis haben danach unser Haus von Planierraupen einreißen lassen – die denken, so etwas ist eine Strafe, dabei ist es für uns eine Ehre. Ich höre, meine Mutter empfindet jetzt auch nur noch Hass für die Besatzer. Sie ist dabei zu lernen.«

DIE STUDENTIN

Thaura Hamuri zieht das graue Kopftuch fest. So fest, dass um Himmels willen keine frivole Haarsträhne zu sehen ist. Dann blickt die junge Dame mit dem rundlichen Gesicht und den sorgsam nachgezogenen Augenbrauen streng ihren Körper und den langen Umhang hinunter; der Hidschab sitzt gut, bedeckt auch die Fußknöchel. Alles in Ordnung.

Selbstverständlich kein Händedruck, die Wärterin hat sich gewundert, dass die streng religiöse Gefangene überhaupt akzeptierte, mit zwei Männern – dem Reporter aus dem Westen und dem greisen Arabisch-Dolmetscher – für eine Stunde den Raum zu teilen. Nun aber kann das Interview in der Frauen-Strafanstalt nahe der nordisraelischen Stadt Hadera beginnen.

»Wir haben lange überlegt, ob so ein Gespräch überhaupt Sinn macht«, sagt Thaura Hamuri, 27, die mit ihren geröteten Apfelbäckchen jünger aussieht, sehr proper, bodenständig, wie eine Dorfschönheit vom Land. »Meine Freunde vom Islamischen Dschihad hier im Gefängnis glauben nicht, dass Menschen aus dem Westen, die unsere bitteren Erfahrungen nicht kennen, unseren Weg zum Märtyrertod nachvollziehen können. Und ehrlich gesagt, auch ich habe meine Zweifel. Aber ich will Journalistin werden, und da muss ich wohl meinen Kampf auch jenseits von Dynamit und Sprengstoffgürtel führen, mit Überzeugungsarbeit.« Sie lächelt, offensichtlich stolz auf ihren Akt der Selbständigkeit gegenüber dem sonst wohl alles bestimmenden Kollektiv der inhaftierten Mitstreiterinnen.

Thaura ist in Dschabaa nahe Dschenin aufgewachsen, mit sechs Brüdern und drei Schwestern, »und alle haben es auf die Universität geschafft«. Ihr Vater leitete eine Baufirma, finanzielle Probleme hat es bei den Hamuris nie gegeben. Der Clan genoss nach ihren Worten weit über die Dorfumgebung hinaus einen guten Ruf: »Jeder kannte uns, eine alteingesessene Familie.« Die schlimmsten Probleme hätten nach 1967 begonnen, nach dem Sechstagekrieg, als das Westjordanland und damit auch Dschabaa von den Israelis besetzt wurde, erzählten die Eltern ihrer Tochter. Mit einer Okkupation dürfe man sich nie abfinden. Deshalb hat sie auch ihren Vornamen bekommen: »Thaura« ist das arabische Wort für »Revolution«.

Die geborene Revolutionärin studiert Geschichte in Jerusalem, verbringt aber jedes Wochenende bei ihren Eltern im Dorf. Sie verachtet »Arafat und seine korrupte Clique«, hält sie für eine Art von Kollaborateuren, die »nur vom Kampf für die palästinensische Sache reden, aber das Vollstopfen der eigenen Taschen damit meinen«. Die israelischen Soldaten an den allgegenwärtigen Kontrollstellen mustert sie nur verächtlich, israelische Kommilitonen meidet sie. Als sie einmal nach Tel Aviv eingeladen wird, weigert sie sich zu fahren. »Ich begebe mich nicht ins Herzland des Feindes. Ich will mit Juden nichts zu tun haben.«

Thaura erzählt, einige ihrer Freunde aus Dschenin seien bei Demonstrationen von den Besatzern erschossen worden, drei Kinder eines zu Tode gekommenen Onkels habe sie wochenlang bei sich aufgenommen. Fast genauso schlimm wie die Menschenverluste seien die alltäglichen Demütigungen gewesen. »Wenn es für mich ein Schlüsselerlebnis auf dem Weg zum Selbstmordattentat gab, dann war es die Erniedrigung meines Vaters.« Soldaten hätten ihm an einem Checkpoint die Pistole an die Schläfe gehalten, ihn zum Niederknien gezwungen und dabei Obszönitäten gerufen. »Und mein stolzer Vater hat sich nicht gewehrt, wohl weil er auf alle Fälle vermeiden wollte, dass sie sich auch an mir vergriffen.«

Sie hält inne. Schmunzelt dann, als würde sie jetzt von einem besonders amüsanten Jugendstreich erzählen. »Da begann ich meine Operation ›maximaler Verlust‹, so nannte ich den Plan, möglichst viele Israelis auszulöschen, mithilfe meines Körpers als ultimativer Waffe.«

In Jerusalem schlendert Thaura durch den verhassten Westteil der Stadt mit seinen israelischen Restaurants, Cafés und Märkten. Abends macht sie sich Notizen, wo und wann die größte Menschenmenge zu finden ist, wo möglichst wenig überwacht wird. Dann sucht sie einen Sponsor für ihre Tat. Auch dabei geht sie systematisch vor, nüchternes Kalkül auf dem Weg zur Bombe. Sie trifft sich mit den eher weltlich orientierten Al-Aksa-Märtyrer-Brigaden, dann mit der Hamas. Weil diese beiden Organisationen sie nicht einsetzen wollen, bleibt nur der Islamische Dschihad, ihre letzte Wahl beim mörderisch-selbstmörderischen Einkaufsbummel.

Sie geben ihr einen Rucksack mit Dynamit zur Probe. Ein Jackett mit Sprengstoffgürtel. Den Tornister findet sie zu auffällig, das Kleidungsstück zu lang. Sie kürzt die Jacke vor dem Spiegel. Mustert sich lange kritisch, dann zunehmend selbstzufrieden. »Ich konnte mein Märtyrertum schon spüren, ich war nah, so nah am Paradies.« Noch heute, im Rückblick auf diesen euphorischen Augenblick, umspielt ein verzücktes Lächeln ihren Mund. Sie las damals viel im Koran. Sie fühlte sich als »Braut Allahs«. Sie war glücklich.

Siebzig Pfund wog die explosive Last mit dem TNT, den Nägeln, die möglichst viele Körper zerfetzen sollten. Die Weste mit dem Gürtel trug sich unbequem, und doch lernte Thaura bei nächtlichen Übungen, bei Kontrollgängen, die Bombe zu lieben. »Es war, als würde sie ein Stück von mir.«

Hatte Thaura nie Skrupel, wenn sie an die israelischen Kinder, die Frauen dachte, die sie mit ihrer Tat in den Tod reißen würde? Nein, sagt sie, nun ganz Sprachrohr der Terroristen. »Aus Töchtern und Söhnen werden Soldaten, und die vernichten unsere Jugend. Solange die Israelis so weitermachen, sind sie alle legitime Ziele.«

Zwei Monate vor dem geplanten Tag X verlobt sich Thaura – aus Berechnung. Ihr Auserwählter habe nichts von ihrem zweiten Leben gewusst, behauptet die Möchtegern-Märtyrerin. Sie habe die Israelis durch das Verlobungsfest täuschen wollen. Eine Braut als Märtyrerin, so glaubte sie, sei für die Juden doch undenkbar.

Die Stunde ihres Anschlags verläuft dann eher unspektakulär. Thaura zieht los, Richtung Tel Aviv, um von dort weiter nach Jerusalem zu fahren, zu ihrem Wunschort für die Tat. Sie wird, mit dem umgebundenen Sprengstoffgürtel, schon knapp außerhalb von Dschenin von israelischen Polizisten gestellt und verhaftet. »Es gab da einen Kollaborateur, der unsere Gruppe unterwandert hat. Er muss jedes Detail verraten, den Sprengstoff am Abend zuvor entschärft haben. Ich habe einfach kein Glück mit dem Tod.« Einen Moment schweigt Thaura, offensichtlich erschöpft von der schmerzhaften Erinnerung. Dann beugt sie sich vor, ganz Verschwörerin, die ein lange gehütetes Geheimnis teilen will. »Der Verräter, das darf ich Ihnen sagen, lebt heute nicht mehr.«

Sie ist wegen Vorbereitung eines Mordanschlags zu sechs Jahren Haft verurteilt worden, ein relativ mildes Urteil. Aber ihr Anwalt hat sie gewarnt: Mache sie im Gefängnis weiter mit ihrer terroristischen Agitation, drohe ihr ein lebenslängliches Urteil. Sie beschäftigt sich in ihrer Zelle, die sie mit einer Dschihad-Aktivistin teilt, viel mit Nahost-Geschichte. Lernt in Fernkursen Englisch und Russisch. Sie möchte später einmal bei einer Fernsehstation arbeiten, vielleicht bei *al-Manar*, dem Hisbollah-TV im Libanon. Sie will gegen das »israelische Übel« argumentieren und agitieren. Heißt das: Abkehr von Gewalt? »Aber keineswegs«, sagt sie. »Das Selbstmordattentat per Knopfdruck ist immer noch unser bestes Mittel im Kampf gegen die übermächtigen Besatzer.«

Bei diesen kämpferischen Sätzen überzieht Thaura Hamuris Gesicht wieder dieses jenseitige Glücklichkeitsstrahlen. Wenn die Stichwörter fallen, die ihr Leben und ihren Tod bestimmen: Märtyrer, Bomben, Opfer – dann beginnt sie offenbar zwanghaft zu lächeln. Wie auf Knopfdruck.

DER IMAM

Das Gefängnis von Aschkelon mit seinen düsteren Alcatraz-Mauern und den düsteren Zellen in düsteren Farben stammt noch aus der britischen Mandatszeit. Hier an der Küste Israels, fünfzehn Kilometer vom Grenzposten Erez und dem Übergang zum Gazastreifen entfernt, sitzen einige der berüchtigtsten palästinensischen Gewalttäter. Und hier ist auch Imam Badr Ahmed Issa inhaftiert. Ein Vorbeter des Islam, der laut Anklage nicht nur den Terror gepredigt hat, sondern ihn auch aktiv zu praktizieren versuchte.

Er betritt den mit schweren Eisengittern gesicherten Besucherraum gleich mit zwei schwer bewaffneten Wärtern an seiner Seite, die sich jedoch verabredungsgemäß hinter die

Tür zurückziehen. Der bullige Untersuchungshäftling mit der braunen Anstaltskleidung bietet mit einer jovialen Handbewegung einen Stuhl an, fast so, als wäre er hier der Hausherr. Dann streicht sich Imam Badr, 22, über den Vollbart, holt eine Gebetskette aus der Hosentasche, die er die nächsten Stunden nicht mehr aus den Fingern gleiten lassen wird. Zur Begrüßung sagt er: »Ich hasse diesen Knast. Er ist überfüllt, er ist schmutzig und voller Vögelchen, die für den israelischen Geheimdienst singen.«

Seine Eltern haben ihm den Vornamen »Vollmond« (»Badr«) gegeben, sein Familienname lautet »Jesus« (»Issa«), seit Generationen überlieferte Erinnerung an den Mann aus Bethlehem, den die Muslime als einen ihrer frühen Propheten verehren. Er stamme aus einfachen bäuerlichen Verhältnissen, sagt Badr. Es sei dem Vater nicht immer leichtgefallen, die vier Söhne und die Tochter durchzubringen. »Doch wir haben ehrlich von den Früchten unserer Hände Arbeit gelebt, stolz auf unser Land.«

Die Felder lagen bei Ramallah, der alten arabischen Stadt im Westjordanland, die 1967 in israelischen Besitz fiel. »Jesus« hat unter den israelischen Besatzern Zimmermann gelernt, »für ein Studium reichte das Geld meiner Eltern nicht«. Er schlug sich in Ramallah durch, mehr schlecht als recht. Aber Geld und Gut seien ihm nicht wichtig, sagt Badr, er hätte früh seine Berufung zum Religiösen erkannt. Er las jede freie Minute im Koran, bis er bald jede Sure auswendig konnte. Besonders begeisterten ihn die Kapitel »al-Bakara«, »al-Imran«, »al-Anfal«, »al-Tauba«, »al-Rahman« und »al-Asr« – wo es um den Dschihad als Streben der Muslime »auf dem Weg Gottes« geht, die weltweite Gemeinschaft der Gläubigen, die Rechtfertigung des Krieges als letztes Mittel und die Wichtigkeit des Glaubens im Alltag. Aus dem Handwerker entwickelte sich ein muslimischer Schriftgelehrter.

Das blieb den Moscheevorstehern in Ramallah nicht verborgen, und auch nicht der Gemeinde. Badr wurde von ihnen als Imam einer der kleineren Moscheen der Stadt vorgeschlagen und per Akklamation gewählt. Er durfte jeden Freitag predigen und vorbeten. »Ich erhielt ein Gehalt von fünfhundert Schekel (damals etwa neunzig Euro) pro Monat«, erzählt Badr stolz. »Aber viel wichtiger für mich war, dass mir die Gläubigen vertrauten, mit ihren Problemen zu mir kamen.«

Eines Tages sei ein siebzehnjähriger Schüler aus der Nachbarschaft, ein Hamas-Aktivist, an ihn herangetreten, erzählt Badr. Er selbst sei kein Mitglied gewesen, habe als Prediger »wegen der Gottesfürchtigkeit der Organisation und ihrer korruptionsfreien Sozialarbeit« aber mit der islamistischen Bewegung sympathisiert. »Der junge Mann hat sich bei mir beklagt, er könne nicht mehr beten. Er sei aufgewühlt durch die wiederholte israelische Liquidierung von Hamas-Führern und durch den Tod zufällig in der Umgebung spielender Kinder, die bei diesen Raketenangriffen aus der Luft ums Leben gekommen seien.«

Vorbeter Badr hält in seiner bisher sehr flüssigen Rede inne, starrt zur Gefängnisdecke, als öffnete sich gleich der Himmel und gäbe ihm die richtigen Worte ein. Eine lange Pause, bevor er, jeden Satz sorgfältig abwägend, fortfährt. »Und dann hat der junge Mann zu mir gesagt, er sehe nur eine Möglichkeit, wieder das Beten zu erlernen – wenn ich ihm für einen Selbstmordanschlag meinen Segen geben würde. Was sollte ich tun? Ich gab ihm die Erlaubnis.«

Er hat also den potenziellen Mord an Dutzenden Kindern, Frauen und Männern befürwortet – um einen Hamas-Gewalttäter wieder zum Beten zu bringen? Und das, obwohl der Koran doch Mord und Selbstmord ausdrücklich verbietet, heißt es nicht: Du sollst nicht nehmen, was Gott gegeben hat? Ist die Tötung eines Menschen im Islam nicht die einzige Sünde, die nicht verziehen werden kann?

Imam Badr Ahmed möchte sich auf eine detaillierte Diskussion dazu nicht einlassen. Stattdessen holt er zu einer Lektion über den »vorsätzlich bedrängten« islamischen Glauben und die Unterdrückung der Araber in Palästina aus, spricht von den »Notfällen«, wo es Gottes Wille, ja sogar die Pflicht des Gläubigen sei, sich zu opfern und den Feind zu dezimieren. Die israelische Anklageschrift wirft Badr allerdings nicht nur das Absegnen eines Terroranschlags vor, sondern nennt ihn einen Mitplaner. Der Imam soll gewusst haben, wo und wann sich sein jugendlicher Anvertrauter in die Luft sprengen wollte – im Hotel Crowne Plaza am Toten Meer, in der überfüllten Eingangshalle. Und Badr wird außerdem noch beschuldigt, dem Verbrechen eine weitere, alles dramatisch verschlimmernde Dimension zugedacht zu haben: Er sei entschlossen gewesen, sich an der Seite seines Freundes, wenige Minuten nach dessen Tat, selbst in die Luft zu sprengen – mit großen Verlusten bei den eintreffenden Sanitätern und Polizisten.

»Ich habe wohl mal gesagt, dass ich grundsätzlich zu einem Märtyrerattentat bereit sei. Aber dieser konkrete Anklagepunkt ist eine Gemeinheit«, sagt der Untersuchungsgefangene mit zornesrotem Kopf. Ist das wirklich so? Gab es nicht abgehörte Telefongespräche, Zeugenaussagen zu dem verratenen Plan? »Das haben die Mossad-Leute fabriziert. Die Israelis können alles fabrizieren – sie wollen unbedingt, dass ich bei meiner Verhandlung im nächsten Monat mehr als zehn Jahre Haft bekomme.«

Der Imam beruhigt sich wieder. Sagt beschwichtigend, er könne sich eines Tages, wenn die Israelis »vernünftig« würden, sogar eine Zweistaatenlösung in Nahost vorstellen. Dann würde er mit seinen Freunden über ein Ende des bewaffneten

Kampfes nachdenken und den Gläubigen beim Freitagsgebet »Märtyrerattentate« sogar verbieten. »Aber erst einmal muss ich raus hier aus diesem Loch. Die Hisbollah wird doch sicher mal wieder etwas mit den Israelis abmachen, vielleicht einen Deal über einen Gefangenenaustausch wie den vor einigen Monaten. Das hat doch Berlin vermittelt. Sie sind doch Deutscher – haben Sie vielleicht Einfluss auf die Liste?«

Und dann noch etwas, mit der Bitte um Weiterleitung an die Gefängnisverwaltung. »Seit letzter Woche haben wir hier einen neuen israelischen Koch«, sagt der Geistliche. »Er hat die Tomaten rationiert. Und es ist ganz und gar unerträglich, mit wie viel Pfeffer er würzt.«

Den Feinschmecker Imam Badr verbindet mit der Studentin Thaura und dem Lehrling Mahmud aus den anderen Gefängnissen vor allem eines: Ihre Gegner haben keine Geschmacksnerven, keine Gefühle, keine Gesichter. Sie sind in den Augen der Selbstmordattentäter keine Menschen, in die es sich hineinzuversetzen lohnte – sie sind Juden. Angehörige einer Besatzungsmacht, die ihr Leben zerstört hat. Und das heißt: Sie sind Ziele.

* * *

Im Jahr 2004, zum Zeitpunkt dieser Reportage, waren in israelischen Gefängnissen knapp dreitausend Palästinenser inhaftiert; heute sind es wohl über fünftausend – genaue Zahlen gibt es von den israelischen Behörden nicht. Ebenso keine Auskünfte über den Verbleib einzelner des Terrorismus verdächtiger oder überführter Straftäter. Was aus Mahmud, Thaura und Badr geworden ist, bleibt so im Dunkeln. Möglicherweise wurden sie Teil eines Gefangenenaustauschs im Jahr 2011 – damals ließ Israel, im Gegenzug zur Befreiung des von der Hamas entführten Soldaten Gilad Shalit, tausend palästinensische Häftlinge frei.

Die Zahl der Selbstmordattentate ist in den letzten Jahren stark zurückgegangen. Die israelische Regierung glaubte Anfang dieses Jahrzehnts, ein stillschweigendes Übereinkommen mit der Hamas geschlossen zu haben – sie erlaubte großzügige Geldüberweisungen aus Katar an die im Küstenstreifen Gaza regierenden Radikalislamisten und ließ deren Führung weitgehend ungestört, während sie die in Ramallah etablierte, weitaus gemäßigtere und international anerkannte Fatah mit Schikanen überzog und den Bau jüdischer Siedlungen im Westjordanland vorantrieb. Ministerpräsident Benjamin Netanjahu sah die beste Chance, eine von ihm gehasste Zweistaatenlösung zu verhindern, darin, die Palästinenser gegeneinander auszuspielen und die Fatah zu schwächen.

Die Terrororganisation Hamas zerstörte Netanjahus Träume dann am 7. Oktober 2023 mit einem brutalen Massaker, wie es selbst der an Katastrophen gewöhnte Nahe Osten noch nie erlebt hatte. Als Vergeltung für die vielen Opfer und entführten Geiseln ordnete Ministerpräsident Netanjahu umfangreiche Bombenangriffe auch gegen zivile Ziele an. Den gefangen genommenen Israelis stand eine unmenschliche Leidenszeit bevor. Erst nach mehr als dreihundert Tagen Geiselhaft, nach langwierigen, immer wieder von der Hamas-Führung wie von der Netanjahu-Regierung torpedierten Verhandlungen kam es unter Führung der USA, Ägyptens und Katars zu einem ersten, kurzen Waffenstillstand – und zum Austausch von in israelischer Haft sitzenden palästinensischen Häftlingen und den israelischen Geiseln. Auf der Namensliste der Entlassenen, die von den Behörden in Tel Aviv herausgegeben wurde und die wahrscheinlich weder vollständig noch namentlich korrekt ist, tauchen Mahmud, Thaura und Badr nicht auf.

X
DAS DUO INFERNALE

Täter: Papa Doc und Baby Doc Duvalier
Tatort: Port-au-Prince, Haiti

Es gibt wohl keinen besseren Zeugen für die Gewaltherrschaft der Duvaliers, für all dieses unheimliche, in Voodoo-Zauber getränkte Morden und das unfassbar skrupellose Ausbeuten eines ganzen Volkes als Aubelin Jolicoeur. Er hat das System bekämpft, er hat von ihm profitiert, er hat sich entlanggehangelt durch die Jahrzehnte der Diktatur, ist ein und aus gegangen im Präsidentenpalast, als Vertrauter, als Helfer, als Verräter. Und wo könnte man Gespräche über Papa Doc und Baby Doc und den ganzen Horrorclan von Haiti schöner führen als im Hotel Oloffson in der Hauptstadt Port-au-Prince, diesem verwunschenen, verwinkelten, an Märchen erinnernden Pfefferkuchenhaus, in dem so viel gelacht, getanzt und gedealt wurde. Und mehr als gelegentlich auch gemordet.

Rückblick mit einem Freund, einem ganz besonderen Menschen, den ich Mitte der achtziger Jahre in Haiti kennengelernt und dann immer wieder aufgesucht habe.

Jolicoeur kam zu unseren Treffen immer wie aus dem Ei gepellt, makelloser weißer Leinenanzug, Einstecktuch aus Seide, Spazierstock mit Silberknauf, ein karibischer Dandy par excellence. Und spätestens nach dem dritten spendierten Rumpunsch geriet er ins Erzählen. »Ich habe 1957, als François Duvalier bei regulären Wahlen an die Macht kam, so viel Hoffnung für unser Land geschöpft«, sagte mir Aubelin einmal.

»Nach der bleiernen amerikanischen Besatzungszeit und den folgenden inneren Querelen schien da einer bereit zu sein, wirklich dem Volk zu dienen.« Und Hoffnung, einen Neustart, brauchte der Inselstaat in der Karibik dringend, so oft und mit so bitteren Folgen heimgesucht von Naturkatastrophen, von Erdbeben, Dürren und Überschwemmungen.

François Duvalier entstammte einer Familie der unteren Mittelschicht, hatte Medizin studiert und sich im US-Bundesstaat Michigan zum Tropenarzt ausbilden lassen. Weil er sich danach auch um die Ärmsten auf dem Land kümmerte, nannten ihn alle »Papa Doc«. Besonders die gegenüber der Mulatten-Oberschicht zurückgebliebenen schwarzen Haitianer versprachen sich von ihm einen grundlegenden Wandel. »Und dieser Wandel kam, allerdings anders, als wir es erwartet hatten«, sagte Jolicoeur. »Es ging dem neuen Präsidenten vom ersten Tag an nur um seine persönliche Macht, und die verteidigte er mit einer ungeheuerlichen Brutalität.«

Zuerst ließ er Soldaten zusammenschießen, denen er Putschabsichten unterstellte. Dann folgten Massenverhaftungen von Oppositionellen aus der Arbeiterbewegung und Kreisen der katholischen Kirche. Besonders gefürchtet waren die Tontons Macoutes, Duvaliers Privatmilizionäre. Sie tauchten überall und zu jeder Tages- und Nachtzeit auf, immer in Gruppen, Kampfstiefeln, dunklen Sonnenbrillen, Macheten in der Hand. Die »Onkel Menschenfresser« mordeten, brandschatzten, vergewaltigten, ohne dass ihnen irgendjemand Einhalt geboten hätte. Schon gleich gar nicht ihr Chef, der sich 1964 zum »Präsidenten auf Lebenszeit« wählen ließ, die Zustimmung lag laut der gleichgeschalteten Presse bei hundert Prozent, in manchen Bezirken zählten Verängstigte sogar hundertzwei Prozent.

Papa Doc sah dennoch überall Feinde, sein Wahn steigerte sich zur Paranoia. Er war schon immer ein glühender Verehrer von Voodoo, der in Haiti tief verwurzelten Naturreligion mit ihren Tieropfern und Tranceritualen, die an erfolgreiche Sklavenaufstände auf der Insel erinnern sollen. Schon früh in seiner Amtszeit nutzte er Voodoo als Machtinstrument, ließ Bilder verbreiten, die ihn im schwarzen Anzug mit Zylinder und Spazierstock zeigten, bei nächtlichen Ausflügen auf den Friedhöfen – der Diktator als Ebenbild der gefürchteten Voodoo-Gottheit Baron Samedi, Herr über Leben und Tod.

»Erst war es wohl Berechnung, aber nach und nach hat er immer mehr selbst daran geglaubt, dieser Baron Samedi zu sein«, meinte Jolicoeur. Papa Doc steigerte sich in einen regelrechten Blutrausch hinein. Er ließ echte oder vermeintliche Oppositionelle in eine eigens für ihn gebaute Folterkammer schleppen, quälte und verstümmelte Menschen. Entsetzte Palastangehörige hörten, wie er mit den Schädeln der Enthaupteten, die er sich auf einem Tablett servieren ließ, »Zwiesprache« hielt.

Bei all seinem Irrsinn bewahrte sich der Diktator seinen Machtinstinkt, wusste, dass er Zuträger brauchte, die ihn – anders als die Palastspeichellecker – über die wahren Verhältnisse im Land auf dem Laufenden hielten. Jolicoeur hatte als launiger Zeitungskolumnist eine große Fangemeinde in allen Bevölkerungsgruppen, ihm erlaubte Papa Doc als Gegenleistung für Tätigkeiten als Spitzel gelegentlich sogar Regierungskritik und Samariterdienste: Jolicoeur, Hofnarr, Verräter und Retter in einem, konnte einigen vom Tod bedrohten Regimegegnern Ausreisepapiere verschaffen.

Vom Präsidenten zum Tourismusdirektor von Haiti ernannt, durfte er prominente ausländische Politiker und Kulturgrößen bei ihren Besuchen in Port-au-Prince betreuen. Graham Greene war einer von ihnen. Jolicoeur erzählte dem Schriftsteller an der Bar des Oloffson ausgiebig von seinen Sünden, seinen Liebesdiensten, der Tyrannei. Greene machte daraus ohne Rücksprache mit seinem Informanten einen Roman (»The Comedians« / »Die Stunde der Komödianten«), der dem Journalisten als »Petit Pierre« ein literarisches Denkmal setzte. Duvalier, wahrheitsgemäß als skrupelloser Menschenschlächter geschildert, schäumte vor Wut, verbot das Buch. Jolicoeur wurde von den Tontons Macoutes verhaftet, musste mit seiner Hinrichtung rechnen – und kam wieder einmal davon.

Am 21. April 1971 stirbt François Duvalier, friedlich, nachts in seinem Bett, während im ganzen Land und auf den Friedhöfen ein besonders heftiger Tropensturm wütet. Baron Samedis letzte Rache, flüstern sich erschaudernd die Menschen in Haiti zu.

Noch kurz zuvor hat Papa Doc seinen neunzehnjährigen Sohn Jean-Claude zum Nachfolger ernannt, nein, er hat ihn »erwählt«, wie er gottgleich verkündete. »Baby Doc« lässt sich vom Volk in einer Wahlfarce im Amt bestätigen: 2.391.916 Ja-Stimmen, null Enthaltungen, keine Gegenstimme. Übergewichtig, arrogant, nicht besonders intelligent, politisch desinteressiert, lautet das Urteil der Beobachter, die ihm vorschnell ein baldiges Regierungsende voraussagen.

Tatsächlich macht er sich nichts aus bizarren Voodoo-Zeremonien, er ist auch kein Lustfolterer, doch Duvalier junior hat das politische Überlebensgen von Papa geerbt. Er spielt seine möglichen Widersacher gegeneinander aus, greift zu Bestechung, wenn er es für nötig hält, lässt skrupellos die Tontons Macoutes zuschlagen, wenn es ihm unvermeidlich erscheint: kein bizarrer Massenmörder, sondern ein ganz gewöhnlicher Gewaltherrscher, ein geborener Diktator, im wahrsten Sinne. Seine Schwäche ist sein skandalöser Hang zum Luxus. Während sein Volk hungert, feiert er bei Champagner und Kaviar und lässt sich die schönsten jungen Mulattinnen des Landes zuführen. Sein privater Fuhrpark, von der Tabaksteuer und »umgeleiteter« amerikanischer Entwicklungshilfe finanziert, umfasst Ferraris wie Lamborghinis und auch einige Harley-Davidsons.

1980 gibt Baby Doc sein Playboyleben auf und heiratet. Drei Millionen Dollar kostet die prächtige Hochzeit mit der schönen Michèle, Tochter eines Kaffeeplantagenbesitzers, es ist bis dahin die teuerste Eheschließung der Welt. Die Braut, bekannt für ihre Luxustrips in alle Welt, trägt eine weiße Robe von Givenchy, goldene Maiglöckchen umspielen ihr Haar. Anschließend verordnet der Präsident seinem Volk einen strikten Sparkurs bei Sozialausgaben.

Ich bin in den achtziger Jahren und den folgenden Jahrzehnten ein halbes Dutzend Mal für Reportagen nach Haiti gereist. Aubelin Jolicoeur ist inzwischen Vizeminister für Tourismus geworden, Baby Doc behandelt ihn mit Respekt. Aber mit sicherem Gespür erkennt der Hofnarr die aufkommende Schwäche des Herrschers. Als der Papst bei seinem Besuch in Port-au-Prince 1983 erstaunlich scharfe Kritik an den Zuständen im Land übt, beginnt Baby Docs Macht zu bröckeln. Die US-Regierung unter Ronald Reagan distanziert sich, wegen Hungersnöten fliehen Tausende auf kleinen, lebensgefährlichen Booten ins zwölfhundert Kilometer entfernte Florida. Jolicoeur getraut sich nun immer offener, den Präsidenten in seinen Zeitungsbeiträgen anzugreifen. Massenproteste folgen.

Die Angst hat die Seiten gewechselt, der Herrscher wirkt immer häufiger unkonzentriert und verunsichert. Im Februar 1986 sieht Jean-Claude Duvalier endlich ein, dass er nicht länger an der Macht bleiben kann, und flieht mit seiner Frau nach Frankreich. Die Verbrechensbilanz von Papa Doc und Baby Doc ist katastrophal: Sie haben zusammen fast dreißig Jahre regiert, mehr als dreißigtausend Menschen umbringen lassen und ihr Land wirtschaftlich völlig ruiniert.

Als wollten die Eheleute Duvalier auch noch zum Abschied

zeigen, dass sie immer nur an sich denken, raffen Jean-Claude und Michèle alle Wertgegenstände zusammen, die sie auftreiben können, schleppen in einem von Washington gestellten C-141-Transportflugzeug Dutzende Koffer voller Geld und Schmuck mit ins Exil. Der Abschied von Haiti soll nicht mit Verzicht verbunden sein: Wie Gott in Frankreich leben – das ist offensichtlich ihr Plan. In Europa angekommen, verstecken sie sich vor der Presse, wechseln schnell die Unterkünfte im Exil.

Von haitianischen Freunden habe ich dann einen Tipp bekommen, wo die beiden mit ihren Kindern Anya und Nicolas gerade residieren: Vallauris, Grand Boulevard de Super Cannes, Privatvilla Melica; eine exklusive Adresse an der Côte d'Azur auf dem »Hügel der Könige«, wie die Gegend wegen ihrer Grundstückspreise heißt. Ich läute an der Pforte, unangemeldet, aber mit Mitbringseln unterm Arm. Zeige dem Sicherheitsbeamten Fotovergrößerungen von der Hochzeit der Duvaliers, ein Schreiben von Jolicoeur. Tatsächlich lässt mich der Mann durch, bittet darum, im Salon über dem Mittelmeer zu warten. Und dann kommt Baby Doc, nicht mehr ganz so massig, tiefe Augenränder, Freizeitlook. Er bedankt sich für die Fotos, erklärt kurz, »wegen der französischen Behörden« keine Interviews geben zu dürfen. »Es fällt mir schwer zu schweigen, nach all dem, was ich durchgemacht habe«, sagt er zum Abschied und verspricht, sich bald einmal zu melden.

Es kommt nie dazu. Baby Doc wird von den Politikern und Gerichten in Paris immer mehr unter Druck gesetzt, seine französischen Besitzungen werden größtenteils beschlagnahmt, Schweizer Nummernkonten eingefroren. »Lex Duvalier« heißt die neue Gesetzgebung, die seit 2010 in der Schweiz gilt und die im Prinzip eine Umkehr der Beweislast bedeutet: Seither müssen die Besitzer großer Nummernkonten die Herkunft ihrer Gelder nachweisen. Auch ohne das ganz große Erbe: Es reicht für die Duvaliers immer noch für ein leidlich komfortables Leben. Aber die luxusgewöhnte Michèle hält es nun nicht mehr bei ihrem so durchschnittlich gewordenen Ehemann, sie findet einen reicheren Liebhaber und lässt sich scheiden.

Jean-Claude Duvalier entschließt sich 2011 dann überraschend, in die Heimat zurückzukehren. Dort wird er festgenommen, kommt aber schnell wieder frei und kann vermeiden, dass ihm der Prozess gemacht wird. Formal gibt er sich reuig (»Ich nutze die Gelegenheit, um meinen Landsleuten, die zu Recht das Gefühl haben, dass sie unter meiner Regierung ein Opfer gewesen sein könnten, meine tiefste Traurigkeit zum Ausdruck zu bringen«), aber den Worten folgen keine Taten, wie etwa eine konkrete Aufarbeitung seiner Amtszeit und seiner Kleptokratie. Alte Freunde versorgen ihn weiter großzügig, Baby Doc spekuliert sogar noch einmal auf ein politisches Comeback, verzichtet dann aber doch auf eine Präsidentschaftskandidatur. Am 4. Oktober 2014 stirbt er in Port-au-Prince an einem Herzinfarkt.

Doch der Duvalierismus lebt auch ohne die Duvaliers weiter: Das Land ächzt bis heute unter Ausbeutung und Polizeiwillkür. Eine Aufarbeitung der Verbrechen findet nicht statt. Kein Schulbuch, kein Museum, kein Denkmal erinnert an die Gräuel, keiner der auf die Diktatorenfamilie folgenden inkompetenten und korrupten Politiker hat daran Interesse. Jovenel Moise, der letzte, der in Port-au-Prince als einigermaßen legitimierter Präsident regiert hat, verstrickt sich gerüchteweise sogar in Drogengeschäfte und Waffenhandel, wird im Juli 2021 von gedungenen Mördern erschossen. Seitdem gibt es nur noch Interims-»Lösungen«, unbestimmtes Vertrösten auf Wahlen und eine angeblich kommende »neue Zeit«.

Haiti ist und bleibt das Armenhaus, der Schandfleck der westlichen Welt, der wahre Fluch der Karibik. Während in der Dominikanischen Republik, dem angrenzenden Staat auf der anderen Hälfte der Insel Hispaniola, das durchschnittliche Jahreseinkommen immerhin bei zehntausend Dollar liegt, sind es in Haiti gerade mal tausendsechshundert. Verbrecherbanden terrorisieren die Hauptstadt, auf eine vom UNO-Sicherheitsrat beschlossene internationale Eingreiftruppe setzt kaum jemand Hoffnung. Wirbelstürme und Erdbeben verstärken den Teufelskreis. Nach Schätzungen unabhängiger Hilfsorganisationen sind fünf Millionen Menschen, fast die Hälfte aller Haitianer, von einer akuten Hungersnot bedroht. Und mehr als eine Million sind auf der Flucht, von Banden aus ihren Dörfern und Häusern vertrieben, und wissen nicht, wohin.

Anfang 2025 gilt »Barbecue« als neuer starker Mann in Port-au-Prince, ein Gangsterboss, der einst Polizeioffizier war, aber längst die Seiten gewechselt hat. Den Spitznamen verdankt er laut Medienberichten seiner »Spezialität« im Umgang mit Gegnern – er übergießt sie auf offener Straße mit Benzin und verbrennt sie bei lebendigem Leibe.

Und doch gibt es immer wieder kleine Wunder. Überlebenskünstler. Jolicoeur war so einer, der gegen alle Widrigkeiten und Wahrscheinlichkeiten Hoffnung spendete. Auf seine alten Tage wurde er noch ein erfolgreicher Galerist, er starb als ein wohlhabender und allseits anerkannter Mann. Und das Oloffson schien definitiv auch in diese Kategorie zu gehören, ein Lichtblick im sonst so allgegenwärtigen Dunkel: Das legendäre Hotel, in dessen Swimmingpool ein umnachteter Besitzer einmal einen Alligator aussetzte und in dem der Literat Graham Greene eine geheimnisvolle Leiche platzierte, hat selbst das schlimmste aller Erdbeben – über zweihunderttausend Menschen starben bei den Erschütterungen im Januar 2010 – fast unbeschadet überstanden.

Das Hotel war bis vor zwei Jahren, wie eigentlich schon immer, das gesellschaftliche Zentrum Haitis, jedenfalls Dreh- und

Angelpunkt der hier lebenden und arbeitenden Ausländer. Das Mick-Jagger-Zimmer kostete weiter nur fünfundneunzig Dollar die Nacht, eine Reggae-Band spielte jeden Donnerstag, und die Bar blieb offen. Dann kamen die ersten Drohungen krimineller Banden, Schutzgelderpressungen. Besitzer Richard Morse wehrte sich, so gut er konnte, schloss das Hotel aber dann doch – vorübergehend, wie er hoffte. Anfang Juli 2025 drangen Kriminelle in die Räume ein, stahlen Bilder und Mobiliar. Dann legten sie Feuer. Morse war nicht in der Nähe, kam mit dem Leben davon. Aber das Oloffson brannte aus, bis auf die Grundmauern. Ende einer Legende. Nur noch Asche, so wie fast das gesamte Land.

Ein kleiner Lichtblick, immerhin: Haitis Fußballnationalmannschaft hat sich völlig überraschend für die Endrunde der WM im Sommer 2026 qualifiziert – und das, obwohl sie wegen der Sicherheitslage keines der Heimspiele zur Qualifikation auf eigenem Boden austragen durfte, sondern ins Ausland ausweichen musste.

XI
DER UNMENSCH

Täter: Pol Pot
Tatort: Kambodscha

Wer war Pol Pot? Wer war dieser Mann, der Kambodscha in die Killing Fields verwandelte, der in seinem Wahn, einen neuen Menschen zu schaffen, alle Intellektuelle, alle Künstler, alle Mönche aus der Stadt zur Zwangsarbeit auf die Felder schickte, Klöster und Universitäten und Museen und Banken mitsamt allem Bargeld niederbrennen ließ, der im Namen eines Steinzeitkommunismus mordete und folterte und so während seiner Schreckensherrschaft von April 1975 bis Januar 1979 zwei Millionen Frauen, Männer und Kinder in den Tod trieb – fast jeden vierten seiner Landsleute? Wer war dieser geheimnisvolle, grausame »Bruder Nummer eins«?

Pol Pot ist neben Adolf Hitler, Josef Wissarionowitsch Stalin und Mao Zedong der schlimmste Massenmörder der Neuzeit, verantwortlich für einen Genozid und viele Verbrechen gegen die Menschlichkeit. Doch während es zu den anderen drei ganze Bibliotheken voller aufschlussreicher historischer Werke gibt, gestützt auch auf die Aussagen der Diktatoren selbst, ist die Literatur zu Pol Pot knapp bemessen. Das liegt sicher auch daran, dass von dem Kambodschaner kaum eigene Erklärungen zu seinen Taten und Motiven existieren. Woran er wirklich glaubte, woher er seine Macht bezog, weshalb er sie so gnadenlos ausübte, wie es überhaupt zu dem radikalsten Menschenexperiment in der Geschichte kam – ein großes Rätsel.

Pol Pot war sein selbst gewählter Kampfname, er bedeutet in etwa so viel wie »der Authentische, Ursprüngliche, der Echte«. Geboren wurde er als Saloth Sar irgendwann im Mai 1925 – nicht einmal dieses Datum ist unumstritten. Die Eltern wohlhabende Bauern. Erziehung im Kloster und in einer katholischen Schule. Stipendium in Paris, Abbruch der Studien, Eintritt in die französische Kommunistische Partei. Nach der Rückkehr in die Heimat Guerillaführer im Dschungel, Sieg mit seinen Roten Khmer und triumphaler Einzug in der Hauptstadt Phnom Penh. Umsturz mit unmenschlich brutalen Säuberungen. Ideologische Besessenheit und Größenwahn. Schließlich 1979 ein grausames persönliches Ende.

Die wenigen bekannten Fakten seines Lebens aber können das Ungeheuerliche nicht erklären. Sie beantworten nicht, welche Menschen diesen Pol Pot geprägt haben, was die Schlüsselerlebnisse waren, die den kambodschanischen Allerweltsjungen aus einem Allerweltsdorf zu einem der schlimmsten Massenmörder der Geschichte werden ließen. Um das Furchtbare wenigstens im Ansatz zu verstehen, bleibt wohl nur der Versuch, sich Pol Pot durch Aussagen von Zeitzeugen anzunähern.

Ermöglicht wurden mir viele dieser Treffen durch meinen Freund und Übersetzer Seonthrith, der mich mehr als drei Jahrzehnte lang ein gutes Dutzend Mal durch sein wunderschönes Land begleitet hat, von Anlong Veng im Norden bis Sihanoukville im Süden, von Poipet im Westen bis Kep im Osten. Und natürlich flohen wir immer wieder zur Aufmunterung nach all dem Leid, brachen auf Richtung Schönheit und Lebenslust. Zum Staunen über die künstlerischen Leistungen der Khmer nach Angkor, dem Weltwunder der Tempelanlagen mit den in Stein gemeißelten Riesengesichtern und ihrem rätselhaften Lächeln. Und bemühten uns dann wieder, hineinzutauchen in die Gedankenwelt des Saloth Sar alias Bruder Nummer eins alias Pol Pot.

Sieben Porträts von Menschen, die ihm nahekamen – oder an besonders exponierter Stelle unter ihm litten. Sieben Geschichten von Zeitzeugen, die seinen Werdegang, sein Denken und seinen Charakter beleuchten. Sieben Annäherungen an einen Unmenschen.

DER LIEBLINGSBRUDER ODER: POL POTS UNBESCHWERTE KINDHEIT

Eine tiefe Trauer liegt bei meinem ersten Besuch über Kambodscha, als wäre das ganze Land unter einem Leichentuch begraben. Auch jetzt noch, einige Monate nach der Befreiung der Hauptstadt und der meisten Provinzen, ist die Sicherheitslage katastrophal, Überfälle am helllichten Tag, marodierende und plündernde Banden in der Nacht. Ausgemergelte Gestalten in schwarzen Lumpen schleppen sich über die Wege, schlagen am Straßenrand mit Plastikplanen ihr Lager auf: traumatisierte Bewohner eines traumatisierten Staates.

Die Menschen beachten die wenigen Autos nicht, die ihnen entgegenkommen, so, als hätten sie sich mit dem Tod ohnehin schon abgefunden. Bei unseren kurzen Stopps – ich habe bewaffnete vietnamesische Soldaten als Eskorte bezahlt, anders kann man sich nicht sicher bewegen – wagen nur einige alte Frauen, mich anzusprechen. Sie betteln nicht, sie bitten um Auskunft. Sie drücken mir Zettel mit Namen in die Hand, einige zeigen vergilbte Familienfotos. Ob ich helfen könnte, ihre Verwandten aufzuspüren, sie seien verschollen, höchstwahrscheinlich umgebracht worden. Wenigstens Gräber würden sie gern finden. Es sind herzzerreißende Szenen, wenn sie in Tränen ausbrechen. Aber ich kann nicht helfen.

Ich bin mit meinem Fotografenkollegen Jay Ullal unterwegs

zu einem gefährlichen, geheimen Kurzbesuch in der Provinz Kampong Thom, immer den Sen-Fluss entlang, zu einem Dorf namens Prek Sbauv. Unser Ziel ist der Geburtsort des Diktators, der sein Volk ins Unglück gestürzt hat; der Weiler, in dem noch immer ein Teil seiner Sippe leben soll.

Am überfüllten Krankenhaus der Provinzhauptstadt vorbei, dann links, die Abzweigung von der asphaltierten Straße. Ein Lehmweg, der jetzt in der Trockenzeit Staubwolken aus rotem Sand aufwirbelt, hinunter zum großen See, dem Tonle Sap. Einige ärmliche Hütten, das müsse Prek Sbauv sein, sagen die Vietnamesen. Am Dorfladen zunächst nur mürrische Gesichter und keine Auskunft zur Familie des Massenmörders. Dann hole ich Zigaretten hervor, verteile sie, die Atmosphäre lockert sich. Schließlich sagt einer: »Ich bringe Sie zu Saloth Nhep, das ist der jüngste Bruder von Pol Pot.« Wir halten an einer mit Stroh gedeckten Holzhütte am Ende des Weges, wie die meisten hier ist sie auf Stelzen gebaut.

Ich zucke unwillkürlich zusammen, als ich das Gesicht des Mannes sehe, der aus der Tür tritt und uns überrascht mustert: Die Ähnlichkeit ist verblüffend. Dieselbe Mundpartie, dieselben vorstehenden Wangenknochen in dem sonst fast mondrunden Gesicht, dieselben wachen Augen und buschigen schwarzen Bürstenhaare. Derselbe spöttische Zug um den Mundwinkel, wie man das von den wenigen Fotos von Pol Pot kennt. Erst will Saloth Nhep, achtzehn Monate jünger als sein berüchtigter Bruder und das »Nesthäkchen der Familie«, wie er anmerkt, nicht viel erzählen. Ein paar Fakten: Sie seien acht Geschwister gewesen, der Vater ein Reisbauer mit einem großen Landbesitz, vielen Büffeln, Schweinen und Hühnern und Fischereigründen. »Wir gehörten zur oberen Mittelklasse«, sagt er nicht ohne Stolz. Und ja, Sar habe ihn immer wieder umarmt, viel mit ihm gespielt. Ein zu allen freundlicher, höflicher, lustiger Junge, der – wenn er sich recht erinnere – keinem Tier etwas zuleide tat, »kein Blut sehen konnte«.

Wir trinken Tee. Ich packe einige bescheidene Gastgeschenke aus, unter anderem Kekse. »Gut, dass Sie die mitgebracht haben, ich hätte Ihnen leider keine anbieten können«, sagt Saloth Nhep, zupft sich den schwarzen, an mehreren Stellen geflickten Umhang zurecht. Und beginnt dann doch ausführlicher zu erzählen.

Die Familie hob sich nicht nur durch ihren relativen Wohlstand von den anderen im Dorf ab: Sie hatte auch besondere Beziehungen – und zwar zur königlichen Familie in der Hauptstadt. »Suong, der Älteste unter uns Brüdern, hatte über eine Tante eine Anstellung im Palast von Phnom Penh gefunden«, die Dame galt als eine der Lieblingskonkubinen des damaligen Herrschers. Schon mit neun Jahren wird auch Saloth Sar – der spätere Pol Pot und antiroyalistische Revolutionär – im Königshaus eingeführt. Die Eltern haben beschlossen, den kleinen Träumer, der erkennbar so gar nicht für die Feldarbeit taugt, in die Großstadt zu schicken. Er soll bei den buddhistischen Mönchen in einem Kloster nahe des Palastes wohnen, später eine renommierte katholische Schule besuchen.

Saloth Nhep erinnert sich. »Er kam regelmäßig in den schulfreien Monaten zurück zu uns ins Dorf, erzählte begeistert von seinen Erlebnissen und hat oft Streiche mit mir ausgeheckt – er nannte mich immer seinen Lieblingsbruder.« Das harte Landleben ist für Saloth Sar, der später ein ganzes Volk auf die Felder zwingen sollte, immer Urlaubssituation geblieben: Ferien auf dem Bauernhof. Saloth Nhep zieht nachdenklich an seiner Gitanes. Hat denn sein Bruder als junger Student niemals Kritik am ausschweifenden Lebensstil im Palast geübt, einen aufkeimenden Hass auf die im Luxus schwelgende Oberklasse erkennen lassen? Er denkt nach. »Nein«, sagt er dann. »Davon hat mein Bruder nie gesprochen. Ich glaube, er war eher stolz darauf, ein wenig bei denen dazuzugehören.«

Saloth Sar ist keine akademische Leuchte, aber er besteht sein Abitur. Und er ist clever. Er bewirbt sich für ein Stipendium im Ausland. Wohl auch wegen seiner Verbindungen zum Palast erhält er 1948 zusammen mit einem Dutzend anderer aus der Hand von König Sihanouk tatsächlich die Urkunde mit der Studienförderung. Über Saigon reist er nach Frankreich und schreibt sich in Paris für ein Studium der Radioelektronik ein. »Wir waren enttäuscht, dass er sich nicht bei uns in der Familie und im Dorf verabschiedet hat«, erzählt Saloth Nhep. »Aber immerhin schrieb er regelmäßig und ließ mich besonders herzlich grüßen.« Die Briefe aus Paris waren aber immer mit einer dringenden Bitte an den Vater verbunden: »Bitte schick mir Geld, das Leben in Frankreich ist so teuer.«

Und dann verschwand Saloth Sar. Im Dorf wusste keiner, dass er in Frankreich sein Studium hinschmiss, sich mit einigen kambodschanischen Freunden den Kommunisten anschloss, von einem Radikalumbau seines Landes träumte, von dem Ende jeglicher Fremdbestimmung – koste es, was es wolle. Dass aus Saloth Sar nach seiner Rückkehr nach Kambodscha ein Guerillaführer namens Pol Pot wurde. »Ich hielt meinen Bruder für verschollen, wahrscheinlich für tot«, erzählt mir Saloth Nhep bei unserem Treffen.

In Prek Sbauv bleibt die Weltgeschichte lange Zeit eine Randnotiz. Man hütet das Vieh, fischt, erntet den Reis. Natürlich wechseln gute Perioden mit problematischeren. Die Dörfler erfahren von der Niederlage der Kolonialmacht Frankreich und der Unabhängigkeitserklärung Kambodschas 1954; sie registrieren die Absetzung des Königs Sihanouk und die Amtseinführung eines gewissen Lon Nol durch einen von der CIA initiierten Putsch 1970; sie leiden unter dem einsetzenden

Bürgerkrieg und den massiven Bombardierungen durch die amerikanische Luftwaffe im Vietnamkrieg, wenngleich ihre Provinz weniger Opfer zu beklagen hat als die meisten anderen.

»Wir haben wie die meisten im Land auf die Roten Khmer als Befreier gesetzt«, sagt Saloth Nhep. »Doch als sie 1975 die Hauptstadt eroberten und dann auch weitgehend das übrige Land, begann für uns die Zeit der schlimmsten Entbehrungen. Wir wurden genötigt, unseren Reis für den Export abzugeben, man sperrte uns gemeinsam mit den zuströmenden Städtern in Lager, zwang uns zum Steineschleppen und zum Bau von Dämmen.« Der Geheimdienst der Kommunisten, die anonyme Organisation »Angkar«, bestimmte jeden Schritt, bestrafte jeden, der sich auch nur im Ansatz widersetzte oder die erforderten Quoten nicht erfüllen konnte, mit dem Tod. Saloth Nhep überlebte die Qualen, aber mehrere seiner kleinen Neffen im Dorf starben an Hunger und Auszehrung.

Der Anführer der Roten Khmer blieb geheimnisvoll im Hintergrund, man kannte im Dorf wie überall im Land nur seinen Kampfnamen: Pol Pot. Erst 1978 wurden die ersten Fotos von ihm veröffentlicht, offizielle Bilder ausgestellt. »Ich dachte, ich falle in Ohnmacht, als ich die Plakate sah – das war ja mein verschollener Bruder!« Gab es Vorwürfe gegen Saloth Nhep, gegen die anderen Familienmitglieder, wollten sich Dörfler rächen? Nein, keine Sippenhaft, sagt er, so etwas sei unkambodschanisch, unbuddhistisch. Er habe sich viele Gedanken gemacht, was da im Leben seines Lieblingsbruders falsch gelaufen sei, aber er wisse es nicht. »Das Einzige, was ich weiß: Ich hasse ihn, er hat Schande über unsere Familie und Leid über unser Volk gebracht.«

Dann gibt es nichts mehr zu sagen. Dankend nimmt Pol Pots Bruder noch eine Packung Zigaretten an, entschuldigt sich einmal mehr umständlich, dass er dem Gast nicht einmal

Bonbons habe anbieten können. Ein gebrochener, ausgebrannter, rätselnder Greis, der mir an der Biegung des Feldwegs noch einmal mit einem verzweifelten Lächeln nachwinkt.

Ich habe ihn noch einmal wiedergesehen, bei meinem zweiten Besuch im Dorf 1990. Diesmal hat Saloth Nhep seine Angst vor den vietnamesischen Besatzern weitgehend abgelegt. Ich darf alles schreiben, was er mir erzählt. Aber die Verbitterung über sein Leben, über die Taten seines Bruders, das alles hat eher noch zugenommen. »Ich kann keinen Tag mehr glücklich sein«, sagt Saloth Nhep. Er lebt dann noch bis ins Jahr 2010. Länger als Pol Pot, sein einziger Triumph.

DER WEGGEFÄHRTE ODER: POL POTS KAMPF UM DIE ABSOLUTE HERRSCHAFT

Auf Siet Chhe bin ich bei Recherchen im Genozid-Forschungsinstitut der amerikanischen Yale University gestoßen, Aktennummer Y01189. Aus den Dokumenten geht hervor: Wenn irgendjemand »Bruder Nummer eins« während dessen Erwachsenenjahren nahegestanden hat, dann ist es dieser Mann. Sein bester Freund.

Saloth Sar hat nach seiner Rückkehr aus Frankreich einige Jahre noch anonym als Privatlehrer in Phnom Penh gearbeitet und sich während dieser Zeit der kambodschanischen Kommunistischen Partei angeschlossen, die bald nur noch im Untergrund agieren konnte. Wann genau er und Siet Chhe einander kennengelernt haben, lässt sich nicht mehr ermitteln. Vermutlich war es um das Jahr 1966, als Pol Pot – er hatte sich inzwischen seinen Kampfnamen gegeben – sich mit anderen Anführern der KP in die Dschungelgebiete des Nordostens abgesetzt hatte.

In diese Zeit fällt ihre erste gemeinsame Reise nach Peking. Pol Pot, lange von linken Gruppierungen in Vietnam beeindruckt, wechselt nach einem Treffen mit Mao seine ideologischen Vorbilder: Er wird zum glühenden Verehrer der ultraradikalen Kulturrevolution, plädiert fortan für die komplette Zerschlagung aller bisherigen staatlichen Strukturen und kultureller Traditionen. Für Nationalismus, wirtschaftliche Autarkie und einen Neuanfang als Bauernstaat. Dass seine Roten Khmer in Kambodscha in den nächsten Jahren so viel Zulauf erhalten, verdankt er ganz wesentlich der Politik des »Klassenfeinds«: Die USA helfen nicht nur rechten Militärs unter Lon Nol zum Militärputsch in Phnom Penh, sondern überziehen nach 1965 bei der »Operation Menu« fast ganz Kambodscha mit einem brutalen Bombenkrieg aus der Luft. Pol Pot kann viele Kriegswaisen für seine Guerilla-Armee rekrutieren. Kindersoldaten werden zu seinen brutalsten Kämpfern.

Siet Chhe weicht beim Untergrundkampf auch dann nicht von Pol Pots Seite, als der im Dschungel von Malariakrämpfen geschüttelt wird, trägt ihn nach einem besonderen Schwächeanfall sogar auf seinen Schultern zum nächsten Rebellenlager. Rettet ihm das Leben.

Nach dem Sieg der Roten Khmer wird Siet Chhe Logistikchef im Generalstab. Er begleitet Pol Pot 1975 erneut zu Mao – und fällt dann während der großen parteiinternen Säuberungen zwei Jahre später in Ungnade. »Bruder Nummer eins« sieht jetzt überall interne Feinde, die gegen ihn putschen wollen, seine Paranoia kennt keine Grenzen mehr. Siet Chhe glaubt nach seiner Einlieferung ins Foltergefängnis Tuol Sleng an ein Missverständnis, bittet die Anstaltsleitung um ein Gespräch mit den »Höheren Kadern«. Abgelehnt. Dann richtet er ein Schreiben direkt an Pol Pot. »Auch wenn sie meine Knochen hier in Stücke schlagen, es gibt nichts zu gestehen. Bitte rette deinen jüngeren Bruder rechtzeitig! Ich wäre glücklich, wenn ich mit meiner Frau und meinen Kindern auf einer Kollektivfarm Reis anbauen dürfte, ich bräuchte keine offizielle Position. Lass mich einfach nur leben!«

Bei der Prominenz des Häftlings ist es wahrscheinlich, dass Anstaltsleiter Kaing Guek Eav alias Duch – ein ehemaliger Mathematiklehrer und gewissenhafter Archivar des Foltergefängnisses – das Schreiben weitergeleitet hat, schon um sich abzusichern. Aber die Akten enthalten keine Antwort Pol Pots. Kein Wort zu seinem Freund. Da ist nur das große, mitleidslose Schweigen. Was Siet Chhe offenbar nicht weiß: Pol Pot hat auch andere Führungskader aus seiner nächsten Nähe einliefern lassen; etwa den stellvertretenden Premierminister Vorn Vet, einen langjährigen treuen Weggefährten. Später sichergestellte Dokumente aus Tuol Sleng belegen, dass Pol Pot selbst an dessen Folterungen beteiligt war, dem Delinquenten ein Bein gebrochen hat.

Ende 1977 setzen bei Siet Chhe die schweren Folterungen ein. Er bittet, »selbst seiner Existenz ein Ende machen zu dürfen«. Wieder lehnt Anstaltsleiter Duch ab. Der Herr über Leben und Tod denkt sich einen neuen, besonders perfiden Umgang mit dem renitenten Gefangenen aus. »Schreib die Geschichte nieder, wie du deine Tochter sexuell missbraucht hast. Es hat keinen Zweck, dies zu leugnen, denn wir haben Zeugen«, heißt es in der dokumentierten Aufforderung. »Lass doch deinen Körper wegen solcher Lappalien nicht noch mehr Schmerzen leiden.«

Alle haben alles gestanden in Tuol Sleng. Es gibt nur ein Dokument des Widerstands: die folgenden Zeilen von Siet Chhe. »Verehrte Organisation! Dies ist mein Report über meine Tochter, das einzige Mädchen unter meinen vier Kindern, und ich gestehe: Ich habe sie besonders in mein Herz geschlossen. Wenn ich sie während meiner Reisen sah, habe ich sie in den Arm genommen, mit der Liebe und Fürsorglichkeit eines Vaters. Die Anschuldigungen, ich hätte mich an ihr vergriffen, sind lächerlich. Ich wünsche ihr, dass sie einen aufrechten Revolutionär trifft, mit dem sie ein politisches und moralisches Leben führen kann.«

Duch und seine Schergen quälen ihn noch fünf Monate. Ein Inzest-Geständnis können sie ihm nicht abzwingen. Dann bringen sie ihn auf die Killing Fields, versetzen ihm einen Schlag in den Nacken und stoßen ihn in die Grube.

DER GEGENSPIELER ODER: POL POTS UMGANG MIT DER MACHT

Die Einladung ist nobel, auf feinstes Büttenpapier gedruckt. »Seine Majestät freut sich, Sie zu einer Audienz in Peking begrüßen zu dürfen«, steht da. Absender, handgeschrieben, »Norodom Sihanouk, Le Roi du Cambodge«.

Endlich. Das ist die lang erwartete, ersehnte Nachricht von dem Mann, der Kambodschas neuere Geschichte geprägt hat wie kein anderer, mit der Ausnahme von Pol Pot natürlich. Geliebt, geradezu angebetet von vielen Khmer, von anderen bis aufs Blut gehasst und verfolgt. Ein Mann, der Gegensätze in sich vereint: Playboy und Politprofi, Träumer und Tatmensch, überraschend gewiefter Kämpfer für die Unabhängigkeit seines Landes und gleichzeitig sein berühmtester, durch und durch exzentrischer Filmemacher, Chansonnier und Dichter. Jahrzehntelang schillernder Staatsmann unter den Großen der Welt, cleverer Schaukelpolitiker zwischen Ost und West, auch bei Niederlagen nie abzuschreiben. Feudalistischer Gegenspieler und manchmal auch Weggefährte des kommunistischen »Bruder Nummer eins«, den er wegen dessen gnadenloser Durchsetzungsfähigkeit bewundert und gleichzeitig verabscheut.

Norodom Sihanouk: das Quecksilber-Thermometer einer Nation mit Ausschlägen von himmelhoch jauchzend bis zu Tode betrübt. Ein Prinz für Licht und Schatten. Was aber denkt er wirklich über Pol Pot? Was kann, was will er mir über ihn erzählen?

Unser Treffen findet in Peking statt, wo er Anfang der achtziger Jahre im Exil lebt, in der früheren französischen Residenz, einer luxuriösen Villa. Sihanouk sieht aus, als käme er gerade von den Pariser Modewochen. Maßanzug, Cardin-Krawatte, Seidenhemd, Golduhr Marke Omega. Ein herzlicher Empfang, dann ein denkwürdiges, emotionales Interview: Es gibt Champagner und Tränen.

Wo soll man anfangen zu fragen und zu erzählen bei diesem bewegten Leben, bei dieser so ganz besonderen politischen Karriere?

Rückblick auf das Jahr 1963, in dem Sihanouk formal seine größte Machtfülle besaß, sich zum »Staatsoberhaupt auf Lebenszeit« ausrufen ließ; es war auch das Jahr, in dem Pol Pot zum Generalsekretär der kambodschanischen KP wurde. Lange Zeit hat Sihanouk die Linke im Land blutig verfolgt, dann versuchte er es mit einer vorsichtigen Annäherung, holte sich einen erklärten Sozialisten ins Kabinett – ausgerechnet Khieu Samphan, einen Verbündeten Pol Pots. Warum?

Sihanouk nimmt einen großen Schluck vom Krug-Champagner aus dem Glas vor sich und zitiert aus einer seiner Geheimreden von damals: »Ich hatte erkannt, dass eine kommunistische Regierung womöglich einschneidendere, schnellere Veränderungen in Kambodscha erreichen könnte als wir, aber sie würde dabei dem einzelnen Khmer alles wegnehmen, was ihm lieb und teuer ist, seine bürgerlichen Freiheiten und seine

Freuden des Familienlebens. Die Kommunisten würden den Menschen in eine Maschine verwandeln und aus ihm nach und nach alle humanen Werte heraussaugen.«

So präzise hat er die kommende Katastrophe vorausgesehen? »Sihanouk war immer schon ein Prophet«, sagt der Mann, der von sich so gern in der dritten Person spricht. Und dann hat er allen Ernstes gedacht, mit den Roten Khmer zusammenarbeiten zu können, hielt es für eine gute Idee, einen Pakt mit dem Teufel zu schließen? Sihanouk seufzt. »Ja«, sagt er schließlich nach einer längeren Pause. »Mein großer Fehler.«

1970 putscht der Rechtsaußen-Politiker Lon Nol mithilfe der CIA, Sihanouk wird abgesetzt. Er bildet unter Einbeziehung der Roten Khmer eine Exilregierung in Peking, weil er glaubt, die Kommunisten instrumentalisieren zu können. Das Gegenteil ist der Fall: Pol Pot manipuliert ihn. Der Guerillaführer überredet im beginnenden Bürgerkrieg den abgesetzten König zu einem Treffen in den »befreiten« Dschungelgebieten Kambodschas. Pol Pot verweist darauf, dass sie doch beide Nationalisten seien, stolz auf das »einmalige Volk der Khmer«, das in der Vergangenheit mit den Bauten von Angkor so Großartiges geleistet habe, ein Leuchtturm für die Welt. Dass sie beide sich doch einig seien im Kampf gegen die amerikanischen Invasoren und ihren brutalen Bombenterror.

»Zunächst war Pol Pot sehr höflich und respektvoll zu mir, ein sehr charmanter Mann«, sagt Sihanouk bei unserem Interview. Als wollte er noch immer nicht wahrhaben, dass er nur ein Aushängeschild für die Roten Khmer war, eine Art nützlicher Idiot, der 1973 im schwarzen Tuch der Rebellen für sie im Dschungelhauptquartier posierte und sie so international aufwertete.

Dann kam die Stunde Null. Als Pol Pots Truppen im April 1975 die Hauptstadt Phnom Penh eroberten, veränderte sich

Norodom Sihanouk im Gespräch mit dem Autor,
Mai 1985, Peking

auch Sihanouks Rolle radikal. Zunächst sicherte ihm Pol Pot noch zu, als zeremonielles Staatsoberhaupt weiter für sein Land wirken zu können. Sihanouk verteidigte das neue Regime vor der Vollversammlung der Vereinten Nationen, reiste im Auftrag der Roten Khmer nach Afrika. Doch die Nachrichten über die schlimmen Zustände in seiner Heimat, die Massenmorde, die Hungersnöte, die Vertreibungen blieben ihm nicht lange verborgen. Die Hälfte seiner Entourage beschloss, im Ausland zu bleiben. Sihanouk kehrte noch einmal nach Phnom Penh zurück. »Als ich nicht mehr von Blumenmädchen am Flughafen von Phnom Penh empfangen wurde, sondern von einem schwarz gekleideten Armeechor, der blutrünstige Revolutionslieder sang, ahnte ich Schlimmes. Mein Lächeln gefror.«

Sihanouk wurde nicht mehr gebraucht, er verbrachte die nächsten Jahre unter strengem Hausarrest, Pol Pot hatte als »Bruder Nummer eins« die absolute Macht übernommen. »Die Roten Khmer haben mich ausgespuckt wie einen Kirschkern!«, sagt der Prinz bei unserem Treffen verbittert und wischt ein paar Tränen aus seinen Augen. »Ich lebte völlig isoliert, wenngleich mit einem gewissen Komfort in meinem alten Königspalast. Von den Killing Fields hatte ich keine Ahnung.« Die Roten Khmer haben ihm körperlich nichts angetan. Aber Sihanouk erfuhr bald, dass die Rücksicht der neuen Herrscher nicht seiner Familie galt. Um zu beweisen, dass sie gegen alle »feudalen Elemente« der alten Zeit vorgehen, töten Pol Pots Truppen über ein Dutzend von Sihanouks Familienmitgliedern.

Es sollte nicht die letzte Wendung im unglaublichen Leben des Norodom Sihanouk sein. Im Januar 1979, nach drei Jahren, acht Monaten und zwanzig Tagen, endete die Schreckensherrschaft der Steinzeitkommunisten durch den Einmarsch der Vietnamesen – und Pol Pot der Gnadenlose, der zynische Politiker par excellence, hatte tatsächlich die Unverfrorenheit, sich in der Stunde seiner Niederlage in Phnom Penh noch einmal mit einer Bitte an seinen Gegenspieler zu wenden. Sihanouk erinnert sich. »Monseigneur, sagte er ganz höflich zu mir, Sie müssen Kambodscha bei den Vereinten Nationen vertreten. Sie müssen hingehen und unser Vaterland gegenüber den vietnamesischen Aggressoren verteidigen. So bin ich mit der letzten regulären Verkehrsmaschine aus Phnom Penh herausgeflogen.«

Aber nicht nur Sihanouk entkam damals den Vietnamesen. Auch die gesamte Führungsspitze der Roten Khmer konnte sich dem Zugriff der neuen Herrscher entziehen und von den alten Dschungelstellungen nahe der thailändischen Grenze den Kampf fortsetzen. Die Roten Khmer unter Führung von Pol Pot vermochten sich noch fast vierzehn Jahre in der Provinz im Nordosten an der Macht zu halten, allerdings in einem immer kleiner werdenden Territorium, das bald nicht einmal mehr fünf Prozent des Staatsgebiets umfasste. Der Prinz hielt dann tatsächlich 1979 vor der UNO die von den Roten Khmer erbetene flammende Rede gegen Vietnam und dessen »Verletzung der kambodschanischen Souveränität«; Reporterfragen nach den Menschenrechtsverletzungen der Roten Khmer und nach seiner eigenen dubiosen Rolle umging er geschickt. Und tatsächlich verurteilte der Sicherheitsrat das Vorgehen Vietnams, nicht den Massenmord der Roten Khmer.

Das Politikchamäleon Sihanouk veränderte aber in der darauffolgenden Nacht noch einmal die Farben, setzte sich in Washington ab und landete auf Umwegen in Peking. Und bald wieder in Gesprächen mit den Roten Khmer – nach eigenen Worten immer unterwegs, um noch Schlimmeres zu verhindern. Wo sind seine wirklichen Überzeugungen, wem gehört bei all diesen Wirrungen und Winkelzügen wirklich seine Loyalität – wie soll man sein Leben, seine Rolle einordnen?

»Ich weiß, das hört sich für Ihre westlichen Ohren nicht logisch an«, sprudelt es aus ihm heraus. »Vielleicht sogar pervers. Aber ich bin zuallererst einmal Patriot, mein Problem ist, dass mich mein Volk so sehr liebt und dass ich mich dem Willen des Volkes unterordnen muss. Sihanouk kann nicht selbst entscheiden, Sihanouk gehört den Kambodschanern.« Wie er sich selbst beschreiben würde, habe ich ihn am Ende meines Interviews gefragt. »Als missverstanden«, antwortet er nach kurzem Überlegen. »Oder wenn Ihnen das lieber ist: als nicht zu verstehen.«

Am 14. November 1991 kehrt Norodom Sihanouk im Triumphzug nach Phnom Penh zurück, ironischerweise wieder an Bord einer chinesischen Passagiermaschine. Die Menschen jubeln ihm zu wie einem Retter, dabei ist er wieder nur eine Marionette von Großmachtinteressen. Immerhin gelingt es ihm in den künftigen Jahren, Royalisten und Sozialisten einigermaßen zu versöhnen, die Roten Khmer weitgehend zu isolieren und so zu spalten, dass die meisten von ihnen – unter Zusicherung der Straffreiheit – ihren militärischen Kampf aufgeben. Im Herbst 1993 schafft Sihanouk es tatsächlich, sich noch einmal zum König krönen zu lassen. Doch sein Einfluss schwindet dann zusehends und seine Rolle wird auf zeremonielle Aufgaben reduziert.

Am 15. Oktober 2012, wenige Tage vor seinem neunzigsten Geburtstag, stirbt Preah Bat Samdech Preah Norodom Sihanouk Varman: Kämpfer für die Unabhängigkeit von der Kolonialherrschaft, Kollaborateur mit den Massenmördern, Symbol für den Versuch einer nationalen Versöhnung. Eine traurige, tragische Figur. Von Sihanouk bleibt mir in Erinnerung, dass er von sich mit einem kaum erkennbaren ironischen Unterton in der Stimme gesagt hat: »Ich bin international nun einmal der einzig vorzeigbare Kambodschaner.« Der mir beim Interview gestand, dass er sich in Pol Pots Gesellschaft »durchaus wohlgefühlt« habe. »Erst im Laufe der Jahre habe ich begriffen, dass er ein Monster war, ein Verrückter, ein Menschenverächter. Aber wie ist er zu diesem Monster geworden? Wann hat ihn der Wahnsinn ergriffen? Warum bloß hat er den Schalter Richtung Massenmord umgelegt?«

DER TOTSCHLÄGER, DER FOLTERFOTOGRAF UND DER KÜNSTLER, DER TÄGLICH UM SEIN LEBEN MALTE ODER: POL POTS (UN)WILLIGE VOLLSTRECKER.

Den Killer Him Huy, der so viele Gefangene mit eigener Hand umgebracht hat, habe ich 2008 in seinem Heimatdorf kennengelernt. Eineinhalb Stunden Autofahrt von Phnom Penh, fünfundsechzig Kilometer Richtung vietnamesischer Grenze, inmitten einer idyllischen Landschaft von Reisfeldern liegt Prek

Sdei, ein lang gestreckter, unspektakulärer Weiler. Ein kleiner Laden mit dem Nötigsten, Reis, Tee, Süßigkeiten; außer einer in der Mittagshitze dösenden alten Frau weit und breit kein Mensch. »Life is Action« wirbt das Plakat einer amerikanischen Zigarettenfirma. Das gesuchte Haus ist das vorletzte am Ortsende, ein ziemlich großzügiger Bau auf Stelzen aus Holz. Er wartet schon auf uns. »Sie haben den richtigen Mann gefunden«, sagt der klein gewachsene, drahtige Mann im blütenweißen Hemd. »Ich bin Him Huy, der frühere Oberaufseher im Lager Tuol Sleng.«

Mein Freund und Übersetzer Rith und ich haben keine großen Überredungskünste gebraucht, um ihn zu einem Interview zu bewegen. Him Huy hatte ja trotz seiner mörderischen Taten keinen Anlass zur Angst – er hatte das Begnadigungsprogramm der neuen Regierung von Kambodscha in Anspruch genommen, mit dem eine Wiedereingliederung in die Gesellschaft gefördert werden sollte; er hatte sich zu seiner Tätigkeit für die Roten Khmer bekannt, im Gegenzug die Straffreiheit erhalten. Him Huy braucht nichts zu befürchten – aber vielleicht, so hoffte ich, hat er etwas zu gestehen. Und zu bereuen.

Er gibt sich große Mühe, eine ungezwungene Gesprächsatmosphäre zu schaffen, erläutert die an den Wänden hängenden Familienfotos, stellt uns seine Frau vor, die Tee und Reisküchlein serviert. »Meine neun Kinder«, sagt er stolz, »sechs Jungs, drei Mädchen – aber Großvater bin ich leider noch nicht.« Die beiden Ältesten dürfen bleiben und sich neben uns auf den mit Bastmatten ausgelegten Boden setzen; Him Huy will wohl demonstrieren, dass er nichts zu verbergen hat. Und so beginnt er zu erzählen, kettenrauchend. Fängt an mit seiner Jugend, »weil nur so werden Sie alles verstehen können«, sagt er.

Mit siebzehn hat er sich in seinem Heimatdorf den vorrückenden Roten Khmer angeschlossen. Obwohl er als Sohn eines

Hilfsarbeiters nur vier Jahre Grundschule absolvieren konnte, begriff er nach eigenen Worten sehr schnell, was die bäuerlichen Revolutionäre hören wollten. »Wir müssen den Kapitalismus und die Privilegien der alten Klasse zerschmettern, wurde zu meinem Motto, das ich immer und überall wiederholte.« Beim siegreichen Angriff auf die Hauptstadt wurde er 1975 verwundet. »Granatsplitter stecken bis heute in meinem Körper«, sagt Him Huy. Die vorwärtsstürmenden Genossen hätten ihn nicht in seiner Blutlache liegen lassen, sondern ihn verbunden und weiter mit sich geschleppt. »Ich war den Roten Khmer von da an stets dankbar und wollte ihnen mit meiner Loyalität danken und alles tun, was sie von mir verlangten. Pol Pot wurde mein Führer, mein Vater, mein Schicksalsgott.«

Er kam Anfang 1977 als einfacher Wärter ins Lager S-21, bekannter unter dem Namen Tuol Sleng. Wenige Monate später hatte er schon die Stellung eines Oberaufsehers inne, wurde Ende des Jahres zum »Verantwortlichen für alle Sicherheitsfragen« befördert; in dieser Funktion hatte er die Ankunft und das Ende aller Eingelieferten zu überwachen. Die Folterungen, die Exekutionen im Lager, die Transporte der anderen Todgeweihten zu den nahe gelegenen Killing Fields von Choeung Ek. »Und ja, es stimmt, auf Befehl des Lagerkommandanten Duch musste ich dort auch öfter mal selbst Hand anlegen. Vor allem, wenn wir Gewehrkugeln sparen wollten.«

Eine kleine Pause, Zigarette ausgedrückt, neue angezündet. Ein Schluck Tee. Und dann beschreibt Him Huy die Hinrichtungen in einer merkwürdig unbeteiligten, fast klinischen, präzisen, monotonen Sprache – als bedeutete das Finden der richtigen Worte schon eine Art Absolution, Vergebung für das Ungeheuerliche.

»Wir fuhren unsere Gefangenentransporte immer nachts aus dem Lager zu den Feldern. Wir hatten dort einen Generator aufgebaut, um die Namen und Nummern bei Licht vorlesen zu können, schließlich musste ja alles auf den Listen dokumentiert werden.« Dann führte Him Huy die Delinquenten zu den »sorgsam ausgehobenen Gruben«. Dann mussten sie niederknien. Dann schlug er von hinten zu. Eisenstange oder Axt gegen den Nacken, einmal, zweimal, so oft es nötig schien. Dann stieß er den Körper in die Kuhle. Dann schnitt unten in der Grube ein Assistent noch sicherheitshalber die Kehle durch. Dann kletterte der Helfer heraus und Him Huy schüttete gemeinsam mit ihm Chemikalien über die Leichen, um sich vor dem eventuellen Ausbruch einer Seuche zu schützen. Und dann waren sie fertig und konnten zurück zum Schlafen in ihre Quartiere ins fünfzehn Kilometer entfernte Tuol Sleng.

Him Huy erinnert sich, dass manche Gefangenen noch etwas gerufen hätten. »Bitte lass mich leben«, etwa. Oder auch nur »Oeuy«, was »meine Liebe« oder auch »mein Gott« bedeuten kann. Er hat einmal einem Gefangenen auf den Killing Fields kurz vor dem Axthieb gesagt, wenn er ihn nicht umbrächte, würde er selbst umgebracht. Er glaubt, dass ihn dieser Delinquent »verstanden« hat. Besonders das Töten von Kollegen aus dem Kreis des S-21-Personals sei ihm schwergefallen. »Bevor diese in Ungnade gefallenen Opfer starben, müssen sie gesehen haben, wie traurig ich war. Ja, ganz bestimmt haben sie das gesehen.«

Er sagt, er habe »höchstens ein Dutzend« eigenhändig erschlagen. Waren es nicht eher zweitausend, wie er bei seiner Vernehmung durch die staatlichen Amnestiebehörden zu Protokoll gegeben hat? »Aber nein, das war ja nur eine Größenordnung aller Exekutierten«, behauptet der Lagerverwalter. »Ich war doch nur ein Rädchen im Getriebe und musste funktionieren.« Immer wieder habe er an Flucht gedacht, aber da sei keine Chance gewesen. Erst als die vietnamesischen Truppen in die Hauptstadt vorrückten, konnte er Tuol Sleng hinter sich lassen.

Him Huy hat sich dann ein Stück Land verschafft, ist eingetaucht in das bäuerliche Leben. Kennen denn alle im Dorf seine Geschichte? Die meisten wohl, meint er. Muss er nicht Angst vor Racheakten von Mitbürgern haben, die durch die Roten Khmer Verwandte und Freunde verloren haben und nicht so privilegiert waren wie er als Exekutor und Organisator im Foltergefängnis? Nein, meint er. Seine kambodschanischen Landsleute seien Buddhisten und deshalb gut im Verstehen und Verzeihen. Er selbst habe sich, wie seine gesamte Familie, inzwischen auch dem Buddhismus zugewandt, »seine Religion ohne Gott«.

Dann ist nichts mehr zu sagen. Frau Huy trägt weitere Reisküchlein auf. »Noch etwas Tee, bevor Sie gehen?«, fragt sie.

Die Fahrt zum Folter-Fotografen Nhem En führt mich einige Wochen später über eine holprige Lehmstraße in den äußersten Norden Kambodschas, nach Anlong Veng, wo die Roten Khmer ihr letztes Hauptquartier hatten. Sein gemütliches, geräumiges Holzhaus steht an einem großen Teich am Stadtrand. Die Familie – seine Frau und sechs Kinder – betreibt einen Gemischtwarenladen im Erdgeschoss, Hühner spazieren über den Hof, Enten sind vom Wasser herübergewatschelt, eine friedliche, ländliche Idylle. Er begrüßt mich freundlich. Sein breites Gesicht überzieht ein Dauerlächeln, sorgfältig gekämmt ist der Mittelscheitel des schwarzen vollen Haars. Der gedrungene Körper mit dem Stiernacken und den muskulösen Armen verleiht Nhem En etwas von einem Boxer, der weiß, dass er nach Punkten zurückliegt und der einen Knockout suchen muss.

Er sei ein skrupelloser Dokumentarist des Schreckens, sagen die einen in Kambodscha über den Mann, der mehr als tausendzweihundert Fotos der todgeweihten Gefangenen im Vernichtungslager gemacht hat, andere sehen in ihm einen zwar nicht gerade charakterfesten, aber doch eher bedauernswerten Mitläufer des Regimes. Wie schätzt Nhem En sich selber ein, was sieht er als seine Haupteigenschaften? Er zögert nicht lange. »Unbedingte Loyalität, Unternehmungslust, Geschäftssinn«, sagt er und erzählt dann sein Leben.

Nhem En war noch keine zehn Jahre alt, als die Roten Khmer ihn 1970 für ihren Dschungelkampf rekrutierten. Seine Eltern galten als die Ärmsten im Dorf und waren froh, dass sie durch seinen Weggang einen weniger durchfüttern mussten. Der kleine Junge wird von den Guerillakriegern als Trommler eingeteilt. Wann immer sie in ein Dorf kamen, um die Aufmerksamkeit der Bauern zu wecken und sie zu ihren Agitationsveranstaltungen zu locken, wirbelte er die Taktstöcke über sein viel zu großes Instrument: ein Rattenfänger im Dienste der Revolution.

Die Streifzüge mit den Roten Khmer waren für den Jungen ein einziges Abenteuer – die Kämpfer wurden zu seiner Bezugsgruppe, zu seinem neuen Familienclan. Er ist bis heute beeindruckt von der Moral und Zucht der Truppe. »Kein Alkohol, keine Bordellbesuche, alles Überzeugungstäter.« Die Anerkennung war gegenseitig. Rebellenführer waren so angetan von dem anstelligen Knaben, dass sie ihn, gerade erst fünfzehn geworden, mit einer Delegation nach Shanghai schickten, um ihn dort einen Kurs als Fotograf machen zu lassen.

Als er nach Phnom Penh zurückkam, stand das alte Regime kurz vor dem Zusammenbruch. Mehrfach riskierte er bei Botengängen hinter die Linien im Auftrag der Roten Khmer sein Leben. Nach dem siegreichen Einmarsch erlebte Nhem En die Morde an den »Intellektuellen« – und das waren nicht nur Lehrer, die eine »verdächtige Fremdsprache« konnten, sondern auch alle, die Brillen trugen und sich dadurch als »Feudalisten« entlarvten, er sah die brutale Evakuierung der Stadt, das Niederbrennen von Klöstern und Schulen – und er hielt das alles für notwendige Schritte auf dem Weg zu einer gerechteren Ordnung. Und er profitierte: Die Roten Khmer schenkten ihm ein Gefährt, das sie den Vertriebenen abgenommen hatten: sein erstes Fahrrad.

Auf seinen Botenfahrten für die neuen Herren kam er auch zum Lager S-21, lernte den Kommandanten Duch kennen. Der gab ihm den Spitznamen »A Keum«, was einen Menschen umschreibt, der für einen persönlich oder für eine Sache sehr wichtig ist: den »Essenziellen«. Und Duch wies dem gerade erst Achtzehnjährigen im Auftrag der Partei eine neue Aufgabe zu: Nhem En soll von jedem neu eingewiesenen Gefangenen ein Foto für die Akten machen. In Tuol Sleng soll alles für die revolutionären Annalen und für die Nachwelt dokumentiert werden: Die Roten Khmer schämen sich ja nicht für ihre brutale Vorgehensweise, sie halten sich in ihrem Wahn für vorbildlich.

Die Delinquenten werden von Lastwagen heruntergezerrt und, mit Augenbinden geblendet, im Verhörraum der Anstalt abgeladen. Dann ist der Fotograf mit ihnen alleine. »Fast alle haben mich gefragt: Warum bin ich da? Was machen Sie hier mit mir? Aber ich durfte nichts sagen, wusste ja auch wenig.« Nhem En wusste damals allerdings schon sehr bald, was mit den Gefangenen geschah, obwohl er nach eigener Aussage nie in die Folterzellen ging. Er sprach mit Wärtern und hörte nachts die Schreie. Er sah die Lkws zum Abtransport auf die Killing Fields. Er schwieg. Er machte seinen Job. »Ich konzentrierte mich darauf, meine Arbeit so gut, so professionell wie möglich zu machen«, sagt er mir. »Meine persönlich angefertigten Abzüge können sich auch heute noch technisch sehen lassen.«

Hunderte dieser Mugshots, dieser »polizeidienstlichen Erkennungsfotos der Verbrecher«, sind heute in Tuol Sleng zu sehen, das Foltergefängnis ist im neuen Kambodscha zu einem Genozidmuseum umgewandelt worden. Immer die gleiche Perspektive: einmal das Gesicht von der Seite, einmal von vorne. Und immer diese schrecklichen, ganz ähnlichen Reaktionen, weit aufgerissene Augen, Zeugnisse panischer Angst. Hat der Fotograf nie Mitleid mit diesen Menschen bekommen? Nhem En sagt mit fester Stimme: »Ich sah nur die Motive. Ich musste das Berufliche von den Gefangenen und ihren Schicksalen trennen. Anders ging es nicht.«

Als er mein ungläubiges Staunen wahrnimmt, setzt er hinzu: »Man hatte mir gesagt, Tuol Sleng sei ein Zentrum im Kampf für ein neues Volk, sei das Herz der Bewegung, ohne das die Roten Khmer den Kreislauf der Nation nicht am Pulsieren halten konnten. Ich glaubte das. Und ich hatte auch Angst, etwas falsch zu machen – ich hatte mitbekommen, dass es im Lager jeden treffen konnte, auch das Personal, auch die Vertrauten des Kommandanten Duch.« Vielleicht sogar diesen Totschläger Him Huy, der nach der Erinnerung des Fotografen immer um Duch herumschlich und im Lager für seine besondere Ergebenheit zum Chef, aber auch für seine Grausamkeit bekannt war.

Wie schnell die Stimmung umschlagen konnte, erfuhr Nhem En dann bei einem seiner vier Assistenten, die ihm zugeteilt worden waren. Der hatte in einem Moment von Unachtsamkeit ein Foto verwackelt und war am Tag danach verschwunden, nie mehr aufgetaucht. Und auch Nhem En hätte es fast erwischt. Eines Tages wurde er wortlos abgeführt und musste in einem dem Lager angeschlossenen Schweinestall die Tiere füttern. »Zwischengeparkt, bis eine Entscheidung in deiner Sache fällt«, ließ sein Förderer Duch ihm mitteilen. Der Fotograf erlitt Todesängste, als er erfuhr, was ihm vorgeworfen wurde:

Ein von ihm entwickeltes Foto Pol Pots, aufgenommen auf einer Dienstreise beim Besuch chinesischer Genossen, hatte einen entstellenden schwarzen Fleck über dem linken Auge des »Bruders Nummer eins«. Sabotage? Unachtsamkeit? Fremdverschulden? In der paranoiden Welt der Roten Khmer war jeder, auch der Loyalste aus den eigenen Reihen, des Verrats verdächtig.

Nach einigen Tagen dann die Entwarnung: Die Chinesen haben auf Nachfrage zugegeben, dass sie bei dem ihnen zugestellten Negativ gepatzt haben. Nhem En wurde rehabilitiert und erhielt von Duch sogar eine Rolex geschenkt, der Lagerkommandant hatte die Uhr einem Gefangenen aus höchsten früheren Führungskreisen abgenommen. Die Stimmung in Tuol Sleng aber änderte sich spürbar im März des Jahres 1979, die Gerüchte über ein Näherkommen des Feindes, über ein Ende des Regimes überschlugen sich. Der Fotograf sah seinen Chef dann noch einmal, und diesmal hatte die Panik die Seiten gewechselt. Duch floh aus dem Lager, Richtung Osten. Instinktiv orientierte sich Nhem En Richtung Norden. Er hatte Glück, schaffte es in die nächste Kreisstadt und konnte dort die Rolex gegen drei kleine Säcke Reis tauschen. Eine Güterabwägung, die ihn nach eigenen Worten »etwas geschmerzt« hat, aber die er kühl und pragmatisch und emotionslos vornahm – wie letztlich alles in seinem Leben.

Er schlug sich durch die Linien, erreichte Pol Pots Gewährsleute an der thailändischen Grenze. Vergrub sich mit ihnen in dem winzigen Teil des Landes, den die Roten Khmer nach der Niederlage in Phnom Penh noch über achtzehn Jahre halten konnten. Mit seinem Gespür für Macht erkannte Nhem En dann 1997 in Anlong Veng, dass es mit dem »Bruder Nummer eins« und seinen Getreuen zu Ende ging, dass er den Absprung finden musste. Er stellte sich den Regierungstruppen und nutzte ihr Angebot der Amnestie. Seitdem ist er ein großer Freund der Demokratie und Gewaltenteilung.

Gefragt war nun Politik unter anderen Vorzeichen, Wahlen, bei denen man sich – mit welchen Mitteln auch immer – Stimmen sichern muss, um den Futtertrögen der Macht nahe zu sein. Nhem En, gewandt und gelehrig, begreift schnell, wie das geht. Zuerst tritt er für eine kleine Oppositionspartei als Parlamentskandidat an. Als er scheitert, wechselt er die Fronten: Er hat erkannt, dass in der autoritären kambodschanischen Scheindemokratie nur die Regierungspartei Pfründen zu verteilen hat. Er wird gewählt, der Neunundvierzigjährige ist zur Zeit unseres Interviews stellvertretender Bürgermeister von Anlong Veng. Und hat noch Großes vor. »Sie können mir dabei helfen«, sagt Nhem En, flüstert es mir fast verschwörerisch ins Ohr.

Es fehle ihm finanziell an nichts, ihn interessiere nur noch die gesellschaftliche Anerkennung. »Die steht mir als bedeutendem Zeitzeugen doch wohl zu«, meint er. Nhem En möchte ein grandioses Projekt verwirklichen, ein »Rote-Khmer-Versöhnungsmuseum« bauen. Bestücken will er es mit alten Kampfanzügen, Gewehren, Dokumenten und anderen Memorabilia, die er gesammelt hat. Vor allem aber mit seinen Kameras, die er damals in Tuol Sleng benutzt hat – und mit Bildern. Er habe mehr als tausend Fotos, nicht nur von den Delinquenten im Foltergefängnis, sondern auch von der gesamten Führungsspitze der Roten Khmer. Stolz zeigt er seine Alben, in denen fein säuberlich seine Werke eingeklebt sind: Pol Pot in allen Lebenslagen (»er wurde mit zunehmendem Alter immer schwieriger, aber, wie mir schien, auch nachdenklicher«), im Untergrund beim Kampfeinsatz, aber auch privat mit Frau und Tochter. Dazu legt Nhem En nicht ohne Stolz seinen eigenen Rote-Khmer-Ausweis. Den Ort, ganz in der

Nähe seines Hauses in Anlong Veng, habe er schon ausgesucht, sechzigtausend US-Dollar soll das Museum kosten: ein Spottpreis, angesichts der »historischen Relevanz«, wie er meint.

Ob ich persönlich zu der Summe etwas beitragen, Leser meines Magazins zu Spenden aufrufen könnte?

Nein, kann ich nicht, und will ich nicht. Der Hausfotograf des Vernichtungsgefängnisses ist sichtbar enttäuscht, nimmt es aber mit Fassung und verabschiedet mich mit der Bitte um ein gemeinsames Foto.

Der Folter-Fotograf Nhem En, heute 65, und der Totschläger Him Huy, 71, haben die Rote-Khmer-Zeit trotz ihrer Mitschuld unbeschadet überstanden. Das kann man leider von meinem nächsten Zeitzeugen nicht sagen. Obwohl er doch ein Überlebenskünstler ist – im wahrsten Sinn des Wortes.

Ich habe Vann Nath im Jahr 2009 in seinem bescheidenen kleinen Restaurant in Phnom Penh getroffen, das er gemeinsam mit seiner Familie betrieb. Schneeweiße Haare, eingefallene Wangen, ein ausgemergelter Körper, gezeichnet von einem schweren Nierenleiden, wie so vieles Spätfolge der Qualen, die er im Lager S-21 erlitten hatte. Wie er die Kraft fand, nach seinem Jahr im Foltergefängnis noch drei Kinder zu zeugen und sie gemeinsam mit seiner Frau großzuziehen, bleibt mir ein Rätsel. Stockend erst, gepresst die Stimme, dann flüssiger und am Ende wie befreit erzählte er mir die Geschichte seines Lebens.

Die Eltern, Bauern im Westen Kambodschas, gaben ihn zur Erziehung ins Kloster, »wohl, weil ich ihnen immer zu übermütig schien«. Aber die künstlerische Ader des Jungen konnten auch die Mönche nicht unterdrücken: Er wollte Maler werden, lernte das Gewerbe von der Pike auf, pinselte Filmplakate, Werbebanner. Er gründete ein kleines Unternehmen in der Stadt Battambang, heiratete, bekam einen Sohn. Doch die

Roten Khmer duldeten keine Privatinitiative, und noch mehr missfiel ihnen das »nutzlose« Leben der Städter: Vann Nath wurde wie praktisch alle seiner Verwandten, Freunde und Bekannten in eine Landkommune verbannt, schuftete beim Dammbau und auf den Feldern. Dann holen sie ihn an einem Dezembertag 1977 ab, verfrachten ihn ohne jede Begründung ins Gefängnis. Ob ihn jemand denunziert hat, ob es reine Willkür ist, ob man einfach eine bestimmte Quote von Häftlingen und deren Geständnissen braucht – er wird es nie erfahren.

»Warum bin ich hier?«, fragt er den Lagerfotografen, den er als kalt und gefühllos in Erinnerung hat. »Ist nicht meine Sache, ich mache hier nur meinen Job. Und jetzt das Gesicht nach links, aber plötzlich!«, herrschte ihn der Mann mit der Kamera an. Seinen Namen erfuhr er erst später: Nhem En.

Tuol Sleng ist für ihn »die Hölle auf Erden«: Mit Fußfesseln ist er in einem kleinen, kahlen Raum an andere Gefangene geschmiedet, die meisten sind nackt, zu essen gibt es nur Reisgrütze, das Trinkwasser ist auf ein Minimum reduziert. Bald befallen Läuse seinen Körper, eitrige Wunden brechen auf, bei den Elektroschocks während der Verhöre fällt er mehrfach in Ohnmacht. Vann Nath hat sich schon aufgegeben, als man ihn eines Morgens aus der Zelle schleppt. Der Lagerkommandant Duch, bei allen gefürchtet wegen seiner besonders sadistischen Vorgehensweise, fragt ihn, ob er ein Bild malen könnte, eine exakte Reproduktion des Fotos, das er ihm zeigt.

Und so beginnt Vann Nath, mit Extraportionen Reis aufgepäppelt, Nacht für Nacht um sein Leben zu malen, Porträts von einem Mann, den er nicht kennt und von dem er erst später erfährt: Es ist Pol Pot. Der »Bruder Nummer eins« legt Wert auf Bilder und Statuen seiner selbst, Personenkult ist das Gebot der späten Rote-Khmer-Gewaltherrschaft. Chef-Folterer Duch mag, was er da sieht, verschafft ihm Farbe und Leinwand, lässt ihn immer weiter pinseln. Verzichtet auf Folter und erhöht die Essensrationen. Und Vann Nath malt um sein Leben, malt und malt. Und weiß, die Gunst kann ihm ohne Begründung und mit sofortiger Wirkung wieder entzogen werden.

Eines Tages Anfang 1979 bricht Hektik aus, die Wächter machen sich davon, die vietnamesischen Invasoren stehen als Befreier vor Phnom Penh. Vann Nath kann im Chaos fliehen, findet wie durch ein Wunder seine Frau wieder, sein Sohn aber bleibt verschollen. Der Maler kennt nun nur noch ein Motiv: Wie fieberhaft hält er Folterszenen aus Tuol Sleng fest, die sich in sein Gedächtnis eingebrannt haben. Seine Gemälde und Zeichnungen finden schließlich ihren Weg in das zur Genozidgedenkstätte umgebaute KZ, wo sie bis heute hängen. Vann Nath hat überlebt – als einer von nur knapp einem Dutzend in dem Lager, in dem zeitweise über vierzehntausend Insassen gefangen gehalten wurden.

Während seiner Mitarbeit am Museum kann er sich Einblicke in die Tuol-Sleng-Akten verschaffen, die täglichen Listen mit der Aufforderung der Anstaltsleitung an die Untergebenen, intern »Geisterlisten« genannt: Diese Gefangenen sind in den nächsten vierundzwanzig Stunden zu exekutieren! Es ist das einzige Mal, dass Vann Naths Stimme bei unserem Interview bricht. Er muss sich fassen, bevor er weitererzählen kann. Unter dem Datum 16. Februar 1978 stehen die Namen mehrerer seiner Freunde aus Battambang – und sein eigener. Der ist als einziger rot unterstrichen und mit einem Vermerk versehen: Noch am Leben lassen. »Ich hatte bis zuletzt gegen alle Wahrscheinlichkeit gehofft, dass wenigstens einer meiner Bekannten es mit mir lebend herausgeschafft hätte. Jetzt wusste ich, sie waren alle an diesem Tag hingerichtet worden.«

Den Fotografen Nhem En hat er nur kurz erlebt. Wie steht es mit Him Huy, den Oberaufseher des Folterlagers?

»Oh ja, den habe ich während meines Horrorjahrs häufig erlebt, er war bei uns Gefangenen als besonders brutal gefürchtet, ein Folterer, ein Totschläger. Und ich habe ihn kürzlich erst wieder gesehen, hier in Tuol Sleng.«

Him Huy hat sich tatsächlich zurückgewagt ins frühere Lager, jetzt, da es eine Gedenkstätte, ein Genozidmuseum ist?

»Ich kann mir das auch nicht erklären, vielleicht ist ja was dran an der Theorie, dass es Täter immer an ihren Tatort zurückzieht. Als er vor einigen meiner Zeichnungen stand, habe ich ihn gefragt, ob ich die Folterszenen richtig wiedergegeben oder übertrieben dargestellt habe. Nein, es war genau so, alles korrekt, hat er geantwortet. Es gab Szenen, die waren brutaler als das, was du gemalt hast. Und wie wird er damit fertig, Hunderte, wenn nicht gar Tausende Unschuldige getötet zu haben? So viele waren es nicht einmal annähernd, ich habe nur drei oder vier eigenhändig erschlagen, und das auch nur, weil ich von Kommandant Duch gezwungen wurde. Aber für all die nächtlichen Transporte auf die Killing Fields warst du doch verantwortlich! Er zuckte nur die Schulter. Er wirkte auf mich wie ein altes hilfloses Schaf, so verschieden von dem Mann ein Jahrzehnt zuvor, der wie ein wilder Bulle war, dem kein Gefangener, mich eingeschlossen, auch nur in die Augen zu schauen wagte.«

Vann Nath braucht eine Pause. Dann fährt er fort. »Eines musste ich noch von ihm wissen. Ich habe nach Aussagen eines Mitgefangenen dieses Bild gemalt, wo ein Wärter einer Mutter ihr Baby entriss, so etwas kam offensichtlich öfter vor. Was habt ihr mit den Babys gemacht? Wir hatten den Befehl, sie wegzuschaffen und dann umzubringen, sagte Him Huy. Da konnte ich mich nur noch vor Schrecken und Abscheu abwenden.«

Vann Nath hat in den Jahren nach seiner Leidenszeit die Stärke gefunden, seine Familie zu erweitern und – nach dem Verlust des Sohnes – mit seiner Frau drei Kinder aufzuziehen. Ein geordnetes, bürgerliches Leben zu führen. Der Maler weiß, dass er dem staatlich begnadigten Totschläger juristisch nichts anhaben kann. Er sagt, er wolle auch keine Rache. Aber Gerechtigkeit. Und da sieht er eine Chance, als die Regierung in Phnom Penh nach langen Jahren des Hinauszögerns 2006 wenigstens eine partielle Aufarbeitung des Völkermords erlaubt und, in Übereinkunft mit den Vereinten Nationen, einem internationalen Rote-Khmer-Tribunal zustimmt. Nur eine Handvoll der Haupttäter sollen angeklagt werden. Viel zu wenige, wie Vann Nath meint. Aber dabei ist: Kaing Guek Eav alias Duch, der Chef des Foltergefängnisses S-21.

Der Maler, schwer von der Krankheit gezeichnet, nimmt noch einmal alle seine Kraft zusammen. Und er schafft es: Vann Nath sagt vor dem Tribunal aus und hilft so damit, Duch zu überführen und in letzter Instanz zu lebenslanger Haft zu verurteilen. Ein letztes Foto zeigt ihn mit strahlendem Gesicht und mit sich und der Welt zufrieden: Er trägt die Urteilsbegründung der Richter unterm Arm. Am 5. September 2011 stirbt Vann Nath in Phnom Penh im Kreise seiner Familie. Er wurde fünfundsechzig Jahre alt.

EIN PERFEKTER SEKRETÄR ODER: POL POTS ERBEN UND SEIN VERMÄCHTNIS

Pol Pot hat alle verraten, die Familie, die Weggefährten, die Freunde. Er sah überall Spione am Werk, die seine ultraradikale Zukunftsvision zerstören oder zumindest behindern wollten – und die galt es auszuradieren. Doch einem hat sich der Menschenfeind erstaunlicherweise anvertraut, besonders intensiv gegen Ende seines Lebens: seinem Privatsekretär Tep Khunnal. Ihm nahm er, im letzten Dschungelhauptquartier von Anlong Veng schon entmachtet von seinen eigenen Genossen und durch Krankheit geschwächt, ein Versprechen ab: Tep Khunnal sollte nach Pol Pots Tod dessen Ehefrau versorgen und die Tochter aufziehen – der Diktator hoffte auf Erben. Auf Enkelkinder. Auf die Weitergabe seiner Gene.

In der Nacht zum 15. April 1998 stirbt Pol Pot in seinem Bett, vermutlich an einem Herzinfarkt. Die abgrundtiefe Verachtung, die er anderen gegenüber gezeigt hat, wird ihm nun selbst zuteil: Die verbliebenen Genossen schmähen ihn (»Kuhscheiße ist jetzt mehr wert als er«), werfen Müll und alte Autoreifen auf den Scheiterhaufen. Sein Sekretär aber hält auch nach dem unwürdigen Ende zu Pol Pot. Sondert sich von den rachsüchtigen Roten Khmer ab, die nun auch ihm nach dem Leben trachten. Flieht in ein entlegenes Dorf nahe der thailändischen Grenze. Heiratet die Witwe. Sorgt für Pol-Pot-Tochter Sitha Patchata, damals gerade zwölf Jahre alt.

Warum aber hat der Sekretär sich auf diese Verabredung eingelassen? Stimmen die Gerüchte, der Diktator habe ihm noch auf dem Sterbebett seine Memoiren diktiert, habe ihm Goldbarren und Bündel von Dollarnoten hinterlassen? Und was ist aus der Witwe und der Tochter geworden?

Ein Dschungelpfad, vorbei an noch nicht geklärten Minenfeldern: 2008 konnte ich Tep Khunnal in seinem Dorf am Ende der Welt interviewen. »Ich habe von Pol Pot keine Reichtümer erhalten, das ist Unsinn. Allerdings stimmt, dass er mir seine Lebenserinnerungen diktiert hat, achtzehn Kladden habe ich vollgeschrieben. Doch die Aufzeichnungen sind bei einem Angriff auf unser Lager leider alle verbrannt, und es gab keine Kopien«, erzählte Tep Khunnal. Und das sollte ich ihm, dem alle Eventualitäten Einplanenden, tatsächlich glauben? »Doch, so war es, und ich sollte alles, was er mir erzählte, für mich behalten. Er wollte über sein Vermächtnis selbst entscheiden.

Pol Pot hat mich respektiert, und ich ihn. Ich habe mich verpflichtet gefühlt, seinen Wünschen zu entsprechen. Schließlich war er ein bedeutender Mann, ein umsichtiger Herrscher.«

Bedeutend, umsichtig – der Massenmörder?

»Die Revolution war richtig. Es mag bei der Durchführung einige Übergriffe gegeben haben. Aber Pol Pot war ein Idealist, ein Patriot. Wir waren von ausländischen und inländischen Feinden umringt, und er suchte den eigenen Weg.«

Der Genozid, die Verbrechen gegen die Menschlichkeit, das millionenfache Leid auf den Killing Fields, das ist doch bewiesen …

»… sagen Sie! Ich habe davon nichts mitbekommen. Ich wollte nichts anderes sein als ein Mann im Dienst einer gerechten Sache. Überlassen Sie das Urteil über die Roten Khmer kommenden Generationen!«

Es war ein zutiefst verstörendes Interview, bei dem ich meinem Gegenüber immer aufs Neue widersprach und das mich ratlos hinterließ. Wie war es jemandem möglich, die Brutalität in seiner Umgebung so zu verdrängen, die allgegenwärtigen Massaker so zu negieren? Ich versuchte Kontakt mit Tep Khunnal zu halten, der seit über einem Jahrzehnt kein Interview mehr gegeben hat. Aber da war nur Funkstille. Bis zum März 2025, als er endlich eine über Umwege geschickte Mail positiv beantwortete.

»Da sind Sie ja wieder«, sagt Pol Pots Vertrauter in der Bibliothek der Provinzuniversität von Battambang, als wäre es nicht siebzehn Jahre her, dass ich ihn zum ersten Mal getroffen habe. Drückt hingebungsvoll lange meine Hände, als wären wir so etwas wie alte Freunde. Erzählt, dass er als Professor für Ökonomie und Management gerade ein Seminar abgehalten habe, es ging um soziale Marktwirtschaft und Makro-Kredite von Privatbanken – verblüffend für jemanden, der doch ein-

Tep Khunnal mit dem Autor,
März 2025, Battambang, Kambodscha

mal an das genaue Gegenteil geglaubt hat. An die Zerstörung von Banken und die Abschaffung des Geldes. Aber das ist nur eine der erstaunlichen Wendungen in einem abenteuerlichen Leben, von dem er mir jetzt bereitwillig erzählt.

Tep Khunnal wird 1950 als Sohn eines Eisenbahnangestellten geboren, die Familie gehört zur unteren Mittelschicht. Er ist ein brillanter Schüler und bekommt eines der begehrten Auslandsstipendien. An der Universität im südfranzösischen Toulouse studiert er Ingenieurwesen und besteht die Prüfungen mit Bravour. Er begeistert sich für die Ideen der Roten Khmer und möchte unbedingt am Aufbau der Revolution in seiner Heimat mitwirken. Als er 1976 nach Phnom Penh zurückkehrt, landet er allerdings sofort in einem Umerziehungslager. Hochgradig verdächtig auf vielen Ebenen – ein Intellektueller, ein im Ausland Studierter, ein potenzieller Spion.

Die harte körperliche Zwangsarbeit auf den Feldern treibt Tep Khunnal an den Rand der tödlichen Erschöpfung. Doch er hat Glück. Ein Besuch Pol Pots im Lager verschafft ihm die Chance, den »Bruder Nummer eins« von seiner Loyalität zu überzeugen. Er steigt in den Rängen der Organisation auf, bleibt auch nach der Flucht Pol Pots in den Dschungel an dessen Seite. Und wird 1980 mit einem Posten im Ausland belohnt, als Vize-Botschafter Kambodschas bei der UNO. Die Rest-Roten-Khmer gelten damals, obwohl sie nicht einmal mehr fünf Prozent des Staatsgebiets beherrschen, den USA wie der EU weiter als »legitime« Regierung des Landes – die Befreier aus dem Moskau-nahen Vietnam sieht der Westen erstaunlicherweise als die größere Gefahr.

Tep Khunnal zieht mit seiner ersten Frau und Tochter von seiner ärmlichen Dschungelhütte in eine fremde, glitzernde Welt. Wohnung nahe der Fifth Avenue, Kaufhäuser, Cocktailpartys, kontroverse politische Diskussionen – er findet sich erstaunlich schnell zurecht. »Ich habe die unterschiedlichen Einflüsse schätzen gelernt«, sagt er mir beim Interview. »Ich begann, mich für Alternativen zur revolutionären Zerstörung zu interessieren, für den sanfteren Aufbau eines Landes.« Mit besonderer Begeisterung studiert er die Theorien des österreichischen Wirtschaftswissenschaftlers Peter Drucker über modernes Management.

Mehr als zwölf Jahre bleibt Tep Khunnal mit seiner Familie in New York, dann wird er abberufen. Doch seine Frau, inzwischen Reporterin beim glamourösen *Food & Wine-Magazine*, die amerikanisierte Tochter – sie wollen nicht zurück. Er selbst denkt nicht einen Augenblick an den Absprung, an den Bruch mit Pol Pot. Wie immer: der zuverlässige, fürsorgliche Sekretär. Sogar über den Tod des Diktators und das Ende der gesamten Roten-Khmer-Bewegung hinaus.

Tep Khunnal macht auch im »neuen« Kambodscha, das die Gräuel der Steinzeitkommunisten nie richtig aufgearbeitet hat, eine erstaunliche Karriere. Es gelingt ihm, Ministerpräsident Hun Sen zu treffen und den Premier von seinem politischen Sinneswandel zu überzeugen. »Mir war bewusst, ich war der Verlierer, er war der Sieger, und dementsprechend habe ich mich benommen«, sagt mir Tep Khunnal beim Interview. Er muss sehr überzeugend gewesen sein oder dem Premier, der ja selbst ein geläuterter Rote Khmer war, irgendein brisantes politisches Geheimnis anvertraut haben – jedenfalls macht ihn Hun Sen zum Distriktgouverneur von Malai, wo ihm vierzigtausend Menschen unterstehen.

In dem rückständigen Bezirk kann Tep Khunnal mit seinen angelesenen westlichen Wirtschaftstheorien experimentieren. Er baut – von welchem Geld auch immer – am Rand von Malai eine Mühle. Er gründet Geldinstitute, die den Bauern günstige Kredite vergeben, kümmert sich um einen verbesserten Anbau von Maniok und Reis, knüpft Kontakte zu thailändischen Märkten. Der Ort prosperiert. »Und Hun Sen ernannte mich daraufhin sogar zu seinem persönlichen Berater«, erzählt mir stolz der anpassungsfähige Ex-Sekretär. Man treffe sich nicht oft, aber wenn, dann sei es immer ein lebendiger, fruchtbarer politischer Austausch.

Auch privat geht es Tep Khunnal gut. Von seiner ersten Frau geschieden, hat er mit der Pol-Pot-Witwe sein zweites Kind bekommen. Die ihm anvertraute Stieftochter Sitha schickt er aufs Gymnasium und dann – unter einem Decknamen – auf Privatuniversitäten nach Phnom Penh und Kuala Lumpur, Malaysia, wo sie englische Literatur studiert und einen Kommilitonen lieben lernt. Im März 2014 organisiert Tep Khunnal für die beiden eine prunkvolle Hochzeit in Malai, bei der ein Lokalreporter der *Phnom Penh Post* dabei sein darf. Vor dem eigens eingerichteten Festzelt parken laut seinem Bericht große Limousinen, es gibt erlesene Khmer-Spezialitäten sowie französischen Cognac. Eine Musikkapelle spielt auf zum Tanz unter kristallenen Kronleuchtern.

Tep Khunnal kümmert sich, inzwischen als Distriktgouverneur pensioniert, um die Weiterbildung der Landbewohner. Er übersetzt das Hauptwerk seines Management-Gurus Peter Drucker in die Khmer-Sprache, unterrichtet an der Battambang-Universität und steigt dort zum Dekan auf, ein Posten, den er bis heute innehat. Über seine Finanzen will er nicht sprechen, aber mit seiner Staatsrente und dem Professorengehalt gehört er sicher zu den Bestsituierten in seinem Dorf; davon zeugt auch sein mit Blumenrabatten geschmücktes, adrettes Haus, das schönste weit und breit.

Hat er jemals mit Sitha über ihren Vater und dessen Verbrechen gesprochen? Nein, das sei nie ein großes Thema gewesen, sagt Tep Khunnal. Er habe ihr nur wahrheitsgemäß berichtet, wie sehr Pol Pot vor allem in seinen letzten Tagen an ihr gehangen habe. Sie erinnere sich an einen guten, liebevollen Vater, der sie öfter auf seinen Schoß genommen habe. Wo leben Sitha, 38, und ihr Mann denn heute? »Ich muss leider sagen, die Ehe ist gescheitert, er ist inzwischen mit einer anderen zusammen. Aber sie ist eine erfolgreiche Geschäftsfrau geworden. Sie lebt jetzt allein mit ihren beiden kleinen Söhnen in einem Ort in Thailand, wo genau, will ich nicht sagen.«

Pol Pot hat tatsächlich Enkelkinder – und das erzählt er in einem Nebensatz? Es hat also geklappt mit der vom Massenmörder so sehr gewünschten Weitergabe seiner Gene? Die Formulierung gefällt ihm nicht. Nur so viel will er dazu sagen: »Die beiden Jungs sind gut geraten, ich sehe sie und meine Stieftochter regelmäßig.«

Tep Khunnal, drahtig, agil und stets mit einem rätselhaften Lächeln auf den Lippen, ist mit sich erkennbar im Reinen. Ein Mann für alle Fälle, für alle Ideologien, für alle Jahreszeiten.

Ein perfekter Sekretär. Letzte Frage: Gibt es so gar nichts, was er in seinem Leben bereut? Er überlegt. »Schwierig zu beantworten«, meint er. Denkt dann noch länger nach. Und schüttelt schließlich den Kopf.

Ich hätte gern Pol Pots Witwe, seine Tochter und die kleinen Enkel getroffen. Tep Khunnal aber möchte das nicht, verrät ihren Aufenthaltsort nicht. Und vielleicht ist es gut so: Sie bekommen die Chance auf ein normales Leben. Eine Chance, die allerdings die Opfer der Roten Khmer und ihres »Bruders Nummer eins« nie hatten.

NACHWORT

Die Tops und Flops der Mörderstorys. Oder: Wie ich mich einmal an allen rächte und (als Krimiautor) selbst zum Mörder wurde

Journalisten sind wie Flugzeugpiloten, hat einmal ein kluger Mann gesagt: Ein Großteil ihres Berufslebens besteht aus Warten, bis dann die wenigen Stunden der Konzentration kommen, in denen alles professionell und gut verlaufen muss, und am Schluss folgt dann der ganze nervtötende Papierkram. Da ist viel dran.

Aber auch ein Vergleich mit einer anderen Berufsgruppe lässt sich nicht von der Hand weisen: Journalisten sind wie Börsenmakler. Sie setzen auf bestimmte Themen beziehungsweise Aktien. In der Regel führt das zu durchschnittlichen, erwartbaren Ergebnissen, von denen erzählen sie nicht sonderlich gern. Lieber berichten sie von den großen Erfolgen, errungen natürlich nicht durch schieres Glück, sondern durch Weitblick, um nicht zu sagen durch einen Hauch von genialem Geschick. Glanzgeschichten, Glanzgewinne. Berufliche Rückschläge, ja Pleiten, werden von Aktienhändlern wie von Reportern nur gar zu gern verschwiegen.

Wo wir gerade bei den Glücksfällen, bei den Ausreißern nach oben im journalistischen Portfolio sind: Da muss ich an Genf denken, Sommer 1993.

Der bosnische Präsident Alija Izetbegović ist in die Schweiz gereist, um mit Vertretern der NATO über die Zukunft seines

Landes zu verhandeln. Die Lage in und um seine Heimatstadt Sarajewo ist verzweifelt, die ethnischen Säuberungen sind weit fortgeschritten, die angreifenden Serben strangulieren das Leben. Zu wie viel Widerstand ist der muslimische Politiker noch fähig, zu welchen Kompromissen kann er bereit sein? Die Weltpresse ist in Genf versammelt und sucht Antworten. Doch von den Verhandlungen dringt nichts durch, Izetbegović will keine Pressekonferenz geben und lehnt alle Interviewanfragen ab. Frustriert reisen die Journalisten ab; auch ich packe meine Sachen und erzähle dem *Stern* von der Aussichtslosigkeit meines Auftrags.

Abends gehe ich noch an die Bar des Hotels, komme mit einem älteren Herrn ins Gespräch. Wir lachen viel, unterhalten uns prächtig bis nach Mitternacht. Irgendwann kommen wir auch auf die große Politik zu sprechen. Ich erzähle von meinen Erlebnissen in Sarajewo, wir diskutieren über Milošević und Mladić und all die anderen Balkan-Mörder. Schade, sage ich, dass es mit dem Izetbegović-Interview nicht geklappt hat. »Sie interessieren sich ja wirklich für den Balkan«, sagt der nette Herr zum Abschied. »Geben Sie mir doch mal Ihre Zimmernummer, dann hole ich Sie um acht zum Frühstück ab – und wir gehen gemeinsam zu Alija Izetbegović, zu meinem Bruder.«

Eine schlaflose Nacht. Bin ich einem Hochstapler aufgesessen, kann es wirklich wahr sein, dass es zu einem Treffen mit dem bosnischen Präsidenten kommt? Tatsächlich klopft es morgens an meine Zimmertür. Nach einem gemeinsamen Frühstück in der Suite des Präsidenten zieht sich der Bruder zurück – ich werde ihn nie wieder sehen. Und Alija Izetbegović sagt seufzend: »Dann beginnen Sie mal mit Ihren Fragen.«

Es wird ein sehr emotionales Gespräch mit einem aufgewühlten, zornigen, aber sehr kämpferischen Izetbegović. »Nur Luftangriffe der NATO können zum Frieden führen! Die Serben sind davon überzeugt, auf dem Schlachtfeld den totalen Sieg erzwingen zu können. Sie werden Kompromissen nur zustimmen, wenn es eine militärische Balance gibt – deshalb sind Luftangriffe friedensstiftende Maßnahmen. Herr Clinton, ich bitte Sie: Bombardieren Sie die Aggressoren!«

Izetbegović war kein Engel, auch die muslimischen Bosnier haben gelegentlich provoziert, vereinzelt Verbrechen verübt, die Lage eskaliert. Aber die Hauptschuld an dem Sterben auf dem Balkan lag eindeutig bei den Mördern auf der anderen Seite, ich konnte nicht anders als dem Präsidenten aus Sarajewo die Sorge um die Menschen in seiner Stadt, in der Region abzunehmen. Das Interview in der Genfer Hotelsuite ging um die Welt. Die Regierung in Washington reagierte zunächst noch verhalten auf den Appell Izetbegovićs. Im August 1995 griffen dann erstmals NATO-Kampfflugzeuge auf dem Balkan ein; 1997 musste aber auch Izetbegović unter amerikanischem Druck einem Kompromiss zustimmen und in Dayton eine Vereinbarung mit den Führern Serbiens und Kroatiens unterzeichnen.

Und nun aber endlich zu den journalistischen Flops, meinen größten Enttäuschungen.

Über meinen missglückten Interviewversuch mit Jassir Arafat habe ich ja schon in einem Kapitel dieses Buches geschrieben. Natürlich war es eine Unverschämtheit von dem Palästinenserchef, meinen Kollegen und mich einfach so sitzen zu lassen und auf Nimmerwiedersehen zu verschwinden, aber so ganz unbeteiligt an der Pleite waren wir durch unseren ungeschickt scharfen, überambitionierten Fragenbeginn dann auch nicht.

Eine Pleite mit einem Mörder ganz anderer Art habe ich auf den Malediven erlebt, im Jahr 1977.

Mir war eine Meldung aus dem *Darmstädter Echo* in die Hände gefallen. Darin hieß es, ein deutscher Rucksacktourist hätte im Streit und wohl unter Drogeneinfluss in Malé seine Freundin erstochen. Eine traurige Geschichte. Aber nicht dieses Verbrechen, sondern seine Bestrafung faszinierte mich auf Anhieb: Joachim B. wurde von einem maledivischen Gericht zur lebenslangen Haft verurteilt – und zur Verbüßung ausgesetzt auf einer völlig menschenleeren, winzigen Tropeninsel fernab der Zivilisation. Verbannt ins Paradies, sozusagen.

Was bedeutete die absolute Isolation für seinen Umgang mit der Vergangenheit, konnte er seine Tat so besser reflektieren, entschiedener bereuen? Und vor allem: Wie kam der Delinquent so ganz ohne menschliche Zuwendung zurecht, wie konnte er den Alltag auf seinem Eiland bewältigen, Essen und Trinken besorgen, sich vor Tieren schützen? Ein Leben als Mischung von Robinson Crusoe und Papillon: Das hörte sich nach einer verdammt guten Geschichte an. Sofern man den Verurteilten auf seinem Eiland aufspüren und interviewen konnte.

Ich erzählte der Chefredaktion von dem Fall, dort war man erst einmal sehr skeptisch, was die Erfolgsaussichten anging. Aber wenn wir unseren Versuch, den Verbannten aufzuspüren, mit einer anderen, dringenden Indienreportage verbinden würden … Es waren die Zeiten der journalistischen Großzügigkeit, in denen Finanzen zumindest beim *Stern* keine große Rolle zu spielen schienen.

Zunächst haben wir unwahrscheinliches Glück. In Malé lernen wir schon wenige Stunden nach der Landung einen bestens vernetzten Kollegen der Lokalzeitung kennen, der uns an einen Justizbeamten vermittelt, der dann – gegen eine geringe »Informationsgebühr« und unter dem Siegel der Verschwiegenheit – eine Karte mit Koordinaten übergibt: Fulhadhoo-Atoll, die Verbannungsinsel des Deutschen. Im Hafen der maledivischen Hauptstadt liegen Jachten unterschiedlicher Größe vor

Anker, neben einigen Superreichen gehören sie Abenteurern und Lebenskünstlern, die rund um die Welt segelten. Wir haben keine Mühe, ein Boot mit zwei Kajüten zu chartern; der australische Eigentümer nimmt schulterzuckend die Zielkoordinaten in Empfang und macht uns einen erstaunlich günstigen Preis. Zwei Tage, zwei Nächte durch mal tiefblaue, mal smaragdgrüne Wasser. Eine unendliche, Ehrfurcht gebietende Weite. Dann das Atoll, die Insel. Ein Bilderbuchstrand mit Kokospalmen, an dem ein Hüne von einem Mann steht und uns reglos anstarrt.

Der Skipper taut das Boot im flachen Wasser fest. Wir waten die letzten Meter durch die sanften Wellen und begrüßen Joachim. Immer noch keine Reaktion. Wir erzählen, dass wir aus Deutschland gekommen sind, übergeben ihm unsere Gastgeschenke: Toilettenartikel, Zeitschriften, den Brief eines Freundes. Er murmelt ein paar unzusammenhängende Worte, mal auf Englisch, mal auf Deutsch. So, als hätte er das Sprechen verlernt – oder kein Interesse mehr daran.

Den Brief wirft er mitsamt den Zeitungen weit von sich weg. Ob er sich über den unerwarteten Besuch freut oder sich ärgert, ist schwer zu erkennen: Der Verbannte zeigt einfach überhaupt keine Regung. Schließlich setzen wir uns gemeinsam in den Sand. Schweigen. Eine gespenstische Atmosphäre. Ich wollte den jungen Mann so gern nach seiner Tat befragen, nach dem Prozess, nach seiner Einstellung zu dem Urteil, nach seinen Gedanken in der Einsamkeit. Aber es ist klar: Das geht so nicht.

Also bitte ich Joachim um Unverfänglicheres, nach einer Beschreibung der Freuden und Tücken seines Inselalltags. Immerhin ist er darauf ansprechbar und zeigt uns, wie er in der Lagune fischt. Die Behörden haben ihm einfaches Angelgerät dagelassen, Messer, Haken und kleine Netze. Problemlos spießt er ein paar Fische auf, zeigt auf die Feuerstelle, wo er sie braten wird. Dann klettert er eine der Kokospalmen hinauf, schneidet mit seiner Machete einige Früchte ab, zerteilt sie geschickt und trinkt die milchige Flüssigkeit aus. Mit dem schneeweißen Sand reibt er sich die Zähne ein, spült nach, spuckt aus. Unsere Zahnpasta braucht er nicht. Er macht den Eindruck, als brauchte er auch sonst nichts.

Und dann, nach einer weiteren längeren Pause, frage ich doch, ob er mir etwas über den Hergang seiner Tat, seine Gedanken darüber erzählen könne. Er beginnt einen Satz, bricht gleich ab. Stammelt etwas. Schweigt wieder. So geht das Stunde über Stunde. Das Einzige, was aus ihm herauszukriegen ist: Er hat von den Behördenvertretern in Malé vor einigen Wochen einen ersten Besuch bekommen; in Dreimonatsabständen wollen sie ihn wieder aufsuchen. Und sie hätten ihm in Aussicht gestellt, in einem Jahr auf eine bewohnte Insel mit einem kleinen Fischerdorf überführt zu werden. »Weiß nicht, ob ich das will«, sagt Joachim.

Ob wir irgendjemandem in der Heimat irgendetwas ausrichten sollen, frage ich. Er schüttelt den Kopf. Ein Gefangener. Gestraft weniger durch die Einsamkeit auf seinem Eiland als durch die Dämonen in seinem Inneren. Mein Kollege Jay macht noch einige Fotos am Strand, dann verabschieden wir uns. Als das Boot abgelegt hat und die Figur schon fast am Horizont verschwunden ist, glaube ich, ein Winken zu erkennen. Kann aber auch sein, dass das eine Täuschung war. Wir sprechen nicht viel auf dem Rückweg. Uns ist klar, dass wir mit der Story gescheitert sind. Der *Stern* wird die Nicht-Aussagen des Verbannten nicht drucken, die Fotos im Archiv verschwinden lassen. Und so kommt es auch.

Im Jahr 2015 bin ich dann noch einmal auf die Malediven gereist, zur Recherche für mein Buch über den muslimischen

Weltenbummler Ibn Battuta aus Marokko, der hier Mitte des 14. Jahrhunderts als Oberster Richter wirkte. Ich nahm dabei wieder die Hilfe eines örtlichen Journalisten in Anspruch. Bei unseren Unterhaltungen kamen wir auch auf den Mörder Joachim B. zu sprechen. Der bestens vernetzte Kollege hatte Neuigkeiten. Nach seiner Darstellung haben die maledivischen Strafbehörden dem Deutschen tatsächlich wenige Monate nach meinem Besuch wieder menschliche Gesellschaft gegönnt und ihn auf eine etwas größere Nachbarinsel verlegt. Dort brachten ihm die Einheimischen bei, ein Kanu zu zimmern, eine ordentliche Hütte zu bauen, verbesserten seine Techniken beim Fischfang.

Joachim soll die Landessprache Dhivehi perfekt gelernt haben, sich am Dorfleben beteiligt und sich in ein Mädchen verliebt haben. Nachdem er zum Islam übergetreten war, durfte er sie – so jedenfalls die Auskunft des Reporters in Malé – auch heiraten: »Die maledivische Justiz hat den deutschen Straftäter begnadigt, deutsche Behörden nahmen Kontakt mit ihm auf. Joachim dürfte ausreisen, er könnte sich eine neue Existenz in Deutschland aufbauen. Er hat darauf verzichtet.«

* * *

Einmal nicht mehr angewiesen sein auf ausweichende Antworten der Mörder, einmal nicht mehr die rechtfertigenden, beschönigenden Antworten der Diktatoren und Gewalttäter ertragen müssen, einmal auf die Recherche in schwierigem Umfeld verzichten können. Nicht an traurige Tatsachen gebunden sein und Figuren nach eigenem Gutdünken beschreiben und durch die Welt führen – einmal sozusagen die Seiten wechseln, von der faktengebundenen Wiedergabe zur Fiktion, zur freien Gestaltung: Das geht nur, das ist mir klar, mit einem Ausflug in die Welt der Fantasie, in die Belletristik. Ich hatte einfach Lust, etwas anderes zu probieren. Einen Krimi zu schreiben.

Da ich 1999 wegen eines schweren Krankheitsfalls in der Familie nicht weit reisen will, soll er in Deutschland spielen, möglichst an einem Ort, den ich gut kenne und der auch international in der Diskussion steht: Meine Wahl fällt auf Oberammergau. Dort finden die weltweit berühmten Passionsspiele statt, an denen praktisch alle aus der Dreitausend-Seelen-Gemeinde teilnehmen. Die Aufführungen haben eine besondere, umstrittene Tradition, sie gehen auf das Jahr 1633 zurück, als die Pest wütete und das Dorf auszurotten drohte. Die Oberammergauer schworen, nach dem Ende der Plage alle zehn Jahre ein Laienspiel um Jesu Kreuzigung und Auferstehung aufzuführen. Bis auf die Zeit während der Weltkriege haben die Passionsspiele immer stattgefunden – und sie wurden auch politisch instrumentalisiert. Adolf Hitler bezeichnete sie 1934 als »wichtiges deutsches Volksgut«, wegen antisemitischer Stereotype im jahrhundertelang unveränderten Passionstext griffen israelische Politiker und jüdische Prominente weltweit Oberammergau scharf an. Rechtsradikale deutsche Aktivisten, aber auch Kirchenvertreter, verbaten sich das wütend als »Einmischung«.

Und im Ort selbst war die Besetzung der wichtigsten Rollen – vom Judas über Petrus bis zu Maria und Jesus – stets umstritten, lange galt die Regel, dass Angehörige der reichsten Oberammergauer Familien diese eifersüchtig unter sich aufteilten. Zudem standen andere kontroverse Fragen im Raum: Ab wann war man »Eingesessener« und durfte überhaupt teilnehmen, sollten auch Gemeindemitglieder muslimischen Glaubens mitspielen dürfen? Jede Menge Stoff für Kontroversen, für eine politische oder persönliche Straftat, für einen

Mord, fand ich – und ließ meinen Jesus im Roman am Kreuz durch eine Gewehrkugel sterben. Das Buch »Wer erschoss Jesus Christus?« erschien dann wenige Wochen vor Beginn der Passionsspiele 2000, im renommierten Münchner Karl-Blessing-Verlag.

Die *Bild-Zeitung*, traditionell besonders sensibel und auf der Seite der Beleidigten und Entrechteten, reagierte sofort. »Wie ein Buch ganz Oberammergau auf die Palme bringt«, schrieb das Blatt und fand tatsächlich einen dörflichen Darsteller aus der zweiten Reihe, der sich durch die Fiktion bedroht fühlte (»So etwas kann man doch nicht schreiben!«). Andere Medien konnten der Mischung aus Satire, Sachbuch und Krimi mehr abgewinnen. »Follath hat sich mit seinem Roman-Erstling gleich an die Spitze der deutschen Thriller-Autoren geschrieben«, fand der *Münchner Merkur* und die *Hamburger Morgenpost* lobte »eine scharfe Momentaufnahme der Wirklichkeit, ebenso gnadenlos wie amüsant, Chapeau!«. So ermutigt, überlegte ich mir einige Wochen, meine Buchhelden – den deutschen Journalisten Richard und die israelische Agentin Rebekka – durch neue Abenteuer zu treiben, eine Fortsetzungsreihe zu schreiben. Ins Fach der Kriminalschriftsteller zu wechseln.

Die Buchhändler in Oberammergau bestellten wegen der großen Nachfrage immer wieder neue Exemplare. Aber auf den landesweiten Bestsellerlisten dümpelte mein Thriller eher auf den hinteren Plätzen, was möglicherweise auch daran lag, dass katholische Buchhandlungen (wegen des Titels!) den Roman boykottierten. Manche Leser und auch Kollegen fanden, dass dem Krimi die atemlose Action fehlte. Dass ich zu viel in die Story hineingepackt hätte. Der deutsche »Sprach-Papst« Hermann Unterstöger schrieb in der *Süddeutschen Zeitung*, er finde den Plot zwar »ungewöhnlich« und fühle sich spannungsmäßig »durch alle neun Höllenkreise« gejagt, aber monierte die ausufernden Beschreibungen, »Follath glaubt ständig und zwanghaft jedes Detail dokumentieren zu müssen«. Ausgerechnet das Blatt meiner Geburtsstadt schlug dann die kritischsten Töne an. »Gelungene Reportageteile allein reichen nicht.« Die *Esslinger Zeitung* fand, ich solle mich auf meine Kernkompetenz als Sachbuchautor und Investigativreporter konzentrieren und »keinen zweiten Roman schreiben«.

Zuerst ärgerte ich mich über die Kritik. Dann fand ich mit Abstand, dass die Kollegen der Heimatzeitung womöglich so unrecht nicht hatten. Ich entschied mich dafür, den Ausflug in die Belletristik – bei all dem Vergnügen, das er mir gemacht hatte – nicht zu wiederholen. Und stellte in den Jahren nach 2000 bis heute wieder fest: Die Wirklichkeit ist durch die Fiktion nicht zu schlagen, sie schenkte mir weiterhin einige der eindrucksvollsten Begegnungen und Mord-Geschichten.

Und auch das berühmte Dorf mit seinem Passionsspiel hat meinen literarischen Anschlag unbeschadet überstanden, kein Oberammer-GAU weit und breit: Unter der behutsamen Regie des progressiven Theaterregisseurs Christian Stückl und mit einer Neufassung des Textes ohne antisemitische Tendenzen feierten die Passionsspiele 2022 (um zwei Corona-Jahre zurückgeworfen, aber weiter quicklebendig) ihre zweiundvierzigste Aufführung. Es wurde ein triumphaler Erfolg.

DANK

Keiner der Texte in diesem Buch ist jemals vorher so erschienen; einige sind neu, die meisten aber haben eine publizistische Vorgeschichte und wurden um aktuelle Entwicklungen ergänzt oder auch sonst aktualisiert.

Die Porträts folgen keiner strikten zeitlichen Abfolge, obwohl die Erlebnisse bei Diktator Mobutu Sese Seko im Vorwort der tatsächliche Ausgangspunkt aller Mörder-Geschichten sind. Ich habe in meiner Zeit beim *Stern* und bei *GEO* (1974–1994) die hauptsächlichen Recherchen für das Mobutu- und das Gaddafi- und das Marcos-Kapitel gemacht; in meinen Jahren beim *Spiegel* (1994–2016) für das Ahmadinedschad-, das Mladić- und die Israel-Kapitel; in die jetzigen Tätigkeiten für *Die Zeit* fallen das Kim- wie das Pol-Pot-Porträt. Aber sehr oft haben mich die Geschichten die Jahre hindurch – fast fünf Jahrzehnte – begleitet, so bin ich beispielsweise immer wieder nach Israel und Palästina, nach Kambodscha und in den Iran gefahren.

Mein Dank gilt den Chefredakteuren der großen Hamburger Magazine, für die ich schreiben und als Reporter arbeiten konnte. Beim *Stern* habe ich noch den legendären Chefredakteur Henri Nannen kennengelernt, der mich zu einigen dieser Reportagen ermunterte; seinen Nachfolgern Rolf Winter und Peter Scholl-Latour bin ich zu ebenso großem Dank verpflichtet. Sie wurden mehr als Kollegen, sie wurden Freunde. Ganz besonders gilt das für Klaus Liedtke, den Auslandschef (und späteren Co-Chefredakteur), ohne dessen aufopferungsvollen und einfallsreichen Kampf es der Fotograf Régis Bossu und ich sicher nicht aus dem Gefängnis von Lubumbashi geschafft hätten. Zu meiner großen Trauer sind Klaus und Régis 2025 verstorben.

Beim *Spiegel* gaben die Chefredakteure Stefan Aust und später Georg Mascolo den Anstoß zu einigen der Storys im Buch, ohne ihre Begeisterungsfähigkeit, ohne ihr Vertrauen hätte ich manches nicht geschafft. Das gilt besonders auch für Giovanni di Lorenzo, den *Zeit*-Chef. Seiner langjährigen Stellvertreterin und jetzigen *Zeit*-Autorin Sabine Rückert schulde ich besonderen Dank. Sie hat mich in die Welt des (Verbrechens-)Podcasts eingeführt und durch ihre Nachfragen an richtiger Stelle gemeinsam mit ihrem Kollegen Andreas Sentker dafür gesorgt, dass ich auch einstündige Interviews ohne allzu viel Stottern überstanden habe. Ich danke auch dem *Zeit*-Autor Stephan Lebert und seinem Bruder Andreas für ihre Unterstützung.

Bei vielen Reportagen habe ich mit Fotografen zusammengearbeitet, neben Régis Bossu und Jay Ullal mit den international besonders renommierten Kollegen Robert Lebeck, Thomas Höpker und Volker Hinz; von ihnen allen habe ich viel gelernt darüber, wie man eine Geschichte optisch wie textlich umsetzt und aufs Wesentliche reduziert. Unschätzbare Dienste bei allen Recherchen im Nahen Osten hat mein israelischer Freund Shabtai Tal gemeinsam mit seiner Frau Adi Tal geleistet, beide ausgestattet mit einem untrüglichen Gespür für Geschichten und ihre Aufbereitung – und mit einer in dieser Weltregion oft so schmerzlich vermissten Empathie auch für die andere Seite.

Es ist fast ein Vierteljahrhundert her, seit ich mein erstes Buch bei Picus veröffentlichen durfte: In »Himmelbett und Höllenangst« habe ich ein Dutzend legendäre Hotels porträtiert, die für die Politik in den entsprechenden Ländern eine besondere Rolle spielten. Später habe ich in meiner Eigenschaft als *Spiegel*-Redakteur einige Bücher bei DVA gemacht. Es hat mich sehr gefreut, dass Dorothea Löcker und Alexander Potyka, Verleger von Picus, sich jetzt so spontan für das Mörder-Buch begeistert haben. Dafür danke ich ihnen und der Lektorin Barbara Giller sehr herzlich.

Und last, but wirklich not least, gebührt meiner Familie großer Dank. Meine Frau Marieanne hat viele der Reisen mitgemacht, die zu diesem Buch geführt haben, hat Interviews mitgeführt und Kontakte organisiert. Ohne ihren Einsatz vor Ort und ohne ihre redaktionelle Mitarbeit wäre dieses Buch nicht zustande gekommen. Meinem Sohn Tobias danke ich für das gründliche Gegenlesen mehrerer Kapitel; sollten sich doch noch Fehler eingeschlichen haben, gehen die allein auf meine Kappe. Und ja, meine lieben Enkel Janis und Maya: Ohne euch hätte das alles keine Freude gemacht.

Erich Follath, Hamburg, Mitte Januar 2026

FOTOCREDITS

Seite 23: © Stern / Bob Lebeck
Seiten 31, 33: © Stern / Volker Hinz
Seite 43: © privat
Seite 57: © Yves Gellie / Odyssey
Seite 161: © Shabtai Tal
Seite 171: © Stern / Jay Ullal
Seite 233: © Agentur XINHUA
Seite 253: © privat

Foto privat

Erich Follath, Jahrgang 1949, geboren im schwäbischen Esslingen, ist promovierter Politikwissenschaftler und bekannter deutscher Sachbuch-Autor. Seine Bücher »Das Vermächtnis des Dalai Lama«, »Die neuen Großmächte« und »Jenseits aller Grenzen« standen auf den Bestsellerlisten. Bei Picus veröffentlichte er »Himmelbett und Höllenangst. Dreizehn Hotels, die Geschichte machten«. Follath arbeitete als Reporter, Auslandsressortleiter und Kolumnist für den *Stern*, den *Spiegel* und die *Zeit*, unter anderem als Korrespondent in Hongkong und in New York. Er ist spezialisiert auf Porträts und Interviews und traf in seiner fünfzigjährigen Berufslaufbahn viele Gewaltherrscher und Massenmörder.